학자의 눈으로
권력의 현장을 보고, 다음 세대를 위해 그린

대한민국,
시대정신,
그리고 개혁

유민봉 지음

박영사

차 례

1

들어가며: 성찰
– 내가 서 있는 자리에서 나를 보기 어렵다

01

들어가며: 성찰
- 내가 서 있는 자리에서 나를 보기 어렵다

대학에서

　　대학원 공부와 몇 년간의 생활을 미국에서 했기 때문에 서양의 사고방식에 어느 정도 영향을 받았다. 한국에 있을 때 보이지 않던 것이 한국을 떠나니 보이게 되었고, 그런 측면에서 우리나라를 비판적으로 볼 때도 많았다. 1991년에 성균관대학교에서 교수직을 시작하였다. 초기 조교수 시절 교수식당에서 동료 교수들과 식사를 할 때면 늘 한국 정치, 대통령, 국회에 대한 실망과 분노를 함께 공감했다. 재단과 총장에 대한 이야기도 빠지지 않았다. 미국에서 공부할 때 교수들과 점심을 같이 하면서 연구 주제에 대하여 피드백을 주고받고, 때로는 자녀의 이야기를 하면서 서로 즐거워했던 시간이 그리웠다. 미국에서 정치나 대통령 그리고 직장에 대한 이야기는 대화의 부차적인 소재였다. 하지만 한국은 달랐다. 그것이 늘 대화의 중심이고 심지어 친한 친구 사이에도 견해 차이가 커 서로 감정이 상하고 어색해지는 경우를 보았다. 대한민국이 진정한 선진국이 되기 위해서는 정치 이야기로 소비하며 스트레스 받는 시간을 자기개발과 일에 관한 생각이나 가정을 향한 관심으로 채울 때라는 생각을 많이 했다. 여전히 그 생각에는 변함이 없다.

한편 교수직 초기에는 미국에서 공부한 개념이나 이론으로 한국을 비판적으로 보았다. 하지만 강의하고 연구한 지 10년 정도 지나면서 한국의 특수성을 고려하지 않고 서양의 이론이나 정책, 제도가 더 좋다는 고정관념에 대해서 반성하기 시작했다. 그래서 한국문화를 연구하기 시작했고 그동안 당연하게 받아들이던 개념이나 이론 그리고 벤치마킹하던 외국의 정책과 제도를 재해석하기 시작했다. 한국의 문화와 역사를 이해하지 않고 외국의 정책이나 제도를 기준으로 한국을 비판하거나 개혁의 필요성을 주장하는 것은 한편으로 순진하고 무책임하다는 생각이 들었다.

▌청와대에서

2012년 대통령 선거가 끝난 다음 날 박근혜 대통령 당선인의 측근 인사 두 명이 인수위원회에 참여해 달라는 당선인의 뜻을 전하러 대학 연구실로 찾아왔다. 그렇게 인수위 참여를 시작으로 박근혜 정부의 국정기획수석으로 2년 가까이 일했다. 2014년 세월호 참사를 겪으면서 감당하기 힘든 정치의 역동을 권력의 중심에서 경험했다. 공무원 연금개혁도 2년간 여야와 집권 세력 내에서 개혁의 범위와 시기에 대한 논란이 컸던 쟁점이었다. 당시에는 공무원 연금개혁, 서비스발전기본법, 규제프리존법 등 집권 초기에 추진했던 개혁 입법이 국회에서 통과되지 못하고 시간만 흘러가는 것이 안타까웠다. 당·정·청 회의를 통해 여당의 협조를 구했고 당이 적극 협조했지만, 국회가 여당만으로 돌아가는 것이 아니어서 성과를 내는 데에는 많은 한계가 있었다.

그래도 당과 원내 지도부는 청와대 2중대냐는 당시 야당의 비난을 들어가면서까지 청와대의 개혁 의지를 국회에서 뒷받침하기 위해 노력했고 나는 그런 여당에 감사한 마음이 들었다. 그런 와중에 여당 의원 중에서 청와대(정부)가 추진하는 법이나 정책에 대해 비판하는 발언이 나오면 언론은 청와대에 반기를 들었다거나 당내 계파 간 갈등이 있다는 식의 기사를 빠뜨리지 않았다. 정말 화가 났다. '도와주지 못하면 조용히 있어 주기나 하지' 하는 마음이었다.

국회에서 개혁 법안의 통과를 가로막는 국회선진화법이 야속할 때도 많았다. 국회선진화법을 고쳐서라도 법안을 통과시켜야 한다는 마음이 절실했다. 여당에서 선진화법 개정안을 제출하기에 이르렀다. 하지만 야당이 협조할 리가 없었다. 법안 처리를 위한 소위원회 일정도 잡히지 않았다. 매일 상임위를 열어 끝장 토론을 해서라도 통과든 부결이든 정리가 되면 좋겠다는 생각을 했다. 심지어 야당의 의도적이고 정치적인 발목잡기가 분명하다는 생각에 국회의장이 직권상정이라도 해주기를 바라는 마음이 들 때도 있었다. 하지만 국회의장은 이미 여당의 당적을 떠났기 때문에 초당적인 타협을 강조하면서 무리하지 않았다. 청와대나 당 지도부의 섭섭한 마음은 당연했다. 개인적 공명심이라는 생각을 하면서도 모든 의장이 저런 자세라면 정치발전에 도움이 될 거라는 생각이 교차했다.

인사청문회도 피곤하고 긴장되는 시간이었다. 개인적으로 민정수석실을 원망한 적도 있다. '인터넷 검색만 해도 확인할 수 있는데 도대체 검증을 어떻게 한거야, 휴….' 하지만 인사는 도덕적 무흠결이 전부는 아니었다. 정치는 미지수 두 개의 2차방정식 문제풀이는 더더욱 아니었다. 2015년 1월 말, 1년 11개월의 청와대 공직생활을 마치고 3월 1일자로 성균관대학교에 복직하였다.

국회 여당 의원으로

2016년 제20대 국회에서 새누리당(여당) 비례의원으로 국회 의정활동을 시작했다. 교수직을 사직해야 하는 큰 결심이었다. 청와대에서 기획했던 국정과제 중에서 법이 개정되지 않아 멈춰 있는 것들을 마무리하고 싶은 생각이 컸다. 그런데 총선 결과 다수당이 되지 못하고 국회의장을 야당에 넘겨주면서 국회의 주도권을 잃었다. 여당이었지만 개혁을 위한 적극적 활동보다는 오히려 국회에서 야당이 청와대와 정부에 퍼붓는 공격을 막아야 하는 수비수가 되었다. 정책 중심의 의정활동을 생각했는데 정책은 실종되고 대립의 정치가 일상이 되었다.

상임위원회에서 정부가 업무보고를 할 때나 국정감사에서는 여당 의원으로서 정부의 잘못을 지적하는 칼날은 태생적으로 무딜 수밖에 없었다. 당시만 해도 세상의 잘못된 부분이나 부족한 부분이 늘 먼저 눈에 띄고 그것을 비판하는 데 익숙한 학자의 정체성을 가지고 있을 때라 정부의 잘못을 눈감고 지나는 것이 힘들었다. 하지만 야당이 대통령을 비난하고 정책 실패라고 밀어붙이는 공세 중에는 사실과 다르거나 한쪽만을 과장하여 의도적으로 부풀리는 의혹 제기일 때가 많았다. 정부의 잘못을 비판하기보다는 야당의 잘못된 지적과 공세를 논리적으로 반박하는 역할이 점점 중요해졌다.

그런대로 견딜 만하던 야당의 공세도 아주 잠깐이었다. 국회가 개원한 지 3개월이 지나고 정기국회가 시작하면서 야당의 박근혜 대통령에 대한 각종 의혹 제기가 모든 뉴스 매체를 장악했고 급속하게 탄핵 정국으로 전환되었다. 국민 정서와 여론이 대통령과 여당을 완전히 떠났다. 태풍과 같은 모진 비바람을 피할 담벼락조차 없었다. 당은 침몰하는 선박과 같았고, 그 와중에 당은 위기 앞에 결집이 아니라 각자의 살길을 찾아 분당(2017년 1월 바른정당 창당)이 되고 의원들의 생각이나 정치적 행동 또한 원심력으로 더욱 분화되었다.

국회 야당 의원으로

2017년 5월 문재인 정부가 들어선 이후부터는 국회에서의 공수가 완전히 바뀌었다. 그동안 국정 동반자로 같이 일해오던 행정부가 이제 반대편에 서 있었다. 지난 정부에서 임명된 정무직 공무원이 어느새 새로운 정부의 국정철학과 국정과제를 적극적으로 옹호하고 방어하는 모습을 보며 바뀐 현실에 눈을 떠야 했다. 직업공무원은 지난 정부와 반대되는 논리로 의원실에 찾아와 이해와 협조를 부탁했다. 직업공무원으로 상사의 지시를 받고 어쩔 수 없이 찾아왔으리라 짐작은 하지만 그들의 주장을 받아들일 수 없었다. 이제 학자로 훈련된 나의 능력을 보일 때라는 생각이 들었다. 정책으로, 전문성으로, 논리로 나의 태도를 전환하기 시작하였다.

한편 당은 비상대책위 체제로 전환되고 지지율은 바닥이 어딘지 모르게 계속 추락하기만 했다. 국회의원, 사무처 직원, 당원 모두 어디 안식을 취할 여유도 시간도 없었다. 2018년 지방선거에서는 수도권의 단체장 후보조차 찾기 어려운 곳이 많을 정도로 심각했다. 그 상황에서도 20~30%의 지지자들이 당을 받쳐주었고 그들을 의지해 절벽과 절망의 끝에서 당은 버티고 있었다. 국회는 멀리 내다 볼 여유도 없이 하루하루 전개되는 현안에 대응하는 기동타격대처럼 돌아가고 있었다. 여당은 대통령 지지율을 앞세워 국정과제와 개혁입법 통과에 강력한 드라이브를 걸었다. 몇 번의 대화가 결렬되면 국회의장이 앞장서 정면 돌파하는 데 주저하지 않았다. 새누리당 때의 국회의장과 달랐다. 국회의장은 여당은 물론 청와대와 개혁의 방향성을 확실하게 공유하면서 주도적으로 역할을 했다. '아! 이게 청와대 2중대로구나!' 청와대에 있을 때 야당이 하던 말에 고개가 끄덕여졌다. 그동안 어느 정도 존중되고 지켜져오던 국회의장의 초당파적 지위와 중재자 역할의 관행과 전통이 무너지는 정치퇴행에 너무 화가 났다.

이제 당이 의지할 곳은 집권 여당 시절 개정하려던 국회선진화법밖에 없었다. 그런데 선거법과 공수처(고위공직자범죄수사처)법이 상정되고 여당과 다른 야당이 연합하면서 국회선진화법을 무력화시키는 숫자(의석의 2/3)를 확보하였다. 본회의에서의 필리버스터도 소용이 없었다. 저항했다는 기록이 남을 뿐 강행 처리를 막지 못했다. 그렇게 강행 처리된 선거법은 거대 양당이 비례정당을 만들면서 휴짓조각이 되어버렸다. 그리고 2020년 4.15 총선에서 미래통합당(현 국민의힘)은 대참패를 하였다. 범여권은 국회선진화법을 무력화하고 입법 독재가 가능한 의석을 확보하였다. 미래통합당은 우호적인 의석을 합쳐 위태로운 개헌 저지 의석을 얻은 것만으로 한숨을 돌려야 했다.

▌시민으로 돌아오다

정치가 목적이 아니라 대한민국의 발전에 기여하고자 국회에 들어갔고 현재의 정치풍토에서 그 한계를 경험했기 때문에 미련없이 국회를 떠났다. 이제 나는 한 국민, 한 시민으로 돌아왔다. 출퇴근 시간이 없는 자유인이 되었다. 돌아보면 스스로를 정치인이라고 생각해본 적은 없지만 어쨌든 청와대와 국회라는 권력의 중심에서 6년을 지낸 것은 부정할 수 없다. 그것도 국민의 세금으로 6년간 생활했다.

국사 공부를 할 때 정치나 공직의 자리를 미련 없이 떠나 야인으로 조용하게 살던 선비를 존경했던 것이 사실이다. 가족과 함께 조용하게 정치를 관망하면서 지내는 삶도 생각해보았다. 하지만 너무 무책임하다는 생각이 들었다. 나라를 걱정하는 국민이 너무 많기 때문에 더욱 그랬다. 친구나, 아파트 이웃이나, 지인이나, 제자나 만나는 사람들 다수가 나라 걱정을 할 때 그냥 그렇다고 맞장

구치는 것이 민망하고 부끄러웠다. 그들의 공통되고 한결같은 마음은 나라 걱정과 함께 다음 세대에 대한 걱정이었다. 특히 그동안의 경제성장에 이어 최근에는 영화, 드라마, 음악 등 K-컬처에서 글로벌 경쟁력과 국가 위상을 확인하면서 '정치만 한 단계 레벨업(level-up)되어 준다면 정말 대한민국은 대단한 나라가 될 텐데'라는 정치에 대한 원망과 함께 미래에 대한 기대를 버리지 않고 있다는 것이다.

나만의 역할을 해야 한다는 의무감이 들었다. 권력을 탐해서가 아니라 그런 심부름을 대신 해야 한다는 책임감이 무겁게 느껴졌다. 솔직한 마음으로 나도 대한민국의 앞날이 너무 걱정되었다. 무엇보다 제20대 국회에서 여권의 선거법과 공수처법 강행 처리를 보았고, 제21대 국회에서는 더불어민주당이 총선 결과 2/3 의석을 확보하면서 개원과 함께 상임위 위원장을 모두 차지하고 여당이 원하는 법안을 안건조정의 절차를 무시하면서까지 입법 독주하는 모습을 보았기 때문이다. 여당은 조금도 주저함이 없다. 할 수 있을 때 모든 것을 바꾸겠다는 전운(戰雲)마저 느껴져 두려울 정도이다.

하지만 정치의 현장에서 몸으로 행동하는 역할은 내가 잘할 수 있는 일이 아니다. 지금까지 학습한 학문적 시각과 현장의 경험을 글로 쓰고 말로 전달하는 것이 나의 역할이라는 생각이 들었다. 말과 글을 통해 지금의 위기를 극복하고 대한민국의 발전에 도움이 되기를 기대하면서 그동안 학교에서 연구한 것, 청와대와 국회에서 경험한 것을 하나로 엮기 시작하였다.

지금부터 학자로서 연구해왔던 '한국인과 한국 사회의 특성'을 먼저 이해하고 '공정, 다양성과 시민의식, 분권, 자율과 책임의 시대정신'을 개혁의 방향성으로 하여 '교육, 취업, 권력구조, 정당제도, 선거제도 등'의 이슈에 대한 쟁점과 대안을 논의하려고 한다.

책의 구성

우물 안 개구리라는 말을 자주 한다. 개구리는 우물 밖의 세상이 어떤지 모른 채 우물 안에서 생존하는 데 급급하다. 우리도 그런 좁은 시야를 가지고 사는 것은 아닌지 반성할 때가 많다. 특히 권력을 잡고 유지하는 것에만 몰두하는 정치권이 더 그렇다. 한국은 한국을 떠나면 더 잘 보인다. 외국 사람과 다른 나라는 우리를 되돌아보는 거울이다. 그래서 이 책의 출발은 외국과 비교해서 한국을 먼저 이해하려고 한다. 한국 사람은 외국 사람 특히 서양 사람과 어떻게 다르고, 한국 사회는 다른 국가와 어떻게 다른가?

한국 사람은 전체를 통으로 보는 사고, 즉 통합적·종합적 사고에 익숙하고, 한국 사회는 최고의 정점을 중심으로 위계적으로 서열화되고 또한 집단주의의 문화적 특성을 가진다고 보았다. 이러한 인식구조와 문화적 특성은 쉽게 바뀌는 것이 아니라 상당히 일관성을 가지고 지속하는 관성을 가지고 있다. 변화를 추구하기보다는 변화에 저항한다.

한편 한국은 산업화·민주화의 과정에서 미처 생각하지 못했던 많은 문제에 현재 직면하고 있다. 국가의 정신적·물질적 기반을 튼튼하게 다지지 못하고 시스템도 구축하지 못한 상태에서 정치 권력이 바뀔 때마다 나라의 축이 흔들리는 것을 경험해 왔다. 국가가 지향해야 할 가치, 비전, 방향에 대한 공감대를 만들지 못한 상태에서 당면한 문제를 해결하는 방식으로 대응해왔다. 다행스러운 것은 그때그때 최선을 다한 결과 현재의 경제적인 부와 자유민주 체제에서 각자의 삶을 누리고 있다는 점이다. 하지만 아직도 많은 국민이 불공정에 분노하고 있고, 국가의 간섭과 집단의 힘에 의해 개인의 자유와 개성이 억눌리고 있다. 권력은 견제 장치가 제대로 갖추어지지 않은 상태에서 최고의 한 사람이나 중앙에 집중되어 있다. 선거 공학적인 포퓰리즘의 정치는 정당은 물론 한국 사회를 더욱 분열시키고 있다. 사회적으로 다양성과 포용의 정신 그리고 시민의식은 더욱 약해지고, 개인도 사회도 자율과 책임을 학습하지 못하고 있다. 우리 한국이 앞으로 더 성장하고 성숙하기 위해서 필요한 시대정신이 바로 여기에 있다. 공정, 다양성과 시민의식, 분권, 자율과 책임은 한국 사회가 지향해야할 가치이자 시대정신이다.

한국 사회는 문화적으로 과거부터 지금까지 축적된 관성을 따라 직진하려는 경로의존성을 가지고 있다. 그 길을 가는 것이 국민에게 편하지만 다른 한편으로는 그 길의 방향을 바꾸는 개혁을 동시에 요구하고 있다. 시대정신을 분명히 이해하고 공감대를 형성해서 개혁을 추진하되 문화의 관성을 고려한 균형의 개혁 전략이 필요한 이유이다.

공정, 다양성과 시민의식의 시대정신과 개혁 방안을 이해하기 위해서 현재 젊은 세대의 가장 큰 관심사인 교육과 취업을 포함한 국정운영의 이슈를 주로 다루었다. 한편 분권, 자율과 책임의 시대정신에서는 정치적으로 가장 합의가

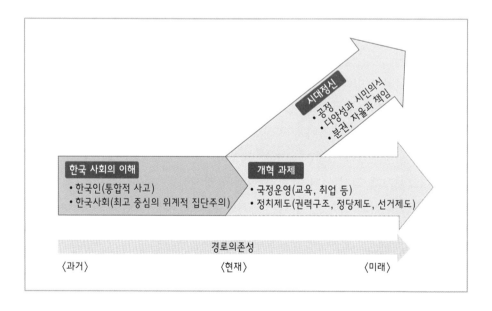

어렵고 정파 간의 이해 차이가 큰, 하지만 대한민국의 미래에 가장 중요한 권력구조, 정당제도, 선거제도에 대한 문제점과 정치개혁의 대안을 제시하였다.

앞의 그림은 책의 내용과 구성을 그림으로 요약한 것이다. 2장부터 10장까지 논리적 흐름을 따라 구성하였으나 장별로 어느 정도 독립적인 주제를 다루고 있어서 관심 있는 장부터 읽어도 이해하는 데는 문제가 없다.

2

언어

의식주(衣食住)

동양인과 서양인의 사고방식: 통합적 사고 vs. 분석적 사고

대한민국, 시대정신, 그리고 개혁

한국인의 이해

한국인의 이해

언어

　유학 당시, 미국 학생들이 교수님을 불렀을 때 놀랐던 기억이 있다. 그분의 정식 이름은 Charles Stolp였는데 미국 학생들이 professor Stolp(스톨프 교수님)도 아니고 'Hi, Chuck'이라고 부르는 것이었다. 미국 온 지 얼마 되지 않아 Charles의 닉네임으로 Chuck을 쓴다는 것도 모를 때라 처음에 누구에게 말하는 것인지도 몰랐지만 교수님 이름을 바로 부른다는 것이 너무 이상했다. 나는 당시 교수님을 부를 때 professor라는 말을 앞에 꼭 붙였고, 메일을 보낼 때는 Sir(존경하는)로 시작할 때였다. 3년 정도 지나서야 젊은 교수에게는 나도 가끔 first name을 부르게 되었지만 나이 든 교수님에게는 한 번도 first name으로 불러보지 못했다.

　미국에서 처음 스타벅스에 들어가 커피를 주문했는데 이름을 물었던 경험도 떠오른다. 왜 이름을 묻는지 영문도 모른 채 짧게 '민(Min)'이라고 답했다. 나중에 내 이름을 부르면서 커피를 건네주었다. 한국에도 처음 스타벅스가 들어왔을 때는 미국처럼 이름을 적고 불렀지만, 낯선 사람들 앞에서 자기 이름이 호출되는 것을 받아들이기 어려웠던 모양이다. 성(姓)씨도 빼고 이름만 불렀다면 더욱 적응이 안 되었을 것이다.

이런 한국의 특수한 상황을 고려해서 도입한 것이 버저(buzzer)이다. 물론 오늘날 한국 사회의 변화로 스타벅스에서는 다양한 닉네임들이 호명되고 있다.

사람은 누구나 태어나자마자 공기를 들이마시고 숨을 쉬기 시작하듯이, 한국에서 태어나 자란 사람은 왜 이렇게 말해야 하는지를 생각해보기 이전에 이미 우리말의 어법을 당연한 것으로 받아들인다.

존대어(평어, 하대어)

부모는 어린아이가 말을 어느 정도 하기 시작하면 "어른에게는 '요' 자를 붙여야 한다"라고 존댓말을 쓰도록 가르친다. 존댓말(경어, 높임말, 존칭어)은 이후 학교에 들어가며 선생님과의 관계에서 배우게 되고, 학년이 높으면 이름 다음에 '형'을 학년이 낮으면 바로 이름만 부르는 방식으로 터득하게 된다. 직장에서는 상사의 직책에 '님'자를 붙여 존대를 표한다. 호칭과 존칭뿐만 아니라 어른에게는 사용하는 단어가 다르다. '나이'를 '연세'로, '밥'을 '진지'라고 하는 것이 대표적이다.

대학에 다닐 때 갓 입학한 1학년 신입생에게 2학년 동기생이 선배로 적당히 말을 놓고 지냈다. 그런데 어느 날 3학년 선배가 그 1학년 후배와 서로 말을 놓고 술을 마시는 모습을 보았다. 나중에 알고 보니 1학년 후배가 사실은 3수를 하고 대학을 들어와 나이는 자기보다 1살이 많다는 것을 알았다. 그 뒤로는 그 1학년 후배를 대하기가 어색한 상황이 되었다. 40년 정도 지난 지금에도 똑같은 현상이 20대 청년들에게 그대로 나타나고 있다.

〈호칭 가지고 와글와글〉

"그런데 저는 96년생인데 외국을 1년 갔다와서 97년생들이랑 친구인데..."

95년생
(호적상 96년생)

B
95년생

97년생

A
96년생

A: 저는 96년생인데 외국을 1년 갔다 와서 97년생들이랑 친구인데, 쟤가 95년생인데 96년으로 출생신고를 해서 제가 저 친구한테 반말을 했는데 (그런데 또) 저 친구가 95년생들이랑 친구여서 서로 반말(하는 거죠).

B: 저 같은 경우는 이 친구들이 저한테 막 말 놓고 친구처럼 지냈을 때 너무 좋았거든요. 그런데 제 95년생 친구들이 그걸 보더니 "야, 너 뭐 하니?" 이러는 거예요.

자료: SBS 스페셜, 왜 반말하세요?, 548회, 2019. 4. 14.

나이와 계급이 엇박자일 때 언어 때문에 당혹스러운 사건이 군대에서도 발생하였다. 군 경력과 나이가 많은 부사관이 나이는 아래지만 계급이 높은 장교의 반말에 항의하는 상황이 발생한 것이다. 당시(2021. 1. 16) 육군참모총장이 '장교들의 반말 지시는 당연하다'라는 취지의 발언을 했다고 해서, 부사관들이 국가인권위에 인권 침해의 진정을 내기도 했다. 인권위는 참모총장의 발언이 '군인 상호 간 책임과 예의를 강조하고 계급을 존중하는 군 문화를 만들어야 한다'는 취지였다며 진정을 기각하였다(2021. 2. 4). 나이, 계급 등의 위계에 따라 존댓말, 평어, 하대어(반말)의 구분이 만들어낸 우리 사회만의 독특한 현상이라 할 수 있다.

어려서부터 몸에 밴 이런 언어 표현은 우리의 사고방식과 어떤 관계가 있을까? 나이나 계급에 따라 사용하는 언어를 존대어, 평어, 하대어로 구분하는 것은 사람과의 관계를 상하로 구분하는 수직적·위계적 사고를 하게 만들 것이다. 나이, 신분, 계급의 위계적 사고에 익숙해 있던 나도 유학 생활을 하며 상하를 구분하는 표현이 별로 없는 영어를 쓰다 보니 점차 사람을 대하면서 위계적 인식이 약해지는 경험을 했기 때문이다.

표기 순서

한국에서는 이름, 집 주소, 날짜를 어떻게 표기할까?
- 사람 이름은 홍길동, 유민봉처럼 성(姓)이 먼저 나오고 다음에 이름이 나온다.
- 집 주소는 광역시도 > 시군구 > 도로명 > 번지 > 건물명 > 호수의 순서이다. 가상의 주소를 써본다면 이런 식이다: (대한민국) 서울특별시 마포구 마포대로 9번지 하나아파트 101호.
- 날짜는 2021년 8월 15일, 이렇게 연월일 순으로 표기한다.

영어의 경우에는 어떠한가? 순서가 모두 반대이다.

- 서양사람의 이름은 보통 맨 앞에 나오는 first name, 중간에 쓰는 middle name, 그리고 맨 마지막에 쓰는 last name으로 구분한다. 우리의 성(姓, family name)은 last name으로 마지막에 온다. 그래서 홍길동이 아니라 "길동 홍"이라고 쓰고 부른다.

- 주소는 거주하는 최소 단위에서부터 더 큰 행정 단위의 순서로 표기한다. "101호 하나아파트, 9 마포대로 마포구 서울특별시" 방식이다.

- 숫자로 날짜를 표기할 때 일/월/년의 순서이다. 아래 사진은 유로뉴스 (euronews) 화면인데 2021년 3월 27일을 표기할 때 2021/03/27이 아니라 27/03/2021로 표기하고 독일의 베를린시도 Berlin, Germany로 표기한 것을 볼 수 있다.

이름, 주소, 날짜의 표기 방식 역시 사고와 인과성이 커 보인다. 성씨와 이름, 광역시도와 시군구, 연월일의 구분은 객관적인 단위인데, 표기할 때 한국에서는 그중에 큰 범주를 먼저 인식하도록 구조화되기 때문이다. 미국이나 유럽의 서양인들은 최소 단위를 맨 먼저 표기함으로써 전체보다는 작은 부분을 먼저 인식하고 집중하는 데 익숙할 것이다.

소유의 표현

한국 사회에서 자신이 소유한 물건을 표현할 때 '내(나의) 연필', '내 책상', '내 옷'처럼 소유의 주체를 분명히 표시한다. 반면에 나 혼자서 배타적으로 소유하는 것이 아니라면 '우리 나라', '우리 회사', '우리 집'처럼 나 대신에 우리라는 단어를 자주 쓴다. 부부의 경우 남편이나 부인의 이름으로 개설된 통장이라 하더라도 소유의 구분 없이 '우리 통장'이라는 표현을 많이 쓴다. 심지어 배우자를 부를 때에도 관용적으로 '우리 남편'처럼 우리를 붙이고 손자나 손녀가 혼자이더라도 할아버지, 할머니를 사람들 앞에서 이야기할 때 '우리 할아버지, 할머니'라고 표현한다.

서양인들의 표현 방식은 어떠한가? 자신이 소유한 것뿐만 아니라 여러 사람이 공동의 구성원인 국가, 회사, 학교, 팀 등에도 'our(우리)' 대신에 'my country', 'my company', 'my school'로 표현하는 것이 더 일반적이다. 물론 배우자나 할아버지, 할머니, 자식을 이야기할 때 my를 쓰는 것은 당연하다.

존대어의 경우처럼 소유를 나타내는 언어 표현과 사고방식의 관계도 밀접해 보인다. '우리'라는 단어를 많이 사용하는 한국 사람들은 인간관계나 사물을 대할 때 공동의 소유나 집단(집합)의 개념으로 인식하는 경향이 강화될 수 있다. 반면에 'my'에 익숙한 서양인들은 자기를 중심으로 다른 사람과의 경계를 분명히 하는 인식이 강할 것이다. 따라서 '나의 것'이 침해되는 것에 민감하게 반응하고, 다른 사람의 소유에 허락 없이 손대는 것을 조심한다.

예를 들어 미국에서는 직장에 출근해서 퇴근하는 시간까지는 개인의 소유가 아니다. 따라서 근무시간에 주식을 한다거나 게임을 한다거나 가족 일을 보는 개인적인 행동이 허용되지 않는다. 마찬가지로 퇴근 시간 이후는 개인의 소유로서 상사가 회사 일로 전화하는 일이 매우 예외적이다. 심지어 서양인들이 대화할 때 그들 사이의 공간은 잠시 그들의 소유가 된다. 그 사이를 누군가 '실

[표 2.1] 한국사람과 서양사람의 언어 표현 비교

구분	한국사람	서양사람(미국, 유럽 등)	한국인의 사고방식(추론)
존대어·하대어	보편적이다	매우 제한적이다	인간관계를 위계적으로 인식
이름	홍길동	Gil-dong Hong(길동 홍)	큰 것(범주)에서 작은 것의 순서로 인식
주소	(대한민국) 서울특별시 마포구 마포대로 9번지 하나아파트 101호	#101 Hana Apt. 9 Mapodaero Mapogu Seoul, Republic of Korea	큰 것(범주)에서 작은 것의 순서로 인식
날짜	2021/08/15	15/08/2021	큰 것(범주)에서 작은 것의 순서로 인식
소유	우리(our)	나의(my)	집단, 집합, 공동

* 언어가 사고에 미치는 영향에 대한 보다 학문적인 이해를 원하면 Lera Boroditsky의 "How language shapes the way we think" Ted 강의 참고.

례한다(excuse me)'라는 말 없이 지나가는 경우 한국 사람에 비해 훨씬 민감하게 반응한다. 이러한 차이는 바로 소유에 대한 인식이 달라서 나타나는 것으로 볼 수 있다.

'우리'가 집합, 통합, 공동의 의미라면 '나'는 요소, 분화, 개체에 해당한다. '우리'라는 단어, '우리'라는 의식이 강할수록 개인 차원의 이해보다는 집단 차원의 이해에 관심을 가질 것이다.

우리 의식이 가장 강하게 나타나는 곳이 가족이다. 지금 60대 이상의 베이비 부머 세대는 부모와 자식 간의 재산이 분화되지 않고 공동 소유라는 인식이 강했다. 당연히 상속, 증여의 개념도 약했다. 상속세, 증여세는 가족을 우리라는 하나의 단위로 인정하지 않고 가족 구성원을 각각 하나의 단위로 분화시켜 이해한 것이다. 부모가 자식에게, 자식이 부모에게 돈을 주는 것에 세금이 부과된다는 생각이 없었던 세대이다. 아직까지 상속세와 증여세에 대한 수용도가 낮은 이유가 여기에 있는지도 모른다. 지금까지의 논의는 〈표 2.1〉과 같이 요약할 수 있다.

의식주(衣食住)

먹고 입고 자는 것 또한 언어와 마찬가지로 자의식이 형성되기 이전부터 엄마, 아빠와 함께 생활하면서 당연한 것으로 받아들이는 생활의 한 부분이다. 세계 각국(사회)에서 그들만의 고유한 생활 방식이 계속 이어지는 이유이다. 물론 교통의 발달과 국가 간 교류의 확대로 지역이나 국가의 고유한 의식주 패턴이 약해지고 있다.

의주(衣住): 옷과 주거 형태의 변화

의식주 중에서 가장 먼저 옷이 변화했다. 한국 고유의 전통 복식(服食)이 사라지고 서양화된 것이다. 주거의 경우 90년대까지만 해도 단독주택에 3대가 함께 생활하는 대가족 형태를 흔히 찾아볼 수 있었지만 지금은 핵가족과 아파트 주거 형태로 급속하게 전환되었다. 2020년 통계로 일반가구 중 1인 가구(31.7%)와 부부 2인 가구(16.8%)가 차지하는 비중이 50% 수준에 이르고 있다. 주택의 종류를 보면 전체 약 1,853만 호의 주택 중에서 아파트가 1,166만 호로 62.9%에 달하고 단독주택 비율은 21.0%에 불과할 정도로 주거 형태가 바뀌었다.

옷에서 한국의 전통 양식은 명절과 아이 돌잔치에서 간혹 찾아볼 수 있는 정도이다. 전통적 주거 양식은 농어촌에서 일부 찾아볼 수 있고, 아파트라도 온돌 방식은 유지되고 있다. 아이를 키울 때도 이제 서양처럼 태어나서 바로 유아침대에 따로 재우고 키우는 가정이 늘고 있다. '함께'의 생활 공간에서 '혼자'의 생활 공간으로 바뀌고 있다.

이렇게 주거 형태가 핵가족화되고 아이도 개별 침대에 재우는 등 서양의 방식으로 많이 변해 가는 것이 한국의 현실이다. 하지만 핵가족 환경에서 성장한 젊은 세대라 하더라도 자녀를 둔 경우 아이 키우는 데에서는 아직 전통적 생활 양식이 많이 남아 있다. 특히 아이가 스스로 자기 일을 알아서 하도록 믿고 맡기고 독립심을 키워주기보다는 부모가 챙기고 돌보는 방식이 일반적이다. 아이들을 키울 때 아직 자율적이기보다는 의존적인 태도, 혼자보다는 부모와 함께 생활하는 가족 형태가 이어지고 있다.

의식주에서 전통이 가장 많이 남아 있는 분야는 식문화(상차림)이다.

식(食): 상차림

우리나라의 전통적 상차림을 보면 밥, 국, 그리고 여러 반찬이 상 위에 모두 올라오는 소위 반상(飯床) 차림이다(〈그림 2.1〉). 밥과 국이 기본(main)이고 반찬은 부수적이다. 반찬은 5찬, 7찬 등 여러 종류이고 입맛에 따라 이것저것 골라 먹는다. 때에 따라서는 국에 밥을 말아 먹거나 밥에 여러 반찬을 섞어 비벼 먹

[그림 2.1] 한정식 반상 차림

기도 한다.

　그러면 미국, 유럽 등 서양은 어떠한가? 순서에 따라 차례대로 음식이 나오는 것이 일반적이다. 먼저 주식(主食, main dish) 전에 애피타이저로 수프(soup)나 샐러드가 나온다. 주식 다음에는 케이크와 음료로 후식(디저트)을 먹는다. 이 모두가 동시에 제공되는 것이 아니라 순서에 따라 하나를 마치면 다음 음식이 나오는 형태다. 서양 레스토랑의 코스 메뉴를 보면 잘 나타난다. 맥도날드에 가서 햄버거를 시켜 먹더라도 보통은 감자 튀김(french fries), 햄버거, 음료의 순서로 먹는다.

　한국과 서양의 이러한 식생활에서 눈에 띄는 차이점은 면(面)과 선(線)으로 비유할 수 있다. 한식 상차림의 상(床)은 면에 해당하고 상 위의 밥, 국, 반찬은 점(点)이라 할 수 있다. 식사하는 동안의 숟가락과 젓가락이 움직이는 선을 연결해보면 수많은 지그재그형 동선이 그려진다. 순서에 구애받지 않고 입맛에 따라 이 반찬(점) 저 반찬을 골라 왔다갔다 한다. 면 위의 점을 선택하거나 연결하는 데는 규칙이 없다. 대신 먹는 사람의 입맛에 따라 수많은 조합이 가능하다.

　서양의 식문화는 상차림이라기보다는 컨베이어 벨트 위에 음식이 하나씩 순차적으로

[그림 2.2]　서양식 코스 메뉴

Menu

SALAD
Mixed green dinner salad
served with French bread and butter

MAIN COURSE
Beef tenderloin in red wine
reduction served with mushroom risotto

DESSERTS
Assorted macarons, champagne truffles, dark
chocolate pralines, fruit tarts, madeleines,
chocolate fondant, and wedding cake

[그림 2.3]　한정식 코스

♥ 한정식 코스

전복죽
야채 샐러드
잡채
전
장어구이
식사(기본찬 5종)
케이크
커피

올라오고 그것을 차례대로 먹는 모양새다. 면보다는 선의 비유가 더 적합하다. 여럿이 식사하는데 혼자서 이야기를 많이 하다 보면 다음 음식이 이미 들어와 먹지 못하는 때도 있다. 컨베이어 벨트식 선의 식문화에서는 순서가 있고, 한 음식에 머물 수 있는 시간이 제한적이다. 각각의 음식이 개별적이고 이들을 섞어 새로운 맛을 내는 복합·융합의 묘미가 없다.

한국의 식문화도 서양화되어 가고 있다. 대표적으로 전통 한정식의 상차림이 코스 메뉴로 바뀌고 있다(〈그림 2.3〉). 면의 식문화에서 선의 식문화로 바뀐 형태다. 다만 코스 메뉴라도 식사 후반에 작은 반상의 식사가 나온다. 아직 몇 개의 반찬이 제공되는 상차림은 유지되고 있다.

면의 사고에서 선의 사고로 인식의 전환에 영향을 끼친 대표적인 제도의 변화는 2014년에 주소 표기 방식을 도로명으로 바꾼 것이다. 앞의 예시에서 마포대로 9번지로 바뀌기 이전에는 마포동이라는 지역(붉은색 면) 중에서 어느 지점(번지)으로 인식되었다(〈그림 2.4〉). 그것이 도로명으로 바뀐 후에는 선(〈그림 2.5〉의 붉은색)의 어느 지점으로 바뀌게 되었다. 읍면동의 지번에 익숙한 어른들은 아직도 도로명이라는 선상에 위치를 떠올리기가 어렵겠지만 처음부터 주소를 도로명으로 쓰기 시작한 세대는 도로명으로 위치를 찾는 것이 훨씬 쉬울 것이다.

[그림 2.4] 주소: 마포동 - 면의 사고   [그림 2.5] 주소: 마포대로 - 선의 사고

[그림 2.6] 대기하는 패턴: 독일의 선, 중국의 면, 러시아의 면→선

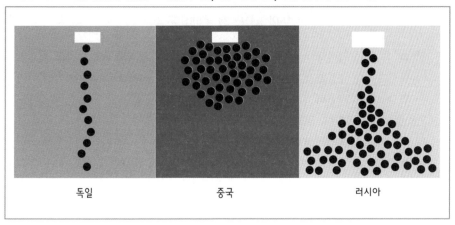

이러한 식생활이나 주소 표기 방식의 변화는 면의 사고에서 점차 선의 사고에 익숙하도록 인식의 구조에 영향을 미칠 것이다. 〈그림 2.6〉에서 왼쪽 두 개는 13살에 독일로 이민을 간 중국 여성 디자이너 양 리우(Yang Liu)가 독일에서 사람들이 기다리는 모습을 보고 중국과의 차이를 압축해서 그린 포스터이다. 여기에 러시아인이 맨 오른쪽에 러시아 버전을 추가하였다. 한 줄로 서서 기다리는 독일인, 줄이 없이 여러 사람이 함께 모여 있는 중국인, 그리고 몰려 있다가 마지막 단계에서 줄(선)이 형성되는 러시아인의 모습이다. 독일의 선, 중국의 면, 러시아의 면에서 선으로 바뀌어 가는 특성을 잘 요약하고 있다. 지금 한국도 러시아처럼 생각이나 행동이 면에서 선으로 변하고 있는 과정으로 보인다.

서양인의 사고: 선 중에서도 직선

서양인은 선 중에서도 직선의 사고에 익숙하다. 제2차 세계대전이 끝나고 식민지를 독립시키면서 국경을 정할 때 극명하게 드러난다. 아시아, 아프리카 지역의 국가들은 역사적으로 자연의 지형에 따라 부족사회를 이루어 살았고 서로 간의 경계도 자연스럽게 형성되었다. 영토의 모양이 곡선일 수밖에 없었다. 그런데 아프리카와 중동의 많은 국가가 독립을 맞으면서 새로운 국경이 경도와 위도에 따라 직선으로 그어졌다. 동베를린과 서베를린의 구분도 직선이었고 한국의 남북한도 위도 38도를 기준으로 직선의 경계선이 그어졌다. 베를린의 경우 한 채의 집이 동과 서로 나뉘기도 하였다.

서양인의 선, 특히 직선의 사고는 면과 곡선에 익숙한 아시아, 아프리카, 중동 국가의 사람들에게는 이해하기 힘들다. 하지만 근대화와 함께 형성되는 도시 역시 직선의 도로로 구역을 나누고 주소를 부여하였다. 전기, 가스, 수도 등의 인프라도 직선을 따라 구축되었다. 직선은 효율성의 상징이었다.

동양인과 서양인의 사고방식: 통합적 사고 vs. 분석적 사고

나의 경험과 관찰을 바탕으로 한 개인적 추론은 미국 미시간대학교 니스벳 (Nisbett) 교수의 동양인과 서양인의 관점 차이에 관한 과학적인 연구를 통해 어느 정도 설득력을 확인할 수 있다.

질문: 아래 그림에서 맨 아래 꽃을 A그룹과 B그룹 중에서 더 유사한 쪽으로 분류시킨다면 어느 쪽일까?

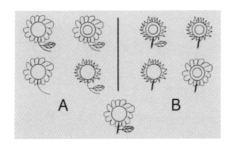

니스벳 교수와 그의 동료는 유럽계 미국인, 아시아계 미국인, 그리고 아시아인의 세 대학생 집단을 대상으로 위의 질문을 한 결과 유럽계 학생들은 A그룹 대 B그룹의 응답 비율이 각각 31%와 69%로 B그룹이 높았던 반면, 한국 학생과 중국 학생으로 구성된 아시아인 집단에서는 59% 대 41%로 A그룹이 높았다는 조사결과를 얻었다. 아시아계 미국 학생은 그 중간이었다(〈그림 2.7〉).

나도 이 질문에 처음 답했을 때 A를 선택했다. 전체적으로 둥글둥글한 꽃 모양이 눈에 바로 들어왔다. 그런데 서양인은 B를 더 많이 선택했다는 연구 결과가 바로 이해되지 않았다. 논문을 자세히 읽어보면서 분류 대상의 꽃을 꽃잎,

[그림 2.7] 유사성 분류 결과

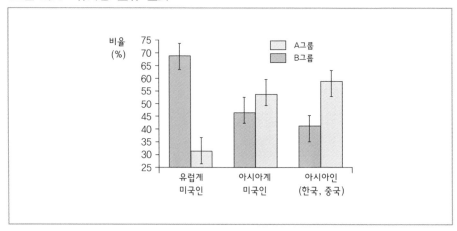

꽃대, 잎사귀의 세 부분으로 나눈 다음 각각에 대해서 공통점이 더 많은 것을 찾아보니, A그룹에는 4개의 꽃에 공통으로 들어간 부분이 없었지만 B그룹에는 모든 꽃에 꽃대가 있다는 것을 발견하였다.

　서양인들은 대상물을 부분으로 나눈 다음 부분들의 공통점이나 법칙성을 찾는 데 익숙하다면, 동양인들은 대상물이 속한 전체를 먼저 파악하고 그것과의 유사성이나 관계성을 중심으로 사고한다는 것을 보여주는 연구이다. 이름, 주소, 날짜 표기 등에서 큰 것을 먼저 인식하거나, 식사할 때나 특정 장소(위치, 주소)를 찾아갈 때 전체를 면(面)이나 장(場)으로 펼쳐놓고 거기에서 반찬을 짚거나 지점을 찾아가는 것과 같은 맥락에서 이해할 수 있다.

　전체를 본다는 것은 전체를 구성하는 부분을 개별적인 것이 아니라 상호의존의 관련성 차원에서 이해하는 것이다. 동양인은 전체를 서로 복잡하게 얽힌 하나의 유기체로 보기 때문에 일부 부분을 가지고 인과적 선형 관계로 설명하기 어렵다고 본다. 따라서 자살이나 교통사고를 설명할 때 서양인들이 직접 원인이 된 것으로 범위를 좁혀 생각하는 반면, 동양인들은 인과성이 약하더라도 훨씬 많은 요인까지 관련성이 있다고 이해한다. 어떤 현상을 전체로 이해한다는 것은 현상을 장(場, field), 면(面, area), 또는 공간(space)으로 보고 그것을 채우고(구성하고) 있는 요소들의 관계를 선형 관계가 아니라 역동적 상호작용의 관계로 이해한다. 반상에 차려진 밥, 국, 그리고 반찬에 손이 가는 궤적의 역동성과 비슷하다.

동양인은 고정보다는 변화, 직선보다는 곡선, 선보다는 면이나 다차원의 추상적·거시적 사고에 익숙하다. 따라서 전체를 부분으로 나누어 분석하고 부분 간의 선형적 인과성을 강조하는 서양인과는 다르게 전체를 직관적이고 통(通)으로 이해하는 통합적(전체적) 사고에 익숙해져 있다.

그림을 하나 더 보자. 소를 닭과 풀 둘 중에 하나와 서로 짝을 지으라고 한다면 닭(A)인가 풀(B)인가? 이 질문에 서양인은 소와 닭을, 동양인은 소와 풀을 하나로 묶는 응답 비율이 더 높았다고 한다. 그림 대신에 단어로 팬더(곰), 원숭이, 바나나를 제시하고 서로 더 관련이 있는 것끼리 짝을 지으라는 질문에서도 미국 대학생은 팬더와 원숭이를, 중국 및 타이완 대학생은 원숭이와 바나나를 고르는 비율이 더 높았다고 한다.

A   B

서양인은 대상물의 속성을 분석해서 공통점을 찾아 범주로 분류하는 방식이다. 즉 소와 닭은 둘 다 동물의 속성을 가지고 있다. 반면에 동양인은 개체의 내면적 속성보다는 개체 간의 관계에 더 주목한다. 소가 풀을 먹고 자라는 관계성이 먼저 떠오른 것이다. 음식에서도 궁합이 있듯이 서로 합치면 맛도 좋고 건강에도 좋은 그런 관계성에 일찍부터 익숙해 있는 것이다.

사물의 속성에 관심을 가진 서양인은 사람에 대해서도 개개인이 가진 고유한 특성, 즉 개성에 초점을 맞추었다. 개인은 독립적이고 자율적인 존재이며 개성은 다른 사람이 흉내낼 수 없는 개인성(individuality)이고 정체성이다. 그래서 서양인에게 자아정체성은 자아실현, 자아존중감의 근본이다.

한편 동양인은 자아를 정체성에 고정시키지 않고 상황이나 다른 사람과의 관계 속에서 역할로 인식하는 경향이 강하다. 자식과의 관계에서는 부모이고, 부모님을 만나면 오히려 자식이 된다. 직장에 가면 사원이자 선임의 후배이고 후임의 선배이다. 자아정체성은 고정된 것이 아니라 상황과 관계 속에서 변화하는 관계적 자아이다.

한국 사람에게는 이렇게 사람과의 관계에 따라 자신의 다양한 역할과 위치를 잘 파악해서 행동하는 도리(道理)가 강조된 것으로 보인다. 한국인은 자신의 정체성을 중심으로 변하지 않는 자아로 인식하기보다는 관계적 역할이 중요하기 때문에 상황 변화를 민감하게 감지한다. 따라서 자아실현이라는 것도 서양인과 다르게 접근한다. 서양인에게 자아실현은 자신만의 독특한 능력이나 성격을 충분히 발현하는 것이다. 그러나 한국인에게 자아실현은 관계적 자아로 다른 사람과의 관계에서 역할이나 도리를 다하는 것으로 이해된다. 즉 자아의 실현이 아니라 타인의 인정이 중요하다.

한국인의 사고에 지대한 영향을 미친 유교는 사회생활에서 사람의 도리를 강조하면서 보다 근원적으로 모든 인간에 공통된 참 성품 인(仁)을 강조한다. 불교는 사회생활에서 역할로 나타나는 자아를 가아(假我)로 보고 근원적인 진아(眞我, 참나)를 강조한다. 자아실현은 참나의 발견과 발현으로 이해한다. 그래서 한국인에게는 전통적으로 본래 가지고 있는 참 성품, 바람직한 성품을 닦아나가는 수행이 강조된 것이라 할 수 있다. 서양인과 비교하면 한국인의 자아 개념이 훨씬 유동적이고 추상적이다.

자신만의 특별함을 자아로 인식하고 존중하는 서양인에 비해 한국인은 자신의 능력이나 행동을 사회적 맥락과 인간관계 차원에서 성찰하고 부족한 것을 채워나가는 노력을 더욱 강조한다. 서양인은 자아에 대한 개념과 신념을 강조하기 때문에 어려서부터 자신의 주장을 적극적으로 주장하고 남들과 충돌하는 경우 적극적인 논쟁을 통해 누구 말이 맞는지 확인하는 훈련이 되어 있다. 토론 문화이고 논쟁을 통해 진실을 찾아가는 방식이다.

이에 비해 한국인에게는 사물(현상)의 다면성을 받아들이기 때문에 상대의 주장에도 일리가 있다고 인정하고 또 논쟁을 통해 불편한 관계가 되는 것을 회피하는 성향이 강하다. 진리는 논쟁으로 찾기보다는 열심히 수행해서 높은 경지에 오른 깨친 사람(覺者), 지혜로운 사람(賢人), 박식한 사람(博士)에게 맡기고 그들의 가르침을 배워야 한다고 생각한다. 한국 교육현장에서 토론이 정착하지 못하는 중요한 문화적 배경이다.

3

권위주의(권력거리·위계성)

집단주의-개인주의

특수주의-보편주의

대한민국, 시대정신, 그리고 개혁

한국 사회의 이해:
국가 간 문화 비교

한국 사회의 이해: 국가 간 문화 비교

한국인의 특성이 무엇인지, 동양인과 서양인의 인식 차이가 어떠한지의 미시적 차원을 넘어, 이번에는 한국 사회 전체를 거시적 차원에서 문화의 특성으로 이해해본다.

문화는 사회 전체 구성원의 생활 풍속이나 행동으로 나타나는 현상부터 눈에 보이지 않지만 함께 공유하는 가치나 신념까지 다양한 차원에서 이해할 수 있다.[1] 그리고 문화는 성장하면서 자연스럽게 받아들여지고 체득되어 인식과 믿음으로 자리를 잡기 때문에 쉽게 변하지 않고 지속하여 다음 세대로 이어진다. 다음 글상자의 글을 읽어 보자.

한 연구원이 원숭이 다섯 마리를 우리에 넣고 실험을 하였다. 바나나 한 송이를 끈에 매달아 높은 사다리 위에 걸어 놓았다. 원숭이 한 마리가 바나나를 먹으려고 사다리를 오를 때 연구원은 원숭이 다섯 마리 모두에게 호스로 5분간 얼음만큼 차가운 물을 뿌렸다. 얼마 뒤에 두 번째 원숭이가 바나나를 먹으러 사다리를 오르자 다시 5분간 차가운 물을 뿌렸다. 그리고 난 후 연구원은 물 호스를 치우고 원숭이의 행동을 관찰하였다. 세 번째 원숭이가 사다리를 오르려 하자 나머지 네 마리가 오르지 못하도록 공격했다. 차가운 물세례에 공포감을 느낀 것이다.

　연구원은 기존의 원숭이 한 마리를 차가운 물을 맞아본 적이 없는 새 원숭이로 교체하였다. 그 원숭이가 바나나를 보고 오르려 하자 다른 네 마리의 원숭이가 그를 공격하며 막았다. 다시 오르려 하면 다시 공격하기를 몇 번 반복하면서 새 원숭이도 바나나를 포기하게 되었다. 다른 원숭이의 공격을 피한 것이다. 연구원이 이번에는 다른 원숭이 한 마리를 교체하였다. 바나나를 욕심내어 오르려 하면 마찬가지로 다른 네 마리가 공격하였고 두 번째 교체된 원숭이도 바나나를 포기하였다. 이런 식으로 차가운 얼음물을 경험한 다섯 번째 원숭이까지 모두 교체했다. 이제 우리에 남아있는 원숭이 네 마리는 모두 실제로 얼음물을 맞아보지 않았는데도 불구하고 마지막에 들어온 원숭이가 사다리에 오르려 하자 공격하는 모습을 보였다.

　(후기: 이제 원숭이들은 이유도 모른 채 바나나 먹기를 포기하고 그 집단행동에 합류한다. 이 이야기는 Gary Hamel과 C. K. Prahalad의 공저 *Competing for the Future*(1996)에 처음 소개되었다. 실제 실험 여부에 대한 논란에도 불구하고, 이 실험결과는 사람들이 자신의 생각이나 행동을 의심하지 않고 당연하다고 믿는 고정관념이나 관성에 대한 경고로 자주 인용된다).

　이처럼 문화는 사회 구성원의 사고와 행동에 내면화되고 경로의존성(path dependency)을 가지고 다음 세대로 이어지기 때문에 사회를 이해하는데 매우 유용한 개념이다. 그렇다면 한국 사회의 문화적 특성은 무엇인가? 문화 연구자들은 국가 간의 문화를 비교하기 위하여 문화를 몇 개의 차원으로 나누고 설문을 통해 이를 측정해서 비교하는 연구를 진행하였다. 가장 대표적인 문화 차원이 '권위주의'와 '개인주의 – 집단주의'이다.

권위주의(권력거리 · 위계성)

〈팽이 돌리기 순서와 호칭 가지고〉

"'니'라고 하지 마라"

6살   5살   7살 A   7살 B

7살 A → 모든 아이: 너 몇 살이야?
　다섯 살.
　나 여섯 살.
　나도 다섯 살.
　나는 일곱 살이다.

7살 B: 우리가 최고 형아네 지금. 그렇지?
7살 A: 어, 형아다.
5살 → 7살 A: 그럼 '니'가 (먼저) 하고 나 줘.
7살 A → 5살: '니'라고 하지 마라.

자료: SBS 스페셜, 왜 반말하세요?, 548회, 2019. 4. 14.

호프스테드(Hofstede) 연구

문화연구를 맨 처음 시작한 호프스테드는 권력거리(power distance)라는 개념으로 권위주의를 측정하였다. 권력거리는 한 사회 또는 조직 안에서 상하 구성원 간의 권력에 차등이 있다는 것, 즉 권력 불평등을 수용하는 정도를 의미한다. 즉, 부하의 위치에서 상사(보스)의 권한이 더 크고 자신에게 지시하는 지위에 있다는 것, 자신과 상사의 관계를 위계적이라고 받아들이는 정도를 나타낸다. 따라서 권력거리가 큰 사회에서는 계급이나 지위가 낮은 사람이 높은 사람의 권위를 인정하고 지시에 따르지만, 권력거리가 작은 사회에서는 자리에 따른 권위나 영향력의 차이가 크지 않은 수평적 관계로 이해해 구성원들이 지위를 크게 의식하지 않고 자유롭게 대화를 나누고 서로를 예우한다.

호프스테드가 설문조사를 통해 주요 국가의 권력거리를 측정한 점수를 보면(설문조사 방법은 〈부록 1〉 참고), 한국은 60점으로 높은 점수 순서로 74개국 중에서 중간 정도인 41위에 위치하고 있다(〈부록 2〉). 점수가 높을수록 권력거리가 큰, 즉 사회가 더 권위적이고 권력의 격차가 큰 사회이기 때문에 점수나 순위로 보아 한국은 중국(80점, 12위)보다 권력의 차이를 수용하는 정도가 더 약하고, 일본(54점, 49위)보다는 강한 것으로 조사되었다. 권력거리가 작은 수평적 문화에는 오스트리아, 덴마크, 스위스 등 북유럽 국가들이 많았으며, 반대로 동남아시아, 중동, 동유럽, 남미 국가들은 권력거리가 큰 권위주의 사회로 조사되었다.

호프스테드는 한국의 권력거리 60점에 대하여 위계의 정도가 '약한' 권위주의 사회로 해석하고, 사람들이 자신의 위치를 위계적 질서로 받아들이고 그에 대해서 왜 그래야 하는지 설명의 필요성을 느끼지 않는 것으로 보았다. 또한 조직의 위계적 구조는 사회에 내재되어 있는 권력 차등을 반영하는 것이며, 힘이 중앙에 집중되어 있는 것이 일반적이고, 구성원들은 스스로 알아서 일하기보다는 상사의 지시를 기다리는 편이고, 이상적인 리더는 배려심을 가지면서 강력하게 권위를 행사하는 사람이라고 진단하였다.

호프스테드는 권력거리가 작은 사회와 권력거리가 큰 사회를 범주화해서 이들 사회에서 일반적으로 관찰되는 다양한 측면의 특성을 정리하였는데 이를 요약한 것이 〈표 3.1〉이다.[2]

[표 3.1] Hofstede의 권력거리가 큰 사회와 작은 사회의 특성

권력거리가 큰 사회	권력거리가 작은 사회
상사와 부하는 서로를 다른 계층의 사람이라고 여기며, 부하는 상사가 지시할 것으로 기대한다.	상사와 부하는 서로를 "자신과 같은 사람"이라고 생각하며, 부하는 상사가 자신과 상의할 것을 기대한다.
하위직이 고위직을 만나거나 대화하는 것을 부담스럽게 생각하고 고위직에는 특권이 부여된다고 본다.	고위직과 만나거나 대화히는 깃이 자언스럽고, 계급은 신분이 아니라 조직의 효율적 운영을 위한 역할의 차이로 본다.
힘이 적은 사람은 많은 사람에게 의존해야 한다.	힘이 많든 적든 어느 정도 상호 의존적이어야 한다.
자식, 아이, 학생이 부모, 어른, 선생님을 존경하는 것은 미덕이다.	부모, 어른, 선생님은 자식, 아이, 학생들을 대등하게 대한다.
자식에게는 부모의 노후 안전에 중요한 역할을 할 것이 요구된다.	자식은 부모의 노후 안전에 대한 역할에서 자유롭다.
집권이 일반적인 현상이다.	분권이 일반적인 현상이다.
학습의 질적 수준은 교사의 실력(수월성)에 의해 결정된다.	학습의 질적 수준은 학생-교사의 쌍방 소통과 학생의 수월성에 의해 결정된다.
사무직이 육체근로자보다 우대 받는다.	사무직과 육체근로자 간의 차별이 없다.
최고 권좌의 사람을 바꾸는 방식으로 정치개혁을 시도한다.	법을 바꾸는 방식으로 정치개혁을 시도한다.

GLOBE 연구

호프스테드의 권력거리 개념을 적용한 보다 최근의 국가 간 비교 연구는 2004년에 발간된 GLOBE(Global Leadership and Organizational Behavior Effectiveness) 연구이다. GLOBE는 권력거리를 현재 상태(as is)가 어떠한가를 묻는 실제 측면과 바람직한 상태(should be)를 묻는 가치 측면으로 구분하여 측정하였다(〈부록 3〉).

62개 조사 국가(사회)에 대한 결과를 담은 〈표 3.2〉를 보면 한국은 실제 차원에서 미국이나 유럽은 물론, 태국을 제외한 동남아 국가 및 중국이나 일본보다 권력거리가 큰(상위 7위) 사회로 조사되었다. 반면 가치 차원으로 보면 권력거리가 작아야 한다는 규범적 인식이 미국, 일본, 중국보다 강하다는 것을 알 수 있다. 전체적으로 실제와 가치의 상관관계에서 실제의 점수가 높을수록 가치의 점수가 낮은 것을 확인할 수 있는데, 권력거리가 큰 사회일수록 권력거리가 작아져야 한다는 믿음이 강한 것으로 해석할 수 있을 것이다.[3] 한국은 두 차원의 점수 차이가 특히 큰 국가에 속한다.

[표 3.2] GLOBE 연구의 권력거리 지수

국가 (사회)	권력거리 지수		차이	국가 (사회)	권력거리 지수		차이
	실제	가치			실제	가치	
Morocco	5.80	3.11	2.69	Taiwan	5.18	3.09	2.09
Nigeria	5.80	2.69	3.10	Indonesia	5.18	2.69	2.49
El Salvador	5.68	2.68	3.00	Malaysia	5.17	2.97	2.20
Zimbabwe	5.67	2.67	3.00	South Africa(백인)	5.16	2.64	2.53
Argentina	5.64	2.33	3.31	England	5.15	2.80	2.35
Thailand	5.63	2.86	2.77	Ireland	5.15	2.71	2.45
South Korea	5.61	2.55	3.06	Kuwait	5.12	3.17	1.96

Guatemala	5.60	2.35	3.25	Japan	5.11	2.86	2.25
Ecuador	5.60	2.30	3.30	Poland	5.10	3.12	1.98
Turkey	5.57	2.41	3.16	China	5.04	3.10	1.94
Colombia	5.56	2.04	3.52	Singapore	4.99	3.04	1.95
Hungary	5.56	2.49	3.07	Hong Kong	4.96	3.24	1.72
Germany(동독)	5.54	2.69	2.85	Austria	4.95	2.44	2.51
Russia	5.52	2.62	2.90	Egypt	4.92	3.24	1.67
Spain	5.52	2.26	3.26	Switzerland	4.90	2.44	2.46
India	5.47	2.64	2.83	Finland	4.89	2.19	2.70
Philippines	5.44	2.72	2.72	New Zealand	4.89	3.53	1.36
Portugal	5.44	2.38	3.06	USA	4.88	2.85	2.03
Iran	5.43	2.80	2.63	Switzerland(불어)	4.86	2.80	2.06
Italy	5.43	2.47	2.95	Sweden	4.85	2.70	2.15
Greece	5.40	2.39	3.01	Canada(영어)	4.82	2.70	2.12
Venezuela	5.40	2.29	3.11	Australia	4.74	2.78	1.96
Slovenia	5.33	2.57	2.77	Costa Rica	4.74	2.58	2.16
Brazil	5.33	2.35	2.97	Qatar	4.73	3.23	1.50
Zambia	5.31	2.43	2.89	Israel	4.73	2.72	2.01
Kazakhstan	5.31	3.15	2.16	Albania	4.62	3.52	1.10
Namibia	5.29	2.86	2.43	Bolivia	4.51	3.41	1.10
France	5.28	2.76	2.52	Netherlands	4.11	2.45	1.66
Germany(서독)	5.25	2.54	2.71	South Africa(흑인)	4.11	3.65	0.46
Mexico	5.22	2.85	2.38	Denmark	3.89	2.76	1.13
Georgia	5.22	2.84	2.38	Czech Republic	3.59	4.35	−0.77
전체 평균					5.14	2.77	2.37

GLOBE 연구에서는 권력거리가 작은 사회와 큰 사회의 특성을 다음과 같이 정리하고 있다.

[표 3.3] GLOBE의 권력거리가 큰 사회와 작은 사회의 특성

구분	권력거리가 큰 사회	권력거리가 작은 사회
사회 계층	사회를 계급(계층)으로 나눈다.	중산층이 두텁다.
권력의 기반	안정적이고 한정되어 있다. (예: 토지 소유)	유동적이고 공유할 수 있다. (예: 기술, 지식)
권력의 역할	권력은 사회에 질서를 부여한다.	권력은 부패 및 구속(억압)과 관계가 있다.
사회 이동	상향식 계층 이동이 제한된다.	상향식 계층 이동이 흔하다.
정보 통제	정보가 폐쇄적으로 분산되어 있다.	정보가 광범위하게 개방되고 공유되어 있다.
거버넌스 (Governance)	집단 간 참여의 정도가 다르고(예: 여성), 민주주의가 아직 균등한 기회를 보장하지 못 한다.	모든 집단이 동일하게 참여하고, 민주주의가 모든 사람에게 균등한 성장의 기회를 제공한다.
시민의 자유	시민의 자유가 약하고 권력형 부패가 많다.	시민의 자유가 강하고 권력형 부패가 적다.
자원, 기술, 능력	사회의 자원, 기술, 능력개발의 기회가 소수에게만 제공되어 인적자원개발이 미약하다.	다수가 교육 기회 등을 통해 자립에 필요한 자원, 기술, 능력개발의 기회를 가진다.

슈워츠(Schwartz) 연구

이스라엘 사회학자 슈워츠는 권력거리와 유사한 개념으로 위계성(hierarchy)의 용어를 사용하였다. 또한 위계성과 대칭 개념으로 평등주의를 개념화하여 국가 간 문화를 비교하였다(〈부록 4〉).

최근 공개된 조사결과를 보면 한국은 중국, 태국, 홍콩, 싱가포르, 대만, 일본 등과 함께 위계성이 매우 높은 사회로 분류되었으며, 미국이 중간 정도, 그

[표 3.4] Schwartz의 위계성이 강한 사회와 평등주의가 강한 사회의 특성

구분	위계성이 강한 사회	평등주의가 강한 사회
사회 구조	위계적인 구조 속에서 개인에게 부여된 역할에 대해 책임감을 가지고 수행할 것이 요구된다.	모든 개인은 도덕적으로 평등하고 인간으로서의 기본적인 이해를 공유하는 존재임이 강조된다.
사회화	개인은 위계적으로 구조화된 역할을 준수하도록 사회화되고, 준수하지 않는 경우 제재를 받게 된다.	다른 사람의 복지에 관심을 갖고 서로 돕는 정신을 내면화하도록 사회화된다.
중요한 가치와 개념	사회적 권력이나 권위, 재력, 겸손과 절제	사회적 정의, 약자 배려, 사회 구성원 전체의 복지와 번영을 추구하는 사회적 책임과 자발적 협력

리고 다수의 유럽 국가들이 위계성이 낮은 사회에 포함되었다(〈부록 5〉). 슈워츠는 평등주의를 위계성과 대칭의 관계로 개념화하였는데 실제 결과에서도 위계성이 높게 측정된 국가(사회)일수록 평등주의 값은 낮았다. 〈표 3.4〉는 슈워츠가 발견한 위계성 및 평등주의가 강한 사회의 특성을 요약한 것이다.

이상 세 연구를 종합하면, 측정방법이나 시기 등의 차이에도 불구하고 한국 사회는 상당히 일관되게 권력거리가 큰 사회, 위계성이 높은 대신 평등주의는 낮은 사회로 정리할 수 있다. 특히 GLOBE 연구를 보면 현실은 권력거리가 크다고 인식하지만 규범적으로는 권력거리가 작은 사회로의 변화를 원하고 있음을 알 수 있다.

〈그림 3.1〉은 양 리우(Yang Liu)가 보스(리더, 기관의 長)에 대한 독일인과 중국인의 인식 차이를 표현한 그림이다. 권력거리(위계성)에 대한 과학적 연구를 직관적으로 쉽게 이해시켜 주고 있다.

[그림 3.1] 독일인과 중국인의 보스에 대한 인식

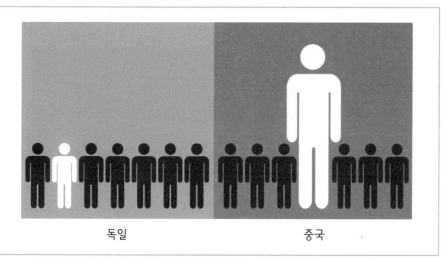

독일   중국

단상 문화에서 단하 문화로

2006년 호암상 시상식에 참석했을 때 기억에 남는 인상적인 장면이 있다. 당시 대부분의 행사(시상식, 졸업식 등등)에서 시상을 하는 주최 측 VIP는 단상(壇上)에 앉아 있고 수상하는 사람이 호명되면 단상으로 올라와 상을 받고 내려가는 것이 일반적이었다. 그런데 호암상 시상식의 단상에는 수상자들이 배우자와 함께 의자에 앉아 있었고 시상자를 포함한 VIP들은 단하 맨 앞줄에 앉아 있었다. 단상과 단하의 모습이 바뀌어 있는 것을 보고 당시 신선한 충격을 받았다.

단상 문화는 전형적인 위계적 권위주의를 상징한다. 한국 사회가 단상의 권위주의 문화에서 서서히 바뀌어 가고 있음을 보여주는 하나의 모습일 것이다.

집단주의-개인주의

　문화 연구자들이 반드시 포함시키는 문화 차원이 집단주의－개인주의이
다. 집단주의－개인주의는 국가 간의 문화를 비교하고 커뮤니케이션, 자아 인
식, 갈등 및 협상을 포함한 관리적 차원에서 연구할 때 가장 많이 등장하는 개
념이다.

Hofstede 연구

　호프스테드에 따르면 개인주의가 강한 사회에서는 개인 간의 연대가 느슨
하고 개인은 자신과 직계 가족에 대해서만 책임을 지고 돌본다. 집단주의에서
는 태어나면서부터 집단 구성원들과 강한 유대가 형성되고 일생을 상부상조하
면서 서로를 돕는 특성이 있다. 개인주의 사회는 개인의 자유와 책임 그리고
독립심을 강조하고, 직장이나 사회생활에서 인간관계를 맺을 때 조직이나 사회
보다 자신의 개인적 권익을 우선한다. 집단주의 사회에서 개인은 자신이 속한
집단에 대한 소속감과 충성심, 그리고 다른 구성원과의 화합이 중요하고, 집단
을 통해 자신의 이익을 보호할 수 있다는 의식이 강하다. 개인주의와 집단주의
는 개인의 자아상을 각각 "나(I)"와 "우리(we)"로 정의하는 경향이 있다.
　호프스테드는 개인주의와 집단주의를 상호 배타적인 관계로 정의하여 개인
주의 점수가 높을수록 개인주의가 강하고 집단주의가 약한 사회로 보았다. 한
국은 개인주의 점수가 18점으로 6~91점의 범위에서 매우 낮은 점수이고 74개
조사 대상 국가(지역)에서 낮은 점수 순으로 63위로 조사되었다. 이는 다른 국가
에 비해 상대적으로 개인주의가 약하고 집단주의가 강한 사회임을 의미한다.
중국, 홍콩, 싱가포르, 대만, 인도네시아, 베트남, 말레이시아 등 아시아 국가들

[표 3.5] Hofstede의 집단주의 사회와 개인주의 사회의 특성

집단주의 사회	개인주의 사회
상호의존적 자아관을 가진다.	독립적 자아관을 가진다.
슬픔은 자유롭게 표출하는 반면, 행복의 표출은 억제한다.	행복을 표출하는 데 자유로운 반면, 슬픔의 표출은 억제한다.
중요한 정보는 사회 네트워크를 통해 얻는다.	중요한 정보는 미디어를 통해 얻는다.
가족 중에 장애를 가진 사람이 있다는 것을 부끄럽게 생각하고 숨기려 한다.	장애를 가진 사람도 정상적인 일상생활에 최대한 참여한다.
교육의 목적은 행동 방식을 배우는 것이다.	교육의 목적은 학습 방법을 배우는 것이다.
학위는 높은 신분 계층에 진입하는 길이다.	학위는 경제적 가치와 자존감을 키우는 데 도움이 된다.
종업원은 그가 속한 집단의 이익을 추구하는 집단 구성원이다.	종업원은 고용주와의 이해가 일치할 때 집단의 이익을 추구하는 경제인이다.
내부 고객을 우대한다.	모든 고객을 동등하게 대우한다.
의사결정이 집단의 주요 멤버에 의해 미리 결정된다.	모든 사람이 각자 자기 의견을 내고, 결정에 영향을 미친다.
집단이익이 개인이익보다 우선한다.	개인이익이 집단이익보다 우선한다.
국가(정부)가 경제 시스템에서 지배적인 역할을 한다.	경제 시스템에서 국가(정부)의 역할이 제한적이다.
가족이나 집단이 운영하는 개인기업이 많다.	개인 투자자들이 소유한 합자회사가 많다.
집단에 의해 사생활이 간섭받는다.	개인의 사생활이 존중된다.
개인이 어떤 집단에 속했느냐에 따라 법과 권리가 다르다.	모든 개인이 법 앞에 평등하고 동일한 권리를 가진다.
사회 구성원 모두의 조화가 중요하다.	개인의 자아실현이 중요하다.

이 집단주의 국가에 속하고, 영미권 및 유럽 국가들은 개인주의 국가로 분류되었다(국가별 지수와 순위는 〈부록 6〉).

호프스테드는 개인주의 지수 18점인 한국에 대해 자신이 속한 집단에 가족의 개념을 확장시켜 구성원들과 긴밀한 유대를 오래 지속하고 신의와 충성을 사회적 규범이나 규율보다 중시하는 사회로 규정하였다. 또한 한국 사회는 모든 사람이 자신이 속한 집단 동료에 대해 강한 책임감과 돈독한 관계를 강화시킨다고 지적하고, 집단주의가 강한 사회에서 범죄 행위는 수치심과 체면 손상으로 연결된다고 했다. 그리고 고용주와 직원의 관계를 가족의 경우처럼 계약이 아닌 도덕적 의미로 이해하고, 채용과 승진의 결정에서 외부인보다 내부인을 먼저 고려하는 특성이 있다고 기술하였다.

호프스테드는 개인주의 점수를 토대로 집단주의 및 개인주의가 강한 사회의 특성을 〈표 3.5〉와 같이 정리하였다.

GLOBE 연구

GLOBE 연구는 집단주의를 사회 제도적 차원의 집단주의(제도 집단주의)와 집단 안에서 구성원과 집단의 관계에서 나타나는 집단주의(내집단 집단주의)로 구분하였다. 제도 집단주의는 사회의 기반을 이루고 있는 제도가 집단 차원의 자원 배분이나 행동을 유도하고 장려하는 정도를, 그리고 내집단(in-group) 집단주의는 구성원이 가족이나 조직에 대하여 갖는 자긍심, 충성심, 유대감 등의 정도로 정의하였다.

우선 제도 집단주의가 실제 현실에서 어느 정도로 나타나는가를 측정한(설문 문항은 〈부록 7〉) 결과를 보면, 한국은 7점 척도에서 5.20으로 높은 점수이고 국가 간 비교에서도 최상위 2위로 조사되었다. 일본, 싱가포르, 중국도 제도 집단주의가 높은 국가에 속한다(지수에 대한 자료는 〈부록 8〉). 바람직한 상태를 질문한 가치의 경우에는 권력거리 측정과 마찬가지로 실제에 대한 응답과 반대로 나타났다. 사회제도 차원에서 집단주의 정도가 지금보다 낮아지기를 기대한다고 해석할 수 있다.

실제 차원의 내집단 집단주의는 제도 집단주의에 비해 순위는 상위 24위로 낮지만 평균 점수는 7점 척도에서 5.54로 매우 높은 편이었다. 가치 차원의 점수도 높았는데 집단 구성원 간의 긴밀한 유대와 소속감 등은 실제는 물론 규범적으로도 긍정적 가치로 중시하고 있음을 알 수 있다. 실제 차원의 내집단 집단주의 점수는 중국보다 낮았으나 일본보다 높게 조사되었다(〈부록 9〉).

GLOBE는 집단주의 정도를 측정한 후 그 정도가 강한 사회와 약한 사회를 구분하고 이들 사회의 공통 특성을 〈표 3.6〉과 같이 정리하고 있다.

[표 3.6] GLOBE의 집단주의 정도가 높은 사회와 낮은 사회의 특성

높은 제도 집단주의	낮은 제도 집단주의
구성원들은 조직(사회)과의 상호의존관계가 아주 높다고 믿는다.	구성원들은 조직(사회)과 매우 독립적인 관계라고 믿는다.
개인의 목표를 추구하는 데 장애가 되더라도 집단에 대한 충성심이 요구된다.	집단에 대한 충성심이 문제가 되더라도 개인의 목표 추구가 권장된다.
사회 내 경제 구조(시스템)가 집단의 이익을 극대화시키는 경향이 있다.	사회 내 경제 구조(시스템)가 개인의 이익을 극대화시키는 경향이 있다.
연공서열, 개인의 니즈, 집단 내 형평성이 보상의 중요한 기준이다.	성공적 과업 수행에 대한 개인의 기여도가 보상의 중요한 기준이다.
높은 내집단 집단주의	낮은 내집단 집단주의
의무와 책무가 개인의 사회적 행동을 결정하는 중요 요인이다.	개인의 욕구와 취향이 개인의 사회적 행동을 결정하는 중요한 요인이다.
내부 구성원과 아닌 사람의 구분, 즉 내집단과 외집단의 경계가 분명하다.	내집단과 외집단의 경계가 미약하다.
사람들은 그들이 속한 집단과의 관계를 중요시한다.	사람들은 행동의 합리성을 강조한다.

특수주의-보편주의

권력거리(권위주의) 및 개인주의-집단주의는 국가 간 문화를 비교할 때 빼놓을 수 없는 차원이다. 이외에도 학자들이 분류한 문화 차원은 매우 다양하지만 한국의 문화적 특성을 이해하는데 적실성이 높은 특수주의-보편주의를 소개한다.[4]

트롬피나르와 햄든-터너(Trompenaars & Hampton-Turner, THT)는 사회생활에서 사람과의 친소(親疎, 가까운지 소원한지)관계가 중시되는지 아니면 규정, 규칙, 기준 등의 원칙이 중시되는지로 문화의 차원을 분류하였다. THT는 사람과의 친소관계는 상대가 누구냐에 따라 달라지기 때문에 특수주의(particularism)로 불렀고, 원칙을 중심으로 하는 관계는 상대가 누구든 똑같은 기준을 따르는 것이기 때문에 보편주의(universalism)로 불렀다.

THT는 특수주의-보편주의를 측정하기 위하여 다음 상황 1과 2에서 친구가 당신에게 유리한 증언을 부탁하거나 리뷰 기사를 써줄 것을 기대할 권리가 있는지 그리고 실제 그렇게 할 것인지에 대한 질문을 하였다.

> **상황 1:** 친한 친구의 차를 타고 가던 중 친구가 보행자를 치는 사고를 냈다. 최고
> 속도 30km 제한 구역인 시내 도로에서 50km로 달리다 낸 사고였고 주변에
> 목격자는 없었다. 친구의 변호사가 말하기를 당신이 법정에 나와 선서하고
> 사고 당시 30km로 주행했다고 증언해주면 친구가 중대한 처벌을 면할 수
> 있다는 것이다.
> **상황 2:** 당신은 레스토랑 리뷰 기사를 쓰는 전문 신문 기자이다. 친한 친구가 자신이
> 가진 현금을 모두 투자하여 새로 레스토랑을 오픈하였다. 그 레스토랑에서
> 식사를 했는데 솔직히 인상적이지 않았다.

[그림 3.2] '상황 1'의 질문에 대한 보편주의 점수

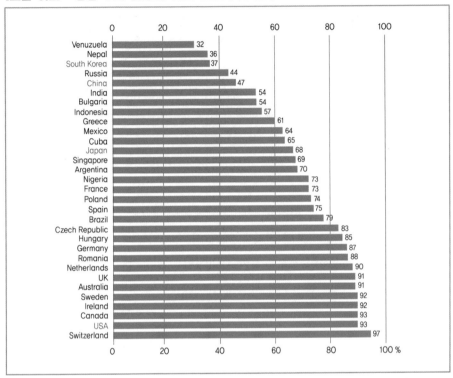

설문 결과 한국인 응답자는 상황 1의 과속 주행 질문에 30%만이 친구는 자신에게 증언을 부탁할 권리가 없다거나, 친구로서 그런 부탁을 할 수는 있지만 들어주지 않는다고 응답하였다. 조사 대상 국가 중에서 보편주의 점수가 가장 낮은 국가에 속한다(〈그림 3.2〉). 상황 2의 레스토랑 리뷰 질문에 대해서는 한국인의 45%가 기사를 좋게 써줄 것을 기대해서는 안 된다거나, 친구의 그런 기대를 할 수 있다고 인정하더라도 그렇게 기사를 쓰지 않는다고 답변하였다(〈부록 10〉 그림). 친구와의 특수한 관계를 고려하지 않는다는 비율이 조금 올라갔

으나 다른 국가와의 비교에서는 역시 최하위 그룹이다.

이상의 조사결과를 보면 한국은 누구나 지켜야 하는 법이나 언론인에게 요구되는 윤리규범보다도 개인적 친분을 더 중시하는 특수주의 사회로 분류가 된다. 트롬피나르와 햄든-터너는 주행 속도 증언과 관련하여 그들이 주관하는 워크숍 참석자들과의 심층 토론을 통해서 추가로 다음과 같은 사실을 확인하였다: 보편주의자들은 사고로 인해 보행자의 부상 정도가 심각할수록 더 원칙을 강조한 반면, 특수주의자들은 큰 사고일수록 "친구가 법적으로 더 큰 곤경에 처해 다른 어느 때보다도 내 도움을 필요로 할 것"이라는 정서 때문에 오히려 친구 편에 선다는 것이다.5

두 번째 질문은 법적 성격보다는 모든 독자에게 사실을 기반으로 특수 관계에 편향되지 않고 공정하게 기사를 써야 하는 기자로서 지켜야 할 윤리규범의 문제이다. 어느 경우이든 보편주의 사회에서는 법규정이나 윤리규범에 예외를 인정하지 않는 반면 특수주의 사회에서는 인간관계에 따라 예외가 발생한다는 것이다.

트롬피나르와 햄든-터너는 특수주의-보편주의 차원을 사람과의 "관계"에서 나타나는 특성으로 개념화하였지만 대인관계가 아니고 개인이 처한 특수한 "상황" "사정" "환경"에도 확대 적용할 수 있다. 실제로 저자들도 비즈니스에서의 특수주의-보편주의를 설명하면서 원자재를 장기 구매 계약한 구매자가 국제 원자재 가격이 폭락한 "특수한 상황"에서 가격 재협상을 요구해왔을 때 대응하는 방식이 어떻게 다를 수 있는지 그리고 어떤 대안이 바람직한지 제시한 것을 보면 특수주의는 관계의 특수성뿐만 아니라 상황의 특수성을 모두 포괄하는 의미로 이해하고 있다.

보편주의 역시 법 규정이나 윤리규범을 모든 "사람"에게 똑같이 적용하는 것뿐만 아니라 교차로에 사람이나 차량이 없는 "상황"에서 빨간 정지 신호를 지키는 것을 포함하는 원칙주의로 확대하여 해석할 수 있다.

제자 사랑에 무너지는 시스템

미국(오하이오주립대학교)에서 연구년을 보낼 때였다. 연구윤리와 관련하여 논문 저자 표기에 관한 워크숍에서 있었던 일이다. 통계 데이터만 제공하고 실제 분석과 논문 작성에는 참여하지 않았을 때 논문 공저자의 자격이 있는지? 있다면 표기 순서는 어떻게 해야 하는지 등 과거에 생각해보지 않았던 이슈들에 대한 대학원 소속 교수들의 내부 토론이 있었다. 그날 워크숍에서 나에게 문화적 충격이었던 것은 논문 지도교수와 학생의 공저자 표기 순서였다.

평소 동양 문화와 사상에 관심이 높았던 미국인 교수가 기여도가 비슷하다면 자신은 학생을 제1 저자로 올린다고 말했다. 이유는 자신은 정년이 얼마 안 남았고 지도 학생은 대학에 자리를 잡아야 하니 연구업적이 중요할 것이라는 말을 덧붙였다. '미국에도 저렇게 자신보다 제자를 아끼는 분이 있구나!' 하는 나의 감동은 잠깐이었다.

한 교수가 교수 채용의 시스템을 무너뜨리는 잘못된 방식이라고 직설적으로 반박했다. 모든 대학이 지원자의 연구업적을 그 사람의 실력으로 신뢰하고 채용하는데 그 연구업적이 실제보다 과장된 것이라면 기존에 형성되어 있던 교수 채용의 신뢰 기반을 무너뜨리고, 무엇보다도 탈락자에게 불공정한 결과를 초래한다는 것이다. 특히 그런 식의 "제자 사랑" 사례가 늘어난다면 대학은 지원자의 연구업적이 사실인지 추가로 검증 작업을 해야 하고 무엇보다 채용시장의 혼란으로 막대한 사회적 비용을 초래한다는 주장을 폈다. 다른 참석자들도 모두 그를 지지했다.

나도 그제서야 특수관계가 아니라 논문 저자 표기는 "논문 작성에 기여한 정도"를 지키면 된다는 규칙(rule), 원칙이 얼마나 중요한지, 그리고 그것이 사회의 신뢰와 질서를 지키는 근간임을 생각해보는 경험이었다.

미주

1 문화는 상호 긴밀한 교류와 관계 속에서 형성되기 때문에 생활권과 밀접한 관련이 있다. 작게는 가족의 가풍에서부터, 회사(기업)의 조직문화, 그리고 영남, 호남, 충청, 영동 등등의 지역문화(정서, 풍속 등)를 생각할 수 있다. 범위를 확대해서 국가 차원의 문화, 그리고 언어권, 민족, 종교 차원의 문화도 생각할 수 있다.

2 몇 개의 설문을 통해서 권위주의 사회인지를 측정하고 비슷한 점수를 가진 나라들을 범주(그룹)로 묶어 그 사회의 특성을 일반화시키는 학문적 태도 역시 서양인의 분석적 사고를 잘 보여주는 것이다.

3 실제와 가치의 차이가 크게 나는 또 다른 이유는 실제 차원의 설문은 "이 사회에서" 해당 문항의 특성이 어떻게 관찰되는지를 묻고 가치 차원에서는 응답자 자신의 믿음을 묻는 방식에도 기인할 것이다.

4 문화를 다차원으로 분류하지만 차원의 개념이 명확히 구분되는 것은 아니다. 특수주의-보편주의의 경우에도 사람들 간의 특수한 관계를 중시하는 것은 구성원 간의 유대를 강조하는 집단주의와 상관관계가 높다.

5 F. Trompenaars & C. Hampden-Turner, *Riding the Waves of Culture: Understanding cultural diversity in business*. 2nd ed, London & Santa Rosa: Nicholas Brealey Publishing Limited, 1997. 저자들은 저서에서 기독교(개신교) 문화를 가진 국가에서 보편주의 성향이 많이 나타났는데 그 이유로 신자는 성경의 말씀을 따름으로서 하나님과 직접 연결되는 것이지 신자와 하나님 사이를 연결시켜주는 중개자(성직자)가 존재하지 않기 때문이라고 설명한다. 또한 보편주의 사회에서는 개인 간의 대립을 중재하고 해결하는 방법으로 법원에 의존하는 경향을 지적하고 있다(pp. 35-36).

4

대한민국, 시대정신, 그리고 개혁

한국 사회의 문화적 특성

한국 사회의 문화적 특성

다양한 문화 차원에서 한국의 문화를 비교해보면 한국의 위계적 권위주의 문화와 집단주의 문화는 조사마다 차이가 있겠지만 공통으로 확인되는 한국의 문화적 특성이다. 다만 지금까지 소개한 국가 간 비교 문화연구는 20년 이상 된 조사결과이다. 비록 문화가 안정적이고 지속적인 경로의존성을 가지고 있지만 현재의 한국을 이해하기에는 부족한 면이 있다. 그래서 최근의 설문조사를 통해 한국 사회의 문화적 특성을 이해하려고 한다.

권위주의(위계성)

권위주의(위계성)를 측정하기 위하여 한국 사회에서 경제력, 학력, 사회적 지위, 선임과 후임(선배와 후배)의 서열, 나이, 출신 대학 등의 요소가 사회생활을 하는 데 얼마나 영향을 미친다고 생각하는지를 물었다. 나이와 선임·후임의 서열은 장유유서를 중시하는 유교 문화에서 유래한 것으로 권위의 정당성을 따지기

[표 4.1] 권위 요소가 사회생활에 미치는 영향력의 정도

구 분		2019		2020	
		평균	동의 비율	평균	동의 비율
위계성 (권위주의)	경제력	6.07	90.6	6.01	88.1
	학력	5.76	86.9	5.70	82.3
	사회적 지위	5.61	84.5	5.49	80.1
	선임·후임(선배·후배)의 서열	6.02	90.3	5.89	87.1
	나이	5.75	86.5	5.56	83.3
	출신 대학	5.69	84.4	5.60	80.8

이전에 사회생활에서 당연한 것으로 받아들여지는 전통적 권위에 해당한다. 한편 경제력, 학력, 사회적 지위, 출신 대학은 개인이 노력해서 얻은 것으로 합리적 권위로 인정되는 것이다.

설문 조사[1] 결과를 보면(〈표 4.1〉), 7점 척도에서 평균이 2019년 5.61~6.07, 2020년 5.49~6.01 범위로 매우 높게 나왔다. 7점 척도로 GLOBE가 측정한 실제 차원의 권력거리 점수 5.61과 유사한 결과이다. 또한 표에서 "약간(5점)"에서 "매우(7점)"까지 정도의 차이는 있지만 "영향을 받는다"라고 답한 응답자의 "동의 비율"이 80~90%에 이르는 것으로 조사되었다. 한국 사회에는 전통적 권위와 합리적 권위가 공존하고 있으며 이들 권위 요소가 사회생활에 깊숙이 영향을 미치고 있는 것으로 해석할 수 있다. (제2장에서 소개한) 나이와 호칭의 관계에서 짐작할 수 있는 서열의식도 나이가 사회생활에 영향을 미친다는 85% 내외의 응답 결과를 통해 재확인되었다.

위계적 권위주의는 학생과 교사, 사원과 사장, 자녀와 부모의 관계를 물은 설문 결과에서도 확인할 수 있다. 〈표 4.2〉가 보여주듯이 이들의 관계가 대등한 수평관계에 가까운지 상하의 수직관계에 가까운지를 묻는 질문에 1/2 이상이

[표 4.2] 학교·회사·가정에서의 위계성

구 분	2019			2020		
	대등한 수평관계	평균	상하의 수직관계	대등한 수평관계	평균	상하의 수직관계
학교에서 학생과 교사	8.9%	5.11	66.5%	9.1%	5.10	67.4%
회사에서 사원과 사장	4.3%	5.87	82.4%	4.9%	5.81	80.4%
가정에서 자녀와 부모	17.3%	4.62	55.3%	18.3%	4.57	54.5%

수직관계라고 응답하였다. 특히 사원과 사장의 관계에서는 2019년, 2020년 모두 80% 이상이 상하관계라고 답하였으며, 대등한 수평관계라고 응답한 비율은 5%에 미치지 못했다.

권위적 요소가 사회생활에 미치는 영향력이 크다고 인식하는 한국 사회의 특성이 호프스테드가 개념화한 권력거리가 큰 경직적 권위주의 사회를 의미하는 것은 아니다. 누구든 시간이 지나면 어른이 되고 조직에서 "고참" 상급자의 지위에 오른다. 사회의 권위구조가 수직적이긴 하지만 시간과 노력에 의해 자신도 높은 권위에 오를 수 있다는 가능성 속에서 권위주의를 받아들이는 것이다. 근래 계층의 성장 사다리가 끊기고 지위 상승의 역동성이 줄어들면서 위계성에 대한 반감이 확대되고 있다. GLOBE 연구(제3장의 〈표 3.2〉)에서 한국의 권력거리 실제(as is) 점수는 5.61인 반면, 가치(should be) 차원의 점수는 2.55로 보통 (4점)보다도 훨씬 낮다는 데에서 추론이 가능하다.

호프스테드가 개념화한 것과는 다르게 한국에서는 권력거리를 이미 구축된 불평등 권위구조를 그대로 받아들이는 정태적 현상이 아니라 자신이 언젠가는 높은 권위에 오를 수 있다는 가능성을 전제로 한 역동적 현상으로 인식한다는 것이다.

집단주의

집단주의는 개인과 집단의 관계, 그리고 집단 내에서 개인과 개인의 내집단 인간관계로 측정하였다. 우선 개인과 집단의 관계에서는 한국 사람들이 직장 생활이나 친목회, 동창회, 종교 모임 등의 단체 활동에서 집단 소속감, 집단의 결정 수용, 집단과 동일시, 집단의 통일성, 단합 노력, 집단 이익 우선시 등의 행동을 얼마나 보이고 강조하는지를 물었다.

조사결과 항목별로 5점 내외의 분포를 보이고 있어 위계성의 항목별 점수보다는 낮은 수준이었다(〈표 4.3〉). 이러한 특성이 있다고 동의한 비율은 51.1%에서 79.0%의 범위이다. 위계성의 결과와 비교하면 낮지만 응답자의 반 이상이 집단주의 특성을 인정하고 있다. 문항 중에서는 생각이 다르더라도 집단의 결정이 내려지면 따른다는 문항에 그렇다고 응답한 비율이 77.8%와 79.0%로 가장 높았다. 반면 개인의 이익보다 집단의 이익을 우선시한다고 응답한 비율이 2019년과 2020년에 각각 51.1%와 56.5%로 가장 낮았다.

집단 구성원 간의 내집단(in-group) 인간관계는 집단 밖의 일반인과 비교하는 방식으로 질문하였다. 소위 내집단 구성원 간에 갖게 되는 정서적 교감, 친밀감, 유대감, 신뢰, '우리' 의식이 일반인과 비교하여 얼마나 차별적인지를 물었다. 평균값의 범위가 5.10~5.45의 범위로 항목별 응답의 편차가 크지 않았으며, 동의하는 비율은 70~80% 수준이었다. 한국인의 문화적 특성으로 많이 거론되는 정(情)적 인간관계의 특성이 구성원들 간의 관계에서 많이 작용하고 있다는 것을 알 수 있다.

한편 개성, 정체성, 프라이버시, 자율성 등 개인주의 문항에 대한 설문 결과 평균값은 중간(4.0) 수준이었다. 실제 사회생활에서 이들 요소가 강조되고 있다는 응답은 프라이버시를 제외하고 30%대 중반으로 낮았다.

[표 4.3] 집단주의 · 개인주의

구분		2019		2020	
		평균	동의 비율	평균	동의 비율
집단주의 (개인과 집단의 관계)	자신이 속한 집단에 소속감을 갖기 위해 노력한다.	5.22	74.4	5.19	76.4
	생각이 다르더라도 집단의 결정이 이루어지면 따른다.	5.24	77.8	5.22	79.0
	자신이 속한 집단을 비판할 때, 자신에 대한 비판으로 여긴다.	4.97	66.5	4.91	67.1
	각자의 개성보다 집단의 통일성을 받아들인다.	5.05	67.1	5.03	70.4
	경쟁보다는 집단의 단합을 위해 노력한다.	4.68	55.4	4.80	61.4
	개인의 이익보다 집단의 이익을 우선시한다.	4.56	51.1	4.63	56.5
집단주의 (내집단 인간관계)	정서적 교감이 더 강하다.	5.32	77.8	5.28	76.0
	더 친밀감을 갖는다.	5.42	81.3	5.36	78.0
	유대감이 더 강하다.	5.45	79.5	5.36	77.8
	더 신뢰한다.	5.15	70.1	5.10	69.6
	"우리"라는 동지(동료)애가 더 강하다.	5.43	78.5	5.37	78.4
개인주의	개성	3.97	34.8	3.98	34.8
	정체성	4.05	34.3	4.00	33.4
	프라이버시(사생활)	4.32	47.8	4.13	40.3
	자율성	4.03	34.6	3.98	35.0

　　이상을 종합하면 한국 사람들은 자신을 독립적 · 개체적 존재보다는 집단에 속한 집단성과 내집단 구성원 간의 관계적 존재로 인식하는 경향이 강하다고 볼 수 있다. 한국의 가족 제도와 공동생활의 전통 속에서 자기만의 주체성과 자율성보다 집단성과 관계성을 갖게 된 것은 자연스러운 사회화 과정으로 보아

야 할 것이다. 따라서 집단의 결정에 대하여 개인적으로 동의하지 않거나 좋아하지 않는 경우에 집단의 눈치를 보거나 집단 압력(peer group pressure)을 더 심하게 경험하게 된다.

특히 한국 사회의 집단성과 관계성은 같은 공간에서 시간을 함께하는 동거 경험에서 형성되는 우리 의식이기 때문에, 개인성이 유지되는 '집합' 개념에 가까운 서양의 집단주의와 의미의 차이가 있다. 특히 서양학자들은 집단주의를 정의할 때 집단의 이익을 위해서 개인의 이익이나 목표를 양보·희생하는 것으로 보지만, 한국 사회에서 집단을 중시하는 개인의 태도는 역사적 경험을 통한 학습 효과이기도 하다. 즉, 혼자의 노력보다는 집단에 포함되어 집단의 힘을 활용하는 것이 자기 목표나 이익을 실현하는 데 유리하다는 실용적 사고가 내포되어 있는 것이다.

타인의식

위계성과 집단성이 강한 사회에서 개인은 자신의 지위를 다른 사람과 비교하여 상하 관계로 인식하고 집단의 다수 구성원이 공유하는 생각, 행동, 심지어 패션까지 큰 흐름(대세)에 신경을 쓴다. 즉, 타인을 의식하는 성향이 강하게 나타난다. 특히 집단주의 문화에서 다른 사람을 의식하고 유별난 사람(outlier)이 되지 않기 위해 행동하는 것은 집단에서 소외 받지 않기 위한 현실적인 판단일 수 있다. 또한 집단의 기준이나 규범(norm)을 따름으로써 소속감이나 심리적 안정감을 가질 수도 있다.

설문에서는 한국 사람들이 어떤 결정이나 행동을 할 때 자신에 대한 다른 사람들의 시선·반응·평판, 다른 사람들이 하는 행동, 전체적인 분위기, 그리고 체면을 얼마나 의식하는지를 물었다. 모든 항목에 5.5 이상의 높은 값이 나왔으며 약간이라도 이들 요소를 의식한다고 응답한 동의비율이 84~90% 범위로 위계성에 대한 응답 결과와 비슷한 수준으로 높았다(〈표 4.4〉).

[표 4.4] 타인 의식[2]

구분	2019		2020	
	평균	동의 비율	평균	동의 비율
다른 사람들의 시선	5.85	89.5	5.79	87.4
다른 사람들의 반응	5.75	89.5	5.67	85.5
체면	5.92	89.9	5.84	86.8
자신에 대한 타인의 평판	5.83	89.5	5.77	86.0
다른 사람들이 하는 행동	5.54	85.4	5.53	83.8
전체적인 분위기	5.75	90.3	5.64	86.6

한국인의 타인의식은 "나는 누구인가?"의 자아 개념 차원에서 이해할 수 있다. 미국의 사회학자 Mead는 일찍이 자아를 자신의 신념이나 충동에 따라 주체적으로 행동하는 나(I)와 사회의 요구에 반응하고 적응하는 객체 또는 대상으로서의 나(me)를 구분하고, 이들의 상호작용을 통해 자아가 형성된다고 보았다. 개인주의—집단주의 문화의 차이처럼, 문화권에 따라 I와 me를 강조하는 정도가 다른데 서양에서는 주체적 자아가 동양에서는 객체적 자아가 더 강하게 나타난다. 이처럼 타인의식이란 실제로 자기를 타자의 입장이나 여러 사람과 관계되는 공적인 차원에서 인식한다는 의미로서 공적 자기인식(public self—consciousness)이라 할 수 있다.

설문 문항에서 알 수 있듯이 한국 사람들은 자신이 타인에게 어떻게 보이고 평가되는지 뿐만 아니라 주변의 분위기나 다른 사람의 행동을 살펴 본인의 생각이나 행동을 결정한다고 볼 수 있다. 심지어 성공에 대한 인식을 묻는 조사에서도 자기 스스로 인정한 것보다 다른 사람이 인정하는 것을 더 중시하는 것으로 나타났다. 〈표 4.5〉에서 보는 것처럼 한국 사람은 스스로 인정하는 성공보다 남들이 인정해주는 성공을 추구한다고 응답한 비율이 2019년에는 5배, 2020년에는 4배가 높았다.

심층 인터뷰를 통해서 확인한 타인의식과 관련된 특성으로는 불특정 다수를 대상으로 한 유행이나 대세 수용, 이미지·외모 중시, 과시적 행동 등이 있었다. 한국 사회에서 빚투, 영끌, 벼락 거지 등의 사회적 현상을 나타내는 단어도

[표 4.5] 성공의 인정

구분	2019			2020		
	스스로 인정(%)	평균	남들이 인정(%)	스스로 인정(%)	평균	남들이 인정(%)
스스로 인정한 성공 추구 ↔ 남들이 인정한 성공 추구	13.0	4.97	64.6	15.3	4.86	61.4

[그림 4.1] 서양인과 동양인의 의견 표현 방식

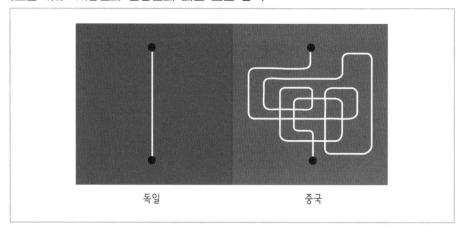

독일 　　　　　　　　　　중국

다수의 사람이 비슷하게 행동하여 규모의 힘(mass)을 형성할 때 그 현상을 무조건 따르거나 그러지 못하고 소외된 사람을 지칭하는 타인의식의 단면이라고 말할 수 있다.

　한편 특정인과의 직접적인 관계에서는 자신의 의사를 직설적으로 표현하기보다는 우회적이고 소극적이며 암묵적으로 표현하는 경향이 강하다.[3] 〈그림 4.1〉은 양 리우가 독일인과 중국인의 의견 표현 방법을 나타낸 것인데, 한국인의 타인을 의식한 우회적이고 맥락적인 소통 방식과 유사하다.

　한국인의 타인의식은 긍정적 측면으로 친절, 예의 등의 태도로 나타나기도 하고 사회적 성취, 성공을 위한 노력의 형태로 나타날 수 있다. 한국 사회의 강한 교육열은 위계적 권위 구조에서 소수만이 명문 대학에 진학할 수 있기 때문에 타인과 경쟁하면서 자신의 지위를 높이려는 강한 성취 욕구의 표출이라고 이해할 수 있다. 타인의식은 때로 사람을 넘어 집단이나 국가로 범위가 확장되어 비교의식, 경쟁의식으로 작동한다. 올림픽 경기에서 순위에 민감한 것도 경쟁의식의 연장선에서 이해할 수 있다. 이는 대한민국 성장의 동력이기도 하다.

이곳은 금연구역으로 지정된 곳입니다.

　문제는 다른 사람·집단·국가를 의식하지 않아도 될 범위까지 확장하여 비교하는 과잉 비교, 과잉 경쟁이 문제이다. 개인의 경우 타인의 시각에서 자기를 너무 민감하게 의식(conscious)하는 것은 자각(self-awareness)과는 다르게 자아존중감을 약화시킬 우려가 있다. 눈치가 그렇듯 기회주의적 행태로 보일 수도 있다. 집단이나 국가의 경우에도 타자를 너무 의식하고 경쟁하는 것은 자각에 의한 국가 자존감이 아니라 허세에 불과한 국가 자존감이 될 수 있음을 경계해야 할 것이다. 그 예로 서울 은평구의 한 공중화장실 벽에 붙어 있는 홍보 문구를 보자. 깨끗하고 쾌적한 화장실은 시민의 건강·위생 차원에서 그 자체로 의미 있는 것이지 국가 경쟁력을 위한 것이 아닌데 말이다.

결과중시

트롬피나르와 햄든－터너(THT)가 특수주의 예로 든 인간관계의 특수성은 앞의 집단주의 특히 내집단 구성원 간의 정적(情的) 인간관계로도 추론이 가능하다. 따라서 설문에서는 인간관계의 차원이 아닌 시간과 상황의 특수성에 초점을 맞추고 결과중시로 개념화하여 문항을 구성하였다. 한국 사회는 과정보다 결과를 중시한다. 결과나 성과를 내면 금전적 보상은 물론 승진과 같은 지위의 보상이 따르는 사회 구조가 형성되어 있다. '결과＝보상'이라는 순환고리가 한국 사회에 내재되어 있는 것이다. 결과를 내겠다는 확실한 동기 유발의 요인이 되고 있다. 바로 그 결과를 내는 데 가장 효과적인 방법은 상황에 신속하게 적응하는 것이다.

시간과 관련하여 문항 구성은 〈표 4.6〉에 제시한 것처럼 '단기 효과 vs. 장기 효과', '서두른다 vs. 기다린다', '신속성 vs. 완성도' 등과 같이 서로 대칭되는 특성을 제시하고 한국 사회에서 더 많이 나타나는 현상을 체크하도록 하였다. 설문 결과 A쪽의 '단기 효과·성과 추구', '서두른다', '신속성', '당면한 문제 해결', '내용이 희생돼도 마감 시간을 준수'하는 현상에 동의하는 응답이 2019년과 2020년 모두 50% 이상으로 나타났다.

특히 '서두른다'라고 응답한 비율이 2019년에 74.9%로 '기다린다'라고 응답한 14.0%보다 5배가 많았다. 2020년에는 그 정도가 3.5배로 낮아졌지만 5개 항목 중에서는 67.5%로 가장 높은 비율이었다. 한국 사회의 '빨리빨리' 현상을 설문으로 확인한 것이다.

한편 상황과 관련한 문항은 시간 관련 문항과 동일한 형식으로 '융통성 발휘 vs. 일관성 유지', '변화에 적응 vs. 원칙을 준수' 등의 상반되는 특성을 척도의 양쪽 끝에 제시하고 선택하도록 하였다. 조사결과 항목별 평균값이 3.90∼

[표 4.6] 결과 중시[4]

구분		2019			2020		
		A에 동의 (%)	평균	B에 동의 (%)	A에 동의 (%)	평균	B에 동의 (%)
시간 관련	A 단기 효과·성과 추구 B 장기 효과·성과 추구	66.9	2.99	18.4	58.0	3.26	25.1
	A 서두른다 B 기다린다	74.9	2.71	14.0	67.5	2.96	20.3
	A 신속성 B 완성도	63.5	3.13	18.0	59.9	3.31	24.0
	A 당면한 문제 해결 B 미래에 대한 대비	62.9	3.13	17.3	56.1	3.38	23.9
	A 내용이 희생돼도 마감시간 준수 B 시간이 늦어져도 내용에 충실	59.6	3.19	17.3	53.3	3.48	24.5
상황 관련	A 상황에 맞게 계획을 변경 B 원래(처음) 계획대로 추진	40.9	3.90	33.3	43.0	3.82	32.8
	A 융통성 발휘 B 일관성 유지	35.8	4.00	35.8	39.5	3.90	34.3
	A 당시의 사정을 고려 B 규정(규범)에 따름(순응)	36.9	4.05	38.5	35.8	4.08	38.6
	A 변화에 적응 B 원칙을 준수	30.8	4.18	41.8	34.5	4.07	40.1

4.18의 범위로 7점 척도의 중간인 4점 수준이었다. A쪽과 B쪽의 특성이 서로 비슷하게 혼재되어 나타나고 있다. 한국 사회에서 개인이든, 기업이든, 정부든 어떤 결정을 할 때 항상 현실주의, 상황주의, 타협적 태도와 이상주의, 보편주의, 원칙 고수의 태도가 서로 팽팽하게 대립하는 현상을 설문을 통해서 확인할 수 있다. 어느 한쪽이 우세하지 않기 때문에 결론을 내지 못한 채 교착 상태에 빠지거나 갈등이 지속되는 이유이기도 하다.

한국 사회의 "지금"과 "상황"을 중시하는 문화적 현상은 THT가 개념화한 특수주의와 구분하여 이해할 필요가 있다. THT는 특수주의를 언제 어디서 누구에게나 보편적으로 적용되어야 할 법이나 원칙에 우선해서 인간관계의 특수성이 개입한다는 의미에서 전근대적 현상이라고 보았다. 하지만 한국 사회에서 현재의 상황을 중시해서 나타나는 융통성, 즉시성(卽時性), 신속성, 적응성 등은 당장의 성과를 내는데 효과적인 결과중시의 행태적 특성이다. 이러한 행태를 보이는 사람에 대해서 원칙이 없다고 비난하는 것이 아니라 상황에 유연하게 적응할 줄 아는 능력자로 인정하는 측면이 있다. 반면 이와 대칭 관계에 있는 원리원칙, 완벽, 준비성 등의 행태를 보이는 사람에 대해서는 긍정적으로 평가하면서도 그 정도가 심하면 고지식하다든가 상황 파악을 못 한다든가 하는 부정적 평가가 수반되기도 한다. 모든 현상은 고정된 것이 없다는 동양인의 자연관과 같은 맥락에서 이해할 수 있다.

  특히 빨리빨리나 융통성 등의 특성은 그 자체를 높이 평가한다기보다는 결과·성과를 내는 데 도움이 된다는 실리적(實利的) 측면을 인정하는 것으로 이해할 필요가 있다. 결과·성과를 내는 행동이 사회적으로 높이 평가되고 보상되는 사회보상구조이기 때문에 이들 특성이 더 많이 나타나는 것이다. 특히 결과중시의 행동이 과잉 보상되는 경우 건설 현장에서 절차가 생략되어 부실 공사나 안전사고가 발생하기도 하고, 정치에서는 절차적 정당성을 무시하고 날치기 법안 통과의 사례들이 나타나기도 한다. 또한 준비성을 가지고 사전에 계획하여 예측 가능한 미래를 만들어 가는 것이 아니고 상황이 벌어지면 그제서야 부랴부랴 대응하는 방식에 익숙해져 있다. 사고가 발생하고 난 이후의 수습은 빠르지만 사고 자체를 사전에 막는 노력이 부족한 것이다.

한국 사회의 문화 DNA: 최고 중심의 위계적 집단주의

한 사회의 문화적 특성은 매우 복잡하고 다양하다. 하지만 분석적 사고를 가진 서양인들은 복잡한 것을 전체적인 감(感)으로 이해하고 끝나는 것이 아니라 그것을 특징적인 몇 개의 차원으로 압축해서 설명하는 데 익숙하다. 특히 권위주의와 개인주의 – 집단주의 차원은 개인의 행태, 리더십, 조직문화, 정치제도 등을 연구하는 데 가장 많이 적용되었다. 한국은 이 차원에서 권위의 위계성과 집단주의가 강한 것으로 국가 간 비교 연구를 통해 확인할 수 있었다.

이들 연구가 20여 년 전이라는 한계는 있지만 2019년과 2020년의 한국 문화에 대한 설문조사를 보아도 권위주의와 집단주의 특성을 인정하는 응답 비율이 각각 80~90% 그리고 60~80% 수준으로 높았다. 다른 국가와 비교하지는 못하였지만 조사된 평균값이나 동의비율을 보면 한국 사회를 권위주의 위계성과 집단주의 문화적 성향이 강한 나라로 규정하는 데는 무리가 없을 것이다.

위계성과 집단주의를 결합하면 결국 위계적 집단주의가 된다. 한국 사람들은 독립적 개인보다는 가족을 포함한 집단과의 의존적 관계가 강하고, 사회생활에서 동호회나 동창 모임, 기수 모임, 직장 회식 등 다양한 집단 활동에 참여하는 것이 일반적이다.

한편 어느 집단이든 규모와 성격에 상관없이 1인의 대표(長, 보스, 리더)를 중심으로 위계적 계층 구조를 형성한다. 특히 한국의 위계성은 최고의 정점을 중심으로 서열화되고 집단에서는 최고 자리에 있는 1인을 중심으로 수직적 관계가 형성된다는 점에서 "최고 중심의 위계적 집단주의" 문화라고 압축하여 말할 수 있을 것이다.

한국문화는 마치 피라미드 모양처럼 앞면, 옆면, 뒷면 등 각각의 면은 정점(꼭짓점)을 가진 삼각형 모양을 하고 면과 면은 모서리를 경계로 구분되는 것과 유사한 특성을 가지고 있다. 한국문화는 최고를 중심으로 계단식 삼각형 권위 구조를 이루고, 피라미드의 면과 면이 구분되듯이 집단과 집단은 배타적인 경계를 가지고 서로를 구분한다.

위계적 수직 구조는 어느 사회에서나 나타나는 현상이지만 한국은 그 모양이 수평으로 납작하지 않고 수직으로 뾰족하다는 것이고, 개인의 지위나 직위에 한정되지 않는다는 것이다. 즉, 직업과 재

산, 출신 대학, 직장, 아파트, 자동차, 옷, 액세서리, 그리고 심지어 거주하는 지역(도시)에 이르기까지 사람에서 사물 그리고 개인에서 집단 차원까지 광범위하게 나타나는 현상이다.

집단주의 역시 어느 사회든 개인은 집단에 속해 생활하면서 나타나는 보편적인 현상이다. 다만 서양의 집단주의가 개인의 주체적 독립성이 존중되는 집합의 성격이라면, 한국의 집단주의는 개인과 집단의 관계가 의존적이고 개인성이 집단성에 의해 약화되거나 억압되는 것이 차이점이다.

최고 중심의 위계적 집단주의는 가족 단위에서부터 대한민국의 국가 단위까지 반복적으로 유사하게 나타난다. 한국 사회의 문화적 DNA라 할 수 있다. 집단이나 조직의 규모나 종류에 상관없이 한국 사회의 곳곳에서 찾아볼 수 있다. 부모 세대에서 자녀 세대로 이어지고 외국인도 한국에서 오래 생활하면 정도의 차이일 뿐 유사한 특성이 내재화된다.

프랙털 원리(fractal principle)

동일한 패턴이 계속 반복되어 나타나는 기하학적 개념에서 시작하였다. 해안선, 눈(snow, 雪) 결정체, 나뭇가지 등을 자세히 보면 복잡한 것 같지만 전체를 보거나 아주 작은 부분을 보거나 동일한 모양의 자기 유사성(self-similarity)을 가진다는 것을 확인할 수 있다. 그리고 프랙털은 정지되어 있지 않고 동일한 패턴이 반복되면서 확장되고 진화해 나간다.

자료: Google Earth Fractals.

최고 중심의 위계적 집단주의는 대한민국의 국가 차원에서 제왕적 대통령의 모습으로 나타난다. 대기업(재벌) 집단의 회장, 언론사 사주에서도 찾아볼 수 있다. 민주와 인권을 주창하는 시민단체나 노동조합에서도, 지성인의 상아탑 대학에서도, 민주의 꽃이라는 정당에서도, 세속적 욕구를 거부한 성직자의 종교단체에서도 최고 중심의 위계적 집단주의는 예외 없이 나타난다. 마치 매우 단순한 모양이나 과정을 수없이 반복하면서 복잡한 형태를 만든다는 프랙털(fractal) 원리가 나타난다. 복잡하게 보이는 한국 사회가 작동하는 방식을 자세히 관찰해보면 최고 중심의 위계적 집단주의라는 단순한 현상이 반복되어 나타난다는 것을 확인할 수 있다.

어느 집단이나 조직이든 장(長)은 최고의 지위에서 집중된 권력을 행사한다. 지금은 많이 변하고 있지만 한국의 전통적인 가정에서 경험하는 가부장 지위의 연장선이다. 대학을 보자. 대한민국 어느 대학도 단과대학 학장에게 인사권이나 예산권이 부여된 분권화된 곳이 없다. 이사장 아니면 총장에게 권한이 집중되어 있다. 제왕적 이사장의 인사권을 차단하기 위해 선거로 총장을 선출하는 대학이 많이 생겼지만, 이제 이사장 대신 총장이 제왕의 권력을 행사할 뿐이다. 선거로 당선된 총장의 경우 본부 보직과 단과대 학장의 자리를 전리품(spoils)[5]으로 생각하고 자신을 지지했거나 당선에 기여한 교수들을 그 자리에 임명한다. 임기가 끝나고 다음 총장이 선출되더라도 최고 중심의 위계성과 집단주의 문화는 크게 바뀌지 않는다.

정당은 어떠한가?

당대표 체제와 집단지도 체제에 따라 차이가 있다. 당대표 체제가 최고 중심의 위계적 집단주의를 대표한다. 당의 의사결정을 할 때 절대 권한을 갖는다. 최고위원이 반대하더라도 당대표에게 최종 결정 권한이 있다. 당내 보직에 대한 인사권을 가지는 것은 물론이다. 당내에서 민주적 토론 없이 독단적으로 결정한다는 비판이 늘 나오는 이유이다.

그래서 당대표 체제에 비판이 고조되면 집단지도 체제를 주장하는 이야기가 나온다. 대표 최고위원은 최고회의를 주재하는 좌장일 뿐 결정 권한에서는 다른 최고위원과 동일하다. N분의 1(1/N)의 권한을 가진다. 집단지도 체제에서 가끔 어느 최고위원이 자신의 주장을 굽히지 않고 공개적으로 이견을 이야기하다 보니 '뽕숭아 학당'이냐는 비아냥을 받기도 한다. 지도부가 중심을 잡지 못하고 우왕좌왕하는 리더십 부재의 현상이 나타난다. 그러면 또다시 당대표 체제를 지지하는 목소리가 등장한다.

최고 중심의 위계적 집단주의의 극단적인 모습은 당의 비상대책위원회(비대위) 체제에서 나타난다. 부모님은 안 계시고 자식들 간에는 생각이 달라 도저히 뜻을 하나로 모을 수 없는 상황에서 자식들이 합의하여 전권을 드릴 테니 집안 문제 좀 해결해 달라고 간청하여 양아버지를 모시는 격이다. 우선 비대위원장을 모시는 조건이 전권을 부여하는 것이다. 비대위원 구성에서 당연직 원내대표를 제외하고는 다른 위원의 선임은 비대위원장의 권한이다. 전권을 부여받는 조건이었기 때문에 불만을 제대로 표출하기도 어렵다. 그야말로 제왕이다.

그래서 전횡이라는 비판을 받기도 하지만 최고위원 간 또는 계파 간 대립으로 인한 지도부 표류 현상은 나타나지 않는다. 김종인 전 국민의힘 비대위원장의 시기를 가장 잘 묘사하고 있다. 비민주적 당 운영이라는 비판과 함께, 서울시장 선거를 승리로 이끈 성과를 인정받기도 한다. 최고 중심의 위계적 집단주의에서 등장하는 제왕적 리더의 아이러니이다.

그러면 제왕적, 가부장적 행태는 조직의 최고 지위를 가진 1인에게서만 나타나는 현상일까? 그렇지 않다. 그 바로 아래 임원급 간부나 조직의 중간 부서장도 규모가 다를 뿐 작은 부서 단위에서 권위의 피라미드 최고에 있고 힘을 행사하는 것이다. 동창회, 동호회, 종친회, 전우회, 향우회 그 어떤 모임도 정도의 차이가 있을 뿐 최고 중심의 위계적 집단주의 특성이 나타난다.

최고 중심의 위계적 집단주의 사회에서

각 개인은 자신의 개성이나 자율보다는 다른 사람의 시선이나 주변의 분위기를 살핀다. 이를 근거로 자신의 행동을 결심하는 타인의식의 성향이 강하게 나타나기도 한다. 또한 설문조사를 통해 확인한 결과중시의 문화적 특성도 결과를 내는 사람에게 승진 등의 보상이 이루어지는 위계적 사회구조와 깊은 관련이 있다. 한국 사회의 이러한 문화적 특성은 이어서 논의하게 될 개혁의 방향성, 즉 시대정신과 깊은 관련이 있다.

미주

1 설문은 설문 조사기관 엠브레인을 통해 2019년 6월과 2020년 5월에 전국의 성인 800명을 대상으로 인터넷 웹을 이용해서 조사한 것이다. 응답 척도는 7점으로 구분하였다. 응답 항목에 '모르겠다'를 포함시켰고 여기에 체크한 응답자는 전 문항에 걸쳐 10명 이내였고 실제 분석은 이들을 제외한 응답을 대상으로 하였다.

2 〈설문〉"한국 사람들이 어떤 행동이나 결정을 할 때, 다음 요소를 얼마나 의식한다고 보십니까?"의 질문에 7점 척도로 측정하였으며 "전혀 의식하지 않는다", "중간이다", "매우 의식한다"를 각각 1점, 4점, 7점으로 표시하였으며, 동의 비율은 "약간 의식한다(5점)"에서부터 "매우 의식한다"까지의 응답을 합한 것이다.

3 Hall은 이러한 특성을 가진 문화를 고맥락 문화(high context culture)로 개념화하였다(Edward T. Hall, *Beyond Culture*, New York: Anchor Book, 1976).

4 〈설문〉 한국사람들이 어떤 결정이나 행동을 할 때 보여주는 다음의 특성 중에서 더 많이 관찰되는 쪽으로 그 정도를 표시하여 주십시오. 7점 척도로 측정하였으며 "A (왼쪽 항목)가 더 많이 나타난다", "중간이다", "B(오른쪽 항목)가 더 많이 나타난다"로 표시하였다.

5 1800년대 말까지 미국에서 대통령에 당선되면 공직을 전리품으로 획득하여 당선에 기여한 공로에 따라 자리를 나누어 주었다. 소위 엽관주의(spoils system)라는 제도이다. 정치인, 정당인이 행정부를 장악하다 보니 행정의 전문성, 정책의 일관성이 유지되지 못했다. 엽관주의를 개혁하고 실적주의를 도입한 것은 1883년 펜들턴 공직개혁법(Pendleton Civil Service Reform Act)이다.

5

과거를 돌아보며: "건국(정부수립), 산업화, 민주화"

미래를 내다보며

문화 · 시대정신 · 개혁전략

대한민국, 시대정신, 그리고 개혁

시대정신

05

시대정신

　문화는 삶 그 자체이고 한 사회의 생활양식이다. 옳고 그름의 판단 대상이 아니다. 하지만 결과로 나타난 문화적 현상에는 좋고 나쁜 것이 뒤따른다. 최고 중심의 위계적 집단주의도 긍정적인 요소와 부정적인 요소를 함께 가지고 있다. 최고 중심의 위계적 집단주의는 한국 사회를 성장시키고 지탱하는 힘이기도 하고 병폐의 원인이자 개혁의 걸림돌이기도 하다. 시대의 정신과 정합성이 높을 때는 힘이 되고 그렇지 못하면 걸림돌이 된다.

　광복 이후 나라를 새로 세워야 했던 시기, 빈곤으로부터 탈출하기 위해 국가 주도로 경제성장에 국력을 집중시킬 때, 심지어 독재에 맞서 투쟁하는 민주화 과정에서도 최고 중심의 위계적 집단주의는 힘을 발휘했다. 리더가 중심이 되어 국론, 민심, 지지 세력을 하나로 모아 일사불란하게 목적 달성을 위해 나가는 데 효과적이었다.

　그런데 시대가 바뀌고 있다. 국민은 새로운 시대정신을 이야기하고 있다. 시대정신은 당연히 현 상태의 개혁으로 이어진다. 현재의 체제, 제도, 정책, 행태 등은 구시대의 산물로 프레임하고 새로운 시대에 요구되는 정신을 내세워 개혁의 정당성을 주장한다. 그것이 성공하여 특정 시대를 관통해서 사회 전체에 지배적인 정신으로 인정되면 후대에 시대정신으로 평가받는다.

시대정신은 특정 시대에 나타나는 경향성이기 때문에 안정적이고 지속적인 문화에 비해 변화 주기가 짧고 시대정신 간에도 차별성이 강조된다. 정신적 경향이기 때문에 사상, 이념, 믿음, 가치, 관점 등을 포괄하는 말이다. 문화가 생활 속에서 자연스럽게 사회화 과정을 거쳐 개인에게 투입된다면, 시대정신은 지향점을 자각하고, 논쟁을 거치면서 확대 재생산되는 차이점이 있다. 시대정신의 구분은 그 시대 이후에 역사가, 정치가, 사상가들에 의해 명칭되는 것이 일반적이다. 광복 이후 대한민국을 "건국(정부수립), 산업화, 민주화"로 구분하여 시대정신을 이해하는 것이 일례이다.

▍과거를 돌아보며: "건국(정부수립), 산업화, 민주화"

건국(정부수립), 산업화, 민주화의 시대정신에서 나타나는 특징은 그 시대에 직면한 가장 심각한 문제에 대한 반사적(reflexive), 반응적(responsive), 반동적(reactive) 해법의 산물이라는 점이다. 나라를 잃은 채 살다가 광복이 되었을 때 가장 필요했던 것이 독립 주권국가로서의 기틀을 다지는 건국이었고, 6·25전쟁 이후 전쟁 폐허의 절대 빈곤을 벗어나기 위해 시급했던 것이 산업화였다. 그리고 유신 개헌 및 군사정권의 독재에 맞선 저항 운동이 민주화였다. 없던 것, 부족한 것, 잘못된 것에 대한 절박함과 분노를 전국적으로 결집하여 그 시대를 이끌어가는 동력을 확보했다. 그 결과 자유민주 체제, 산업화, 그리고 민주화의 성과를 거두었고 그 결실을 지금 누리고 있다. 다른 한편 지금 대한민국은 산업화 이후 악화된 경제 양극화, 민주화 이후 격화된 분열과 갈등의 문제에 직면하고 있는 것도 사실이다.

배고픈 것을 해결하기 위한 산업화는 양적 성장에 치중했다. 빈곤에서 탈출하는 것 이외에 다른 생각을 할 여유가 없었다. 가난의 고통이 너무 컸기에 그것을 벗어나려는 절박함도 컸다. 단기간에 경제성장을 이루었지만 무엇이 '잘' 살고 '제대로' 사는 것인지, 어떻게 삶의 질을 높이고 함께 성장하는 것인지에 대한 고민이 부족했다.

권력에 맞선 민주화는 역설적으로 저항 운동을 효과적으로 펼치기 위한 운동권의 비민주적 방식의 한계를 가지고 있었다. 독재와 권위의 억압에서 벗어나기 위한 저항에는 민주가 아니라 정점에서의 지시에 따라 움직이는 위계성과 폐쇄성의 일사불란한 권위적 조직 체계가 효과적이었다. 억압에 대한 분노가 너무 컸기 때문에 그것을 무너트리는 것 이외에 내부 민주화를 생각할 여유가 없었다. 무엇이 진정 주권인지, 민주의 가치인지 깊이 숙고할 여유가 없었다. 특히 1980년대 NL계열 운동권의 학생운동은 민주화의 이름으로 군사정권에 맞서 싸웠지만 이념적으로는 주체사상을 신봉하고 반미 강경 투쟁을 주도하는 등 대한민국의 민주화보다는 대한민국의 체제와 싸웠고 남한 내 이념 갈등을 심화시키는 결과를 초래하였다.

학계나 정치권에서는 산업화와 민주화의 한계를 인식하고 새로운 차원의 질적 성장에 관심을 가져왔다. 이명박 정부의 '선진화'나 박근혜 정부의 비정상의 '정상화'의 슬로건이 만들어진 배경이기도 하다. 한편 586 운동권 출신들은 민주화를 지나간 시대정신으로 정리하는 것에 아쉬움과 거부감을 가진다. 이명박 정부, 박근혜 정부의 민주화 퇴행을 비난하면서 집권한 이들은 문재인 정부에서 실질적인 국정운영의 주역이고 민주화를 성숙시킬 위치에 있었다. 그것을 이루어 대한민국의 정치를 한 단계 업그레이드했어야 했다. 그런데 이들이 오히려 민주화를 퇴행시켰다는 비판에 직면하고 있다.[1] 이제 운동권 세력도 새로운 시대정신을 생각하지 않을 수 없게 된 것이다. 이제 진영 논리를 벗어나 빈곤 탈피의 산업화와 권위 탈피의 민주화를 넘어설 때이다.

미래를 내다보며

공정

대한민국에 필요한 시대정신을 정하고 방향성을 잃지 않는 것이 중요함에도 불구하고 지금까지 그래왔듯이 당장 눈앞에 전개되는 현상에 대한 분노가 앞서고, 즉각적인 대응을 요구하는 것이 한국의 결과중시 문화이다. 미래를 예측하여 미리 준비하고 목표와 계획을 세워 단계별로 추진하는 성향이 약하다. 국민은 "지금 상황"에 즉각 반응한다. 지금 대한민국 국민이 뜨겁게 반응하는 상황은 무엇인가?

조국 전 장관 자녀 입학 문제, 인천국제공항공사(인국공) 정규직 전환 논란, 대장동 특혜 의혹 등등에서 불거져 나온 불공정이 그것이다. 부동산 가격 폭등 상황에서 드러난 청와대 참모의 부동산 관련 도덕성 문제, LH공사 임직원의 신도시 개발 예정지 땅 투기 문제, 그리고 7월 22일 대법원 판결이 난 김경수 전 경남지사의 대선 댓글 조작 사건 등이 사실로 드러나면서 문재인 정권의 "내로남불"에 대한 분노가 결집하고 있다. 대한민국은 또다시 '버려야 할', '벗어나야 할', '청산해야 할' 적폐를 보면서 불공정에 대한 분노를 분출하고 있다.

정치인은 분노를 이용해보려는 유혹을 뿌리치기 힘들다. 하지만 대한민국의 미래를 위해서 분노에 기생하는 정치는 멈춰야 한다. 누군가 그 고리를 끊어야 보복의 역사가 멈춘다. 결핍과 잘못에 대한 분노에서 출발한 반동적 정치는 일시적으로 강한 응집력을 가지지만 지속할 수 없다. 분노를 결집하는 반사적 시대정신은 진정성이 없는 정치적 구호일 뿐이다. 부정의 역사, 반(反)의 역사에서 정(正)의 역사로 방향을 바꾸어야 할 때이다. 부정만 하면 혼란이 온다. 부수기만 하면 쓰레기가 쌓일 뿐이다. 부수고 해체하지만(deconstruct) 무엇을 세울 것인가(construct)에 대한 분명한 계획이 필요하다.

그래서 불공정에 분노하는 국민적 요구에 반응하되, 성급한 반사적 대응이 아니라 '공정'의 의미와 공정을 달성하기 위한 합리적 방안을 찾아야 한다. 현재의 불공정으로부터 탈피하더라도 공정의 원칙이 분명하지 않으면 다른 형태의 불공정에 빠질 수 있다.

다양성과 시민의식

대한민국은 그동안 개인을 국정운영의 중심에 놓지 않았다. 중심에는 늘 국가가 있었다. 2021년 7월 유엔무역개발회의(UNCTAD)는 한국을 그동안 속해 있던 지역 기반의 "아시아＋아프리카" A그룹에서 "선진국＋서유럽국가" B그룹2에 재분류하였다. 선진국의 지위로 격상된 것이다. OECD 개발원조위원회는 이미 2009년에 한국을 원조 수혜국에서 공여국의 지위로 전환하였다. 국제통화기금(IMF)은 2020년도 한국의 국내총생산(GDP) 경제 규모가 세계 10위라고 발표하였다. 국제신용등급은 일본보다 앞서고, 외환보유액은 4,600억 달러(2021년 9월 3일 기준)가 넘는다. 반도체, 2차 전지, 철강, 조선, 자동차 산업은 세계를 선도하고 있다. 대한민국의 여권을 가지고 어느 국가에 입국해도 국가의 대단한 위상을 실감할 수 있다. 대한민국은 국가 단위에서 엄청나게 성장했고 경제 강국이 되었다.

그런데 개인을 보면 그렇지 않다. 자살 사망률이 인구 10만 명당 24.7명(2018년 기준)으로 OECD 회원국 중 가장 높고, 노인 빈곤율은 2018년 기준 43.4%로 역시 OECD 평균(14.8%)의 3배 수준으로 가장 높았다. 이런 팩트가 암시하듯이 한국의 국가 행복지수는 2018~2020년 평균이 10점 만점에 5.85로 중간 수준이었으며 순위로는 OECD 37개국 중에서 35위, 그리고 2020년 유니세프 발표 어린이 정신적 웰빙지수는 OECD 및 EU 회원국 38개국 중에서 34위로 모두 최하위권이었다. 국가 단위의 거시 지표를 보면 크고 강한데, 국가를 구성하는 국민을 보면 작고 약하고 불행해 보인다.

경제 성장기에는 모든 사람에게 기회의 문이 열려 있었다. 땀만 흘려도 의식주를 해결하고 재산을 모을 수 있었다. 국가의 성장으로 개인도 성장을 경험했고, '국가성장＝개인성장'이라는 등식이 성립하였다. 하지만 IMF 외환위기를 겪고, 구조조정이 이루어지면서 직장이나 국가가 개인의 생계와 안전을 지켜준다는 믿음이 무너지기 시작하였다. 소득 격차가 벌어지고 위계성의 문화에서 중요한 신분 상승의 문이 좁아지기 시작하였다. 사회적 연대나 개인 간의 유대도 급속히 약해지기 시작하였다. 개인을 묶어주는 구심력이 사라지고 원심력에 의해 흩어지기 시작하였다. 빈곤율, 자살률이 높아진 원인일 수 있다. 권력체로서 국가가 아니라 후견인으로 국가가 나설 때가 된 것이다. 원심력으로 흩어진 개인을 공동체로 향한 구심력을 가지도록 국가 지도자가 나설 때이다.

국정운영의 기본 단위를 국가에서 국민, 시민으로 전환해야 하는 이유이다. 집단주의 문화에서 개인은 집단에 묻혀 있듯이 국민은 국가에 묻혀 있었다. 이제 집단이, 국가가 개인을 놓아줄 때이다.

문제는 위계적 집단주의 문화에서 탈출하기가 쉽지 않다는 것이다. 더구나 위계성과 집단주의는 한국 사회를 지탱해온 구조이기 때문에 버리기만 하면 혼란이 온다. 이미 가정이나 학교, 그리고 직장에서 집단주의가 약해지고 개인주의가 강해지고 있다. 집단의 굴레에서 벗어나거나 구속의 정도가 완화된 것이다. 더불어 사회 질서를 유지하는데 작용하여온 집단 규범이나 집단 압력이 줄어들면서 각자도생(各自圖生)의 원심력이 작용하고 있다. 각자 다른 사람의 간섭을 받지 않으면서 자기 방식대로 말하고 행동한다. 가정을 떠나 단체활동에서 질서를 처음 학습하는 학교에서조차 학생과 학생, 학생과 교사의 질서는 무너지고 새로운 질서가 없는 혼란이 오고 있다. 국정운영의 기본 단위를 개인으로 전환하는 과도기에 나타나는 현상이다.

혼란이나 무질서에 접근하는 두 개념이 있다. 하나는 획일이고 다른 하나는 다양성이다. 획일은 권위주의 방식으로 혼란과 무질서를 해결하는 것이라면, 다양성은 자유민주주의 방식으로 대응하는 것이다. 전자는 과거로 회귀하는 것이고 후자는 미래로 나아가는 것. 인류 진화의 방향이다. 다양성은 국가의 힘으로 디자인하는 것이 아니라 개인의 힘으로 스스로 진화되어 만들어져야 진정한 의미가 있다. '스스로'의 중심에 시민의식이 있다. 조직생활, 사회생활에서 공동체를 해치지 않으면서 개인의 자유와 권익을 주장하는 시민의식이다. 자기 이익만을 추구하는 경제인이 아니라 공동체 이익을 함께 고려하는 사회인이 되어야 한다. 자기만을 생각하는 이기주의가 아니라 자유의 정신을 기반으로 하는 자율성, 책임성, 주체성을 가진 시민이어야 한다. 그 결과는 혼란과 무질서가 아니라 다양성의 조화와 아름다움이다.

한국 사회의 미래는 각자의 개인성이 존중되면서 공동체로서의 사회 질서를 유지하는 데서 찾아야 한다. 국가의 힘이나 집단의 힘이 아니라 개인의 자각과 자율을 기반으로 하는 자기 결정이어야 한다. 마음대로, 마음껏 할 수 있지만 그 범위를 스스로 정할 수 있는 자각 능력이 필요하다. 그 범위의 경계는 개인과 공동체의 균형점이다. 개인의 무한한 자유가 공동체를 무너뜨려서는 안 된다. 집단은 내가 소속되는 객체의 개념이라면 공동체는 내가 참여하는 주체의 개념이 강하다. 집단은 해체되면 다른 집단으로 이동하면 되지만 공동체는 해체되면 갈 곳이 없다. 공동체는 이해의 차원을 넘어 적어도 나를 해치지 않을 것이라는 상호 믿음이 존재한다. 자기 이익만 극대화하지 않는다.

목초지에 소를 방목해서 돈을 버는 마을 사람들이 서로 돈을 더 벌겠다고 소를 더 많이 사서 방목하다 보면 결국 목초지가 황폐해져 모두가 비극적인 결말을 겪게 된다.[3] 마을 앞 어장에서의 고기잡이도 그렇고, 산동네의 송이 채취도 그렇다. 깨어 있는 마을 주민들은 비극의 상황이 오기 전에 서로의 소유권 한도(할당량)를 정하고 지킬 것이다. 모든 사람이 자신의 자유를 누리고, 욕망을 따르고, 이익을 쫓아 행동을 할 때, 결국 공동체가 파괴되어 자신에게도 피해가 올 수 있다는 자각으로 스스로의 자유·욕망·이익을 절제하는 개인이 되는 것이다.

서양에서는 일찍이 공동체의 일원으로서 감정과 욕망을 이성으로 절제할 줄 아는 개인을 시민(citizen)이라 불렀다. 독립적이고, 자율적이고, 개별적이지만 공동체의 틀을 벗어나지 않는 사람이다. 공동체의 틀은 개인 간의 복잡한 갈등을 해결하면서 진화되고, 특히 지역 또는 국가 공동체의 전 구성원에게 적용되어야 할 때 법으로 공식화된다. 강요된 법이 아니라 자신들이 필요해서 합의하여 만든 법이다. 계약의 당사자가 너무 많다 보니 권한을 위임받은 대표자들이 자신을 대신해서 맺은 계약이다. 고기잡이나 송이 채취의 구성원 간 계약처럼 법은 구속의 틀이 아니라 자유와 자기 이익을 견고히 보장하는 틀이다. 그래서 선진국에서는 법의 준수, 법치는 공동체를 지키면서 개인의 자유를 보장하는 가장 중요한 가치다.

분권, 자율과 책임

대한민국에 요구되는 또 하나의 가치는 GLOBE 문화 연구에서 힌트를 얻을 수 있다. GLOBE 연구의 실제(as is) 및 가치(should be) 측면의 설문조사 결과 한국의 실제 현상에서 권위의 위계성과 집단주의 성향이 강하게 나타났다. 하지만 규범적 가치를 묻는 질문에 대한 응답은 이와 반대였다. 권위주의와 (제도)집단주의 정도가 지금보다 낮은 것이 바람직하고 그렇게 되기를 기대하는 것이다.[4] 즉 위계적이고 수직적인 사회를 보다 분권화된 수평적 사회로, 그리고 개인성을 억압하는 집단 우선의 사회에서 개인의 자율성과 책임성이 존중되는 사회로 바뀌기를 국민은 원하는 것이다.

2019년과 2020년의 국내 조사에서도 실제 측면의 위계성과 집단주의 평균

값은 GLOBE 이상으로 높게 나왔다. GLOBE 조사 시점이었던 김영삼 정부 이후에도 한국에서 대통령의 제왕적·권위적 행태는 계속되고 있다. 특히 헌법기관인 국회의원조차 자신의 정치적 신조와 양심에 따라 표현하고 행동하다 보면 당에서 공천 탈락 등의 불이익을 당하는 최근의 사례들을 보면서 다수의 국민은 위계성과 집단주의의 한계를 자각하고 있다. 정치 권력만의 현상이 아니다. 기업, 노동계, 대학, 종교계 등등 사회 곳곳에서 힘이 최고 1인 또는 중앙에 집중되어 있고 위계적으로 구조화되어 있다. 인구, 대학, 경제력의 수도권 집중이 그렇고 대기업과 하청업체 간의 기업 생태계가 그렇고, 대학에서 시민단체에 이르기까지 본부 또는 지도부 중심으로 움직이는 모든 조직이 그렇다.

불공정의 원인도 깊이 생각해보면 최고 중심의 위계적 집단주의와 맞닿아 있다. 불공정 시비에 불을 붙인 조국 전 장관의 자녀 입학 특혜 시비도 '사회적 지위'를 이용해서 자녀의 스펙을 실제 이상으로 부풀린 것이 핵심이다. 그리고 친분이 돈독한 '동료 집단'까지 이용하였다. 위계성과 집단주의가 깊이 관련되어 있다. 소위 '인국공' 사태는 인천공항공사가 자회사 직원을 직접 고용한 것이 핵심이다. 본사와 자회사의 위계성, 그리고 이에 따른 직원의 신분과 지위의 위계성이 논란의 중심에 자리 잡고 있다.

그래서 최고 중심의 위계적 집단주의를 완화시켜 정점에 집중된 권력을 분권화하고 자율과 재량을 부여하되 결과에 대한 책임성을 강화하는 것은 더욱 중요하다. 현실은 소수에 권력이 집중되고 다수가 그 밑에 종속되고 의존하고 있기 때문에 분권과 자율·책임에 대한 열망은 더욱 강하다.

하지만 위계성과 집단주의는 문화로서 지금까지의 경로를 유지하려는 강력한 관성이 있다. 바꾸기가 쉽지 않다. 그래서 문화의 경로와 충돌하지 않으면서 분권, 자율과 책임으로 나아가기 위한 필요조건이 우리 모두가 시민의식으로 깨어 있는 것이다.

문화·시대정신·개혁전략

　불공정에 대한 반사적 요구로서 '공정'이든, 지난 역사를 되돌아보고 미래의 바람직한 시대정신으로 '다양성과 시민의식'이든, 문화 측면에서 국민이 기대하는 가치로서 '분권과 자율·책임'이든 이들은 모두 개혁을 요구한다. 지금까지의 경로를 단절시키고 새로운 경로를 선택하도록 요구한다. 그 직접적인 대상은 현재의 제도, 구조, 시스템, 정치인·기업인을 포함한 개인의 행태 모두가 대상이 된다.

　그런데 문화의 중심축을 이루는 최고 중심의 위계적 집단주의, 그리고 타인의식과 결과중시의 문화는 시대적 요구보다 더 깊이 많은 사람들의 생활양식과 인식구조에 스며들어 있어 쉽게 바뀌지 않는다는 문제가 있다. 경로의존성을 가지고 있어 필연적으로 변화에 저항하는 속성을 가지고 있다. 경로를 바꾸기 위해서는 개혁의 당위성에 더 강력한 힘이 실려야 한다. 다수 국민의 지지가 필요하다. 그래서 개혁의 논리로서 시대정신을 전면에 내세우고, 지금까지 우리 사회를 지배하여온 제도나 사회 문제를 구태, 병폐, 적폐로 규정하고 새로운 개혁의 필요성을 강조하는 메타포가 등장한다. 공정, 다양성, 시민의식, 분권, 자율과 책임 등의 본질적 가치가 정치적으로 오염되는 이유이다.

　시대정신을 뒷받침하는 제도나 정책의 구체적 대안은 해외에서 벤치마킹하여 도입하는 것이 대부분이다. 물론 이 과정에서도 해당 국가에서 어떤 배경을 가지고 어떻게 작동하는지를 면밀하게 분석하기보다 '그럴듯해 보이면' 일단 도입하고 보는 결과중시의 마인드가 작용한다. 우리의 문제를 우리 스스로 진단하고 해법을 찾는 진득함이 부족하다. 모방에 의한 시간 단축, 소위 fast follower 전략은 그동안 한국경제의 경쟁력이었다. 그런데 제품 생산과 다르게 정치나 복지 제도는 그 나라의 역사적·문화적 요소와 밀접하게 엮여 작동해야 한다. 모방해서 성공할 확률이 경제 영역보다 현저하게 떨어진다.

　문화가 토양이라면, 시대정신과 개혁 차원에서 도입하는 제도나 정책 심지어 기업의 경영방식은 이식되어온 나무나 화초에 비유할 수 있다. 토양은 새로 심은 나무가 뿌리를 내리고 자라는 과정에 절대적인 영향을 미친다. 진흙에서 잘 자라는 식물을 모래땅에 옮겨 심는 것은 무모한 짓이다. 시대정신의 당위성을 가지고 개혁을 추진하되 문화에 대한 이해가 없으면 성공하기 어려운 이유가 여기에 있다.

　한 사회를 개혁하기 위해서는 문화와의 정합성을 고려해서 개혁의 내용과 속도를 정교하게 설계해야 성공 가능성을 높일 수 있다. 지금까지 한국 사회를 문화의 측면에서 설명한 이유이다. 이제 문화와 시대정신의 맥락에서 교육, 채용, 권력구조, 정당제도, 선거제도 등 관련된 이슈들을 논의하려고 한다.

미주

1 최장집, 한국 민주주의를 생각한다: 위기와 대안, 「한국정치연구」, 29(2), 2020, pp. 1~26. 최장집 고려대 명예교수는 2013년에는 박근혜 정부의 국정운영을 한국 정치의 퇴행으로 비판하기도 하였던(프레시안, 2013. 11. 4) 원로 정치학자이다.

2 B그룹에는 영국, 독일, 프랑스 등의 서유럽 국가 외에 미국, 일본, 캐나다 등의 국가가 포함되어 있다.

3 소위 공유재의 비극(tragedy of the commons)이다. Garrett Hardin, The Tragedy of the Commons, *Science*, Vol. 162, 1968, pp. 1243 – 1248.

4 물론 권위주의나 집단주의 평균 점수가 낮은 국가에서는 반대로 이들 성향이 좀 더 강화되기를 원하는 것으로 조사되어, 현상과 미래의 가치는 역의 관계인 것도 사실이지만 우리나라는 그 차이가 가장 큰 국가 중의 하나이다.

6

공 정

공 정

　공정이 화두다. 이는 오래전부터 모든 국민이 열망하는 가치였다. 2020년 한국행정연구원이 조사한 사회통합조사에서 취업 기회, 과세 및 납세, 지역균형발전, 법 집행, 언론 보도, 대기업·중소기업 간 관계, 경제·사회적인 분배구조에 대해 응답자의 50% 이상이 불공정하다는 반응을 보였다. 공정에 대한 갈망은 불공정에 대한 반응적인 측면이 강하다. 한국 사회의 불공정에는 위계적이고 집단주의 문화적 특성도 중요한 요인으로 작용한다. 위계의 힘에 의해서 결과나 보상이 왜곡되거나 인권을 침해당하는 억울함을 경험하기도 하고, 집단 차원의 획일주의는 개인의 다양성을 반영하지 못하기 때문이다. 문화적 현상만큼이나 불공정의 문제가 곳곳에서 나타난다. 그 중에서 한국 사회의 가장 뜨거운 이슈로 늘 빠지지 않고 등장하는 것이 교육의 공정성이다.

　20년 이상 대학의 교육 현장에서 주목했던 미국의 대학 시스템을 통해 공정의 이슈에 대한 논의를 시작해본다. 〈표 6.1〉은 US News and World Report가 2020년 발표한 미국 종합대학 랭킹 상위 20개 명문 대학의 학부 재학생 수, 등록금, 학비 지원(장학금), 그리고 SAT 점수를 정리한 것이다. 표에서 확인할 수 있는 중요한 특성 세 가지를 먼저 이해해보자.

[표 6.1] 2020년 발표 상위 랭킹 미국 종합대학 주요 지표

순위	대학	위치 (주)	학부 재학생 수		등록금 ($)	학비 지원 (%)	SAT 점수		
			전체 (명)	학년당 (명)			하위 25%	상위 25%	평균
1/1*	프린스턴	NJ	5,422	1,355.5	53,890	100.0	1460	1570	1510
2/2	하버드	MA	6,755	1,688.8	54,002	100.0	1460	1570	1510
3/2	콜롬비아	NY	6,245	1,561.3	64,380	100.0	1450	1570	1510
4/2	MIT	MA	4,530	1,132.5	53,818	100.0	1510	1570	1540
4/5	예일	CT	6,092	1,523.0	57,700	100.0	1460	1570	1515
6/6	스탠퍼드	CA	6,996	1,749.0	56,169	100.0	1440	1570	1500
6/6	시카고	IL	6,734	1,683.5	59,298	99.2	1500	1570	1530
8/8	펜실베니아	PA	10,019	2,504.8	60,042	100.0	1450	1560	1500
9/9	칼텍	CA	938	234.5	56,862	100.0	1530	1560	1540
9/9	존스 홉킨스	MD	6,256	1,564.0	57,010	98.2	1470	1570	1520
9/9	노스웨스턴	IL	8,327	2,081.8	58,701	100.0	1440	1550	1490
12/9	듀크	NC	6,649	1,662.3	60,488	100.0	1480	1570	1520
13/13	다트 마우스	NH	4,459	1,114.8	59,458	100.0	1440	1560	1500
14/14	브라운	RI	7,160	1,790.0	60,696	99.8	1440	1570	1500
15/14	밴더빌트	TN	6,886	1,721.5	54,158	100.0	1460	1560	1510
16/17	라이스	TX	3,989	997.3	51,107	98.8	1470	1570	1520
16/14	워싱턴 U	MO	7,822	1,955.5	57,386	99.3	1480	1560	1520
18/17	코넬	NY	15,043	3,760.8	59,316	100.0	1400	1560	1480
19/19	노트르담	IN	8,731	2,182.8	57,699	99.8	1400	1550	1470
20/20	UCLA	CA	31,543	7,885.8	42,980	82.0	1280	1530	1400
평균			8,030	2,007.5	56,758				
평균(종합 사립대)**			7,118	1,779.4	57,518				

 * '/' 왼쪽은 2020년 발표한 U.S. News Best Colleges 순위이고 오른쪽은 2021년 9월 발표한 순위이다.
** 재학생 수가 1천 명이 안 되는 Cal Tech과 3만 명이 넘는 주립대학인 UCLA를 제외한 평균이다.

첫째, 우리나라 수능에 해당하는 SAT 점수 차이가 크지 않다는 점이다. 표를 보면 1600점 만점을 기준으로 하위 25%, 상위 25%, 입학생의 평균 SAT 점수에서 이공계에 특히 강한 Cal Tech(칼텍)과 MIT 그리고 모집인원이 많고 유일하게 20위에 든 주립대학 UCLA를 제외하면, 거의 모든 대학이 우열을 가리기 힘들 정도로 비슷한 범위에 들어 있다. 특히 UCLA를 제외한 대학의 상위 25% SAT 점수를 보면 최고와 최저의 차이가 20점이다. 점수에 의한 대학의 서열이 분명하지 않다.

둘째, 학부 재학생의 규모가 작고 대학 소재지가 미국 전역에 걸쳐 있다는 점이다. 20개 대학교의 학년당 학생 수는 2천 명 정도인데 재학생 수가 1천 명이 안 되는 칼텍과 3만 명이 넘는 UCLA를 제외한 18개 대학의 학부 재학생 전체가 13만 명이 안 되고 학년당 평균 학생 수는 1,800명이 안 된다. 미국 대학 전체의 정규(full-time) 학부생 규모가 1,200만 명 정도이기 때문에 이들 18개 대학의 학생 수 비중은 1.07%, 상위 20개 대학으로 해도 1.34%이다. 한편 〈표 6.2〉를 보면 UCLA를 포함해서 주립대학교 상위 랭킹 19위까지 21개 대학의 학년당 평균 재학생 수는 7,200명 수준이다. 18개 사립대학 평균의 4배 수준이다. 그리고 20개 명문 대학이 전국에 걸쳐 소재한다. 1개 주에 2개 이상의 대학이 소재하는 주는 네 곳[1]에 불과하다.

셋째, 등록금의 차이가 크고 학비가 비싼 명문 사립대학의 경우 거의 전체 학생이 재정 지원을 받는다는 점이다. 사립대학의 연간 등록금 평균이 연간 57,000달러(약 6,500만 원)가 넘는다. 주립대학은 38,600달러(약 4,400만 원) 수준이다(〈표 6.2〉). 전 세계적으로 가장 비싼 등록금 수준이다. 그런데 주립대학의 경우 대학이 소재한 주(州)의 주민(州民)이면 등록금 평균은 연간 13,400달러(1,500만 원) 수준으로 낮아진다(〈표 6.2〉). 특히 〈표 6.1〉의 19개 사립대학의 경우 거의 모든 학생이 학비의 지원을 받는다. 이들 사립대학에서 학비 지원의 제1 원칙은 니즈 기반(needs-based)이다. 즉, 가정의 경제 능력, 소득 수준이 기준이다. 가계 소득

[표 6.2] 2020년 발표 상위 랭킹 미국 주립대학교 주요 지표

순위		대학	위치 (주)	등록금($)		학부 재학생(명)	
전체	주립			일반	주(州)민	전체	학년당
20	1	UCLA	CA	42,980	13,226	31,543	7,885.8
22	2	UC 버클리	CA	43,980	14,226	31,780	7,945.0
24	3	미시간	MI	52,266	15,948	31,266	7,816.5
26	4	버지니아	VA	52,957	18,878	17,011	4,252.8
28	5	노스캐롤라이나	NC	36,200	9,021	19,355	4,838.8
30	6	UC 산타바바라	CA	44,145	14,391	23,349	5,837.3
30		플로리다	FL	28,658	6,380	35,405	8,851.3
35	8	조지아텍	GA	33,794	12,682	15,964	3,991.0
35		UC 어바인	CA	43,686	13,932	30,382	7,595.5
35		UC 샌디에이고	CA	44,205	14,451	30,794	7,698.5
39	11	UC 데이비스	CA	44,407	14,653	30,982	7,745.5
39		윌리엄앤메어리	VA	46,283	23,362	6,256	1,564.0
42	13	텍사스	TX	39,322	11,106	40,163	10,040.8
42		위스콘신	WI	38,629	10,741	33,456	8,364.0
47	15	조지아	GA	31,120	12,080	29,848	7,462.0
47		일리노이	IL	34,312	16,862	34,120	8,530.0
53	17	오하이오주립대	OH	33,501	11,517	46,818	11,704.5
53		퍼듀	IN	28,794	9,992	33,646	8,411.5
58	19	플로리다주립대	FL	21,673	6,507	33,270	8,317.5
58		메어리랜드	ML	36,890	10,778	30,511	7,627.8
58		피츠버그	PA	33,706	19,678	19,200	4,800.0
평균				38,643	13,353	28,815	7,203.8

이 낮아 학비를 부담할 능력이 안 되는 경우 대학에서 어떤 형태로든 100%에 가까운 재정 지원을 한다. 유명 사립대학일수록 학교 기금이 많아 학비를 면제시켜주거나, 그것으로 충분하지 않으면 교내에서 일하거나(work-study), 금융기관의 융자를 받도록 지원한다. 특히 최상위권 대학의 경우 재정이 튼튼함에도 불구하고 운동선수를 제외하고 성적이 좋은 학생을 모집하는 소위 성적우수장학금(merit scholarship)은 거의 제공하지 않는다. 순위가 낮을수록 최상위권 학생을 확보하기 위한 성적우수장학금 규모는 커진다. 주립대학의 경우에는 학비가 낮은 대신 재정 여력이 충분하지 않기 때문에 순수 장학금보다는 work-study나 학비 융자 비중이 훨씬 크다.

　미국의 대학은 한국 대학과 마찬가지로 학생의 수학 능력과 리더십 역량 등 수월성(우수성)을 제1 기준으로 하여 합격 여부를 결정한다. 하지만 실력은 되는데 돈이 없어 학비가 비싼 명문 대학에 가지 못했다는 말이 나오지 않도록 장학금 제도가 잘 되어 있다는 점, 유명 대학일수록 질(우수 학생)과 양(입학생 규모)을 모두 갖지 않는다는 점, 그리고 무엇보다도 대학을 진학하는 학생과 학부모가 다양한 옵션(선택의 기회) 중에서 자신의 조건을 고려하여 결정할 수 있다는 점에서 불공정 시비가 우리나라처럼 크지 않다고 볼 수 있다. 즉 공정의 원칙으로 투입에 비례한 보상이라는 비례성을 지키지만 이로 인한 부작용을 보완하는 장치를 두고 있다. 이들 기준은 한국의 교육뿐만 아니라 현재 청년세대의 가장 큰 불만 요인인 취업 및 노동시장에서의 불공정 문제를 진단하고 처방하는 데에도 시사점을 제공한다.

공정의 조건 1: 비례성 원칙-보상은 투입에 비례한다

미국에서 생활할 때, 유치원 전후의 아이들이 하는 말 중에 유독 자주 듣는 말이 "It's unfair(불공정해)"이다. 자녀가 둘인데 한 명에게 더 좋은 장난감이나 옷을 사준다든지 더 많은 용돈을 준다든지 등등 물건의 소유나 돈의 배분과 관련이 가장 많다. 때로는 오빠에게만 바이올린 레슨을 시킨다든지 반대로 오빠는 노는데 자기만 레슨을 받는 경우도 불공정하다고 불평할 때가 많다. 자기보다 공부를 안 한 친구가 더 좋은 성적을 받았을 때도 그렇고, 심지어 나는 혼자인데 친구는 오빠나 형이 있다면 그것도 "It's unfair"라고 말할 때가 있다. 이 나이의 아이들에게 입력된 공정(fair)의 기본값(default)은 뭐든지 똑같아야 한다는 균등(equal)인 것 같다.

모든 것이 균등할 수는 없다는 것을 서서히 깨닫게 되면서 받아들이는 것이 투입(input)의 양이나 질에 비례한 보상이다. 시장에서 물건을 살 때 가장 잘 나타난다. 시장에서는 물건을 사려는 많은 사람과 물건을 팔려는 많은 사람 간에 자연스럽게 가격이 형성된다. 지급한 값에 해당하는 물건을 얻는 것이다. 그래서 그 가격을 시장가격 또는 균형가격이라고 한다. 물건 생산을 독점하거나 소수 대기업이 과점하는 경우에는 이들 기업의 가격 결정력이 생겨 공정한 가격이 형성되기 어렵다. '공정'거래위원회가 있어 이들 기업을 규제하고, 독점이거나 과점 상태인 전기나 통신 시장의 요금 결정에 정부가 관여하는 이유이다. 사용자 부담 원칙도 비례의 원칙에 부합한다. 종량제 봉투를 사용해 쓰레기를 배출하는 양만큼 비용을 부담시키는 것이 대표적인 사례이다.

노동시장에서의 임금 결정도 투입에 비례한 보상 원칙이 어느 정도 자율적으로 형성된다. 대표적인 투입 요소가 능력이다. 능력의 정의는 다양할 수 있지만, 공정의 차원에서 말하면 문제를 풀거나 일을 해내는 힘이다. 수학능력시험은 대표적인 능력 평가이다. 직장에서는 직무를 수행하는 능력을 평가하는 인사고과(근무성적평정)가 있다. IQ는 지적 능력을 측정한 것이고 여기에 노력이 투입되어 수능 성적이나 대학 입학으로 연결된다. 수능 성적이 좋아 좋은 대학에 가고 그래서 좋은 직장에 취직해서 더 높은 보수를 받는 것이 대표적인 능력주의 현상이다. 그래서 학력주의, 학벌주의는 능력주의의 대명사라 할 수 있다.

학력·학벌주의

〈그림 6.1〉은 학력에 따라 25세 이상 풀타임 근로자의 소득과 실업률이 어떻게 다른지를 보여주는 2020년도 미국의 통계 자료이다. 학력과 소득이 비례하고 실업률과 반비례한다는 것을 눈으로 바로 확인할 수 있다. 고등학교를 마

[그림 6.1] 2020년도 학력별 소득 및 실업률(미국)

구분	중위 소득(주당, $)	실업률(%)
박사 학위	1,885	2.5
전문(변호사, 의사 등) 학위	1,893	3.1
석사 학위	1,545	4.1
학사 학위(4년)	1,305	5.5
학사 학위(2년)	938	7.1
대학 중퇴	877	8.3
고졸	781	9.0
고등학교 중퇴 이하	619	11.7
<전체>	$1,029	7.1%

* 25세 이상 풀타임 근로자 기준.

치지 못한 근로자의 경우 주당 중위(median) 임금이 619달러(약 72만 원)로 가장 낮다. 대학 졸업자 임금의 1/2, 박사나 전문직(의사, 변호사 등) 임금의 1/3 수준이다. 실업률에서는 더 큰 차이가 난다.

2005년 미국에서 연구년을 보낼 때 딸의 중학교를 방문하였는데 그때 교실 출입문에 이와 똑같은 2004년 그래프가 붙어 있었다. 제목이 인상적이어서 지금도 기억이 난다: "너 여기서 학교 그만두고 싶어?" 집안 사정 등으로 중학교 3년 과정을 마치지 않고 중간에 그만두는 학생들이 있다는 의미로 받아들여졌다. 그리고 중요한 것은 이 그래프가 학생들에게 학교를 더 다녀야 한다는 자극이나 동기부여가 될 것이라고 기대했다는 것이다.

미국과 한국은 역사, 문화, 인구 구성 등에서 많은 차이가 나기 때문에 비교하는 것이 타당하지 않을 수 있다. 하지만 미국은 고등학교 졸업장이 없는 사람과 박사 학위를 가진 사람의 임금 차이가 3배나 됨에도 불구하고 그러니 계속 공부하라는 말이 통하는 사회이다. 미국에도 소득이 높고 낮음의 원인을 사회제도 탓으로 돌리는 사람이 있지만 기본적으로 개인주의 사회이기 때문에 그 원인을 개인에게 돌리는, 개인 책임이라고 생각하는 사람이 다수이다.

반면에 한국은 집단주의 사회라서 남의 시선을 의식하고 다른 사람과 비교해서 자신을 상대적으로 평가하는 경향이 강하다. "사촌이 땅 사면 배 아프다", "배고픈 것은 참아도 배 아픈 것은 못 참는다"라는 속담에 한국인의 타인과의 비교 정서가 잘 나타난다. 여기에 위계적 권위주의가 강하게 작용한다. 사회적 지위, 출세에 대한 열망이 강하다. 부모가 자신의 노후를 생각하지 않고 자식 교육에 올인(all-in)하는 이유이다. 그 결과 개천에서 용이 난 사례들이 주변에 있었고 사람들은 희망을 가질 수 있었다. 1990년대 후반 IMF 외환위기가 터지기 전까지 말이다.

그런데 1997년 경제위기를 맞으면서 많은 기업이 구조조정을 하게 되고 갑자기 자녀 교육에 한창이던 40~50대의 많은 중장년이 실직자가 되었다. 한국에서 양극화가 시작되고, 직장에 대한 충성심 대신 개인의 이익이 우선하기 시작하였다. 스스로의 노력으로 개천에서 용 나는 신분 상승의 기회가 점차 줄어들었다. 성장의 사다리가 붕괴되고, 소득 계층이 프로 축구나 야구처럼 1부 리그와 2부 리그로 나누어지기 시작한 것이다. 〈표 6.3〉을 보면 미국처럼 세분되어 있지는 않지만 한국에서도 중위소득 기준으로 학력별 소득이 고학력일수록 더 높다. 학력주의가 분명히 나타나고 있다.

중요한 것은 이러한 학력과 소득의 높은 상관관계를 불평등이나 불공정 현상으로 받아들여 학력과 소득 간의 관계성을 약화시키는 방향이 아니라, 누구든지 자신의 사회적 배경과 상관없이 원한다면 배움을 중단하지 않고 더 공부할 수 있는 기회의 사회를 만드는 것이다.

그러기 위해서는 더 많이 배우고 더 좋은 대학을 나온 사람들을 보상하되 비례성의 원칙에 맞노록 하는 것이 중요하다. 그런데 한국에서는 학력과 학벌에 대해 과잉 보상의 논란이 제기될 수 있다. 제4장에 소개한 설문조사에서 학력과 출신대학이 한국인의 사회생활에 영향을 미친다는 응답이 80% 이상임을 확인하였다. 비례성의 논란은 학력이나 출신대학을 개인의 능력으로 인식하는 고정관념이 오래 지속한다는 데에 있다. 대입시에서 수학능력 등의 실력을 평가받아 대학에 입학했다면 그 자체로 1차 보상이 이루어진 것이다. 그런데 우리 사회는 대학 4년 이후에 다시는 능력을 재평가 받을 기회가 거의 없다. 대학

[표 6.3] 2019년 고등교육기관 졸업자 초임 급여 현황

구분	평균 소득(월)	중위 소득(월)
학부	241.6만 원	215.0만 원
대학원(석사)	370.3만 원	311.3만 원
대학원(박사)	581.7만 원	462.8만 원
<전체>	259.6만 원	226.0만 원

4년은 물론 직장에 취업한 이후 각자가 노력하고 경력을 관리한 능력개발의 정도가 다를 수 있는데 대학 브랜드가 지속적으로 투입 요소로 작용하고 승진이나 이직의 보상에 영향을 미치는 것이 현실이다. 명문 대학 졸업생이 갖는 이점(advantage)이고 일정 부분 무임승차이다.

특히 집단주의 문화에서 잘 나타나는 범주화 오류도 문제이다. 한국 사회에서는 대학 서열(브랜드)을 가지고 개인의 전공이나 능력 편차를 고려하지 않고 모든 재학생이나 졸업생을 하나의 범주로 묶어 평가하는 경향이 있기 때문이다. 개인의 능력보다도 출신 대학이 취업, 승진, 그리고 직장을 이동할 때 계속 영향을 미친다면 그것은 불공정이다. 어느 국가나 명문 대학 졸업장의 효력이 큰 것은 사실이지만, 위계적 집단주의 한국문화에서 학력과 학벌이 과도하고 장기간 동안 영향을 미치는 것이 문제이다.[2]

학력과 학벌의 이러한 "프리미엄"이 경제 성장기에는 더 열심히 공부해서 좋은 대학에 가려는 동기부여가 되었다. 기계 부품처럼 획일화된 교육과 입시 제도의 한계가 있었지만 대한민국의 인적 자원 역량을 높이는 데 기여한 부분도 부정할 수 없다. 그런데 안정기 내지 정체기에 들어선 한국경제는 성장기 때의 많은 기회를 더는 제공하지 못한다. 기회가 제한되어 있다 보니 공정에 대해 더 민감하고 능력과 노력 이상의 보상을 인정하지 못한다. 한국의 학력주의, 학벌주의가 새롭게 비판을 받는 이유이다.

이제 우리 사회도 4년제 대학을 가지 않고 기술 중심의 고등학교나 전문대학을 나오거나 심지어 정규 교육과정을 마치지 않더라도 자신의 능력을 발휘하고 인정받는 다양성의 사회로 진화해야 한다. 우리가 지향해야 할 다양성의 시대정신이다. 다른 한편 출산율 감소로 노동력의 절대 투입량이 감소하는 현 상황에서 교육을 통한 인적자원의 질적 고도화는 잠재성장률 관점에서 더욱 강조될 수밖에 없다. 따라서 교육 문제에서 한국이 취할 수 있는 선택은 한편으로 각자의 잠재력을 발휘할 수 있는 다양한 교육의 기회를 제공하면서 더 많이 공부하고 더 좋은 대학을 나온 사람이 사회적으로 수용 가능한 공정한 대우를 받도록 하는 것이다. 그 전제 조건이 대입시의 공정성을 확보하는 것이다.

대입시 공정성: 비례성의 왜곡 요인

대입시처럼 학생의 실력을 여러 항목으로 평가하고 종합해서 점수나 등급으로 합격–불합격을 정하는 때에 공정의 시비가 자주 일어난다. 우리나라 대입시에서 불만이 있지만 그래도 불공정 시비가 가장 적은 경우가 수능 성적과 대학별 본고사 성적에 의해 합격을 결정할 때이다. 1점이 부족해서 떨어져도 다른 합격한 친구들이 자신보다 적어도 1점 더 받았으니 할 말이 없다.

하지만 수능 중심의 시험 성적만으로 합격 여부를 결정하는 것은 성적 이외의 소질이나 재능을 가진 학생이 보기에 불공정하다. 또한 사교육을 받을 여력이 없는 학생은 고액 과외를 받는 돈 있는 집안의 학생에게 더 유리한 입시제도라고 불만을 제기할 수 있다. 사교육 의존이 높아질수록 정규 공교육이 무너지는 부작용도 초래된다.

그래서 미국처럼 입시 사정관을 두어 성적 외의 다양한 능력이나 활동을 평가할 수 있는 학생부종합전형(학종)을 도입하였다. 학종이 이런 문제점을 해결해 줄 것으로 기대했다. 수능에 몰두하지 않고 자신이 잘하는 영역에 집중해서 스펙을 쌓고 수시 전형으로 대학에 입학하는 학생들이 많아졌다. 선생님의 내신 평가를 잘 받기 위해 학교 교육에도 더 적극적이다. 이는 공교육 정상화에 기여했다. 긍정적인 측면이다.

문제는 인턴, 논문, 봉사활동 등의 스펙에 있었다. 여기에는 한국의 가족주의(집단주의)가 중요한 작용을 한다. 개인주의 미국이라고 해서 수험생 학생에게 모든 것을 맡겨두는 것은 아니다. 부모가 나서 인턴 자리를 알아보고 논문 쓸 때 조언도 해줄 수 있다. 그렇지만 거기까지가 가족이 해줄 수 있는 일이고 다

[그림 6.2] 대학 입학에 투입되는 요소들

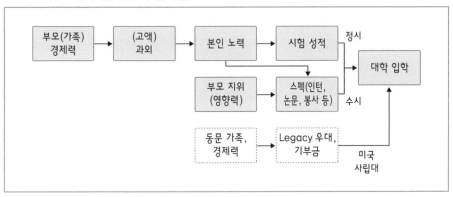

른 사람들도 받아들일 수 있는 상식의 한계다. 그 이상은 불공정이다.

한국은 여기에 특별한 가족주의가 작동한다. 입시생을 둔 가정은 가족 전체가 수험생이다. 아빠, 엄마, 심지어 할아버지, 할머니의 모든 가용한 자원이 총동원된다. 그런데 학종이 생기면서 가족이 동원하는 자원의 차이가 더 벌어졌다. 시험 성적만으로 대학을 갈 때는 가족이 가진 자원은 좋은 강사나 학원을 찾아 과외비를 지원해주는 경제력이었다. 그런데 학종이 도입되면서 이제 부모의 네트워크 파워를 가진 가정의 자녀는 남들이 가기 힘든 기관에서 인턴을 하고 학회에 참석하고 심지어 논문 게재의 기회를 얻는다(〈그림 6.2〉).

경제력이 성적에 영향을 미치는 수능 시험 중심의 입시에서는 비록 부모가 고액 과외는 시켜주더라도 수험생의 자기 노력은 필수 조건이었다. 투입(노력) 대비 성적의 효율성을 높이는 차원이었다. 그런데 학종에서는 학생의 노력이 아니라 부모가 가진 네트워크와 정보력이 합격에 직접 영향을 미칠 수 있다는 것이 문제로 드러났다. 대표적 사례로 장관이나 대학교수 등 사회 지도층 자녀의 부정 논문 게재나 인턴 기회 등을 들 수 있다. 논문에 기여한 것이 별로 없는데 이름을 올리는 무임승차나 보통 학생들은 갖기 힘든 인턴의 기회를 얻는 경

우이다.[3]

투입−산출의 비례성 시각으로 공정을 이해할 때 투입 요소가 객관적으로 측정되는 성적 이외에 신분이나 부당한 권력에 의해 영향을 받는다면 불공정한 것이 된다. 우리나라처럼 사회적 지위와 집단 구성원 간의 특수한 인간관계가 강하게 작용하는 위계적 집단주의 문화에서 불공정 시비가 더 복잡하고 격한 이유이다.

그렇다고 과거의 수능 중심 입시로 돌아가거나 과외를 금지하는 것이 해답일 수는 없다. 그것은 다양한 개인의 적성을 무시하고 인간의 기본적인 성장 욕구를 옥죄는 퇴행이다. 인간이 기본적으로 가지고 있는 성장 욕구를 국가가 나서서 차단하는 것은 현실적으로 지속 가능할 수 없다. 한국 사회에서 부모의 가장 큰 덕목이 무엇인가? 맹모삼천지교(孟母三遷之敎)를 가슴에 새기면서 자녀 교육에 올인하는 교육열이다. 국가가 나서지 않아도 가족 단위에서 이루어지는 교육 투자는 대한민국의 인적 자본을 키우고 국가 경쟁력을 키우는 중요한 요인이 되어왔다.

따라서 국가의 책무는 비례성의 원칙이 왜곡되는 것을 막는 일이다. 학종을 통해서 학생에게 다양한 소질을 경험하고 개발할 기회를 부여하되 가족의 부당한 영향이나 불법 행위 때문에 능력이 과대 포장되는 것은 절대로 막아야 한다. 또한 경제력에 의해 교육의 기회가 불균등하고 그로 인해 가난이 대물림되는 것을 최대한 막는 것이다.

다행히 성적이 우수한 학생이 지원하는 자사고와 특목고는 모집정원의 20% 이상을 저소득층과 소외계층의 자녀를 선발하는 사회통합전형(기회균등전형＋사회다양성전형) 제도가 의무화되어 있다. 현재는 오히려 정원을 채우지 못하는 경우가 많이 발생하고 있다. 사회통합전형의 대상자 요건을 완화하여 가정 환경 때문에 양질의 교육을 받을 기회가 적은 학생들에게 입학의 문호를 확대하는 것이 바람직하다.

더 좋은 교육여건을 갖춘 학교에서 공부할 기회를 주는 것 이상으로 중요한 것이 공부의 의지가 있고 실력이 되는데 돈 때문에 그 기회를 포기하지 않도록 학비를 확실하게 지원하는 것이다. 시도 교육청은 지역 인재 육성 차원에서 저소득층 자녀 교육비 지원에 우선순위를 두어야 한다. 동문 장학금, 향토 장학금, 문중(宗親) 장학금 등 민간부문에서 자발적으로 조성된 장학금의 지급도 저소득층 자녀를 우선하여 지원하는 것이 바람직하다. 특히 특목고와 자사고의 경우 일반고에 비해 높은 등록금을 받는 대신 이것이 저소득층 자녀의 진학 기회에 장벽이 되지 않도록 니즈 기준의 장학금을 충분히 확보하고 지급하여야 한다.

장학금 지원에서 모범적인 사례가 자사고인 서울 하나고등학교이다. 연간 학비가 750만 원 이상으로 저소득층에게는 너무 큰 부담이다. 장학금 지원이 없다면 실력이 되어도 입학을 포기해야 할 것이다. 하지만 〈표 6.4〉의 장학금 지원 자격과 규모를 보면 돈 없어서 하나고 못 갔다는 말은 나오지 않도록 제도화되어 있다. 모든 특목고와 자사고가 하나고 수준의 장학금 제도를 두고 있는 것은 아니다. 따라서 다른 특목고나 자사고도 우수한 학생을 충원할 기회와 등

[표 6.4] 서울 하나고등학교 2021학년도 장학금 지원 자격

지원항목		국민기초생활수급(권)자, 한부모가족보호대상자, 법정차상위대상자 (입학전형 무관)	소득·재산심사 결과, 기준 중위소득 50% 이하 (기회균등전형 입학)	소득·재산심사 결과, 기준 중위소득 60% 이하 (입학전형 무관)
학비	입학금, 수업료	전액 지원	전액 지원	전액 지원
	학교운영지원비	전액 지원	일반고 수준 지원(차액 본인 부담)	
수익자 부담경비	기숙사비	전액 지원	전액 지원	미지원 (전액 본인 부담)
	급식비	조식, 석식 전액 지원(중식 무상급식, 간식비 본인 부담)		
	방과후수업료	일부 지원(자유수강권 소진 시 일부 본인 부담)		

록금 결정의 자율을 승인받았으면 저소득층 자녀에게 학비 부담을 갖지 않도록 확실하게 지원하는 것이 합당한 의무임을 자각해야 한다.

정부의 장학금 지급 기준이 있지만 그보다 훨씬 강력한 장학금 지원을 통해서 교육의 수월성과 공정성을 함께 실천하는 사례이다. 교육의 불공정이나 불평등을 완화하고 해소하는 데는 획일적인 기준을 정해 적용해야 하는 정부와 다르게 소외된 학생의 니즈에 적합한 지원이 필요하고 그런 차원에서 민간 부문의 적극적이고 다양한 역할이 필요하다. 기업이나 노조에게 사회적 책임(Corporate Social Responsibility)이나 사회적 가치 창출(Creating Social Values)이 강조되고 특히 기후·환경 등의 글로벌 이슈 이상으로 국내의 교육 불평등 해소에 적극적으로 나설 것이 요구된다.

그런 차원에서 읍·면·도서 지역 등 도시에 비해 상대적으로 소외된 지역의 중학생들에게 꿈을 찾고 성취할 수 있도록 대학생 멘토가 직접 청소년들의 학습을 지원하는 삼성드림클래스 프로그램(www.dreamclass.org)도 교육의 공정한 기회를 제공하는 모범적인 사례이다. SK 그룹의 한국고등교육재단(www.kfas.or.kr)이나 관정 이종환 교육재단(www.ikef.or.kr) 등 실제로 주변에는 대기업뿐만 아니라 중소기업인이나 소상공인까지 모교나 고향의 장학 사업을 하는 독지가들이 많이 있다. 현대의 사회문제는 정부가 혼자서 해결하지 못한다. 민간의 독자적인 기여나 정부와의 파트너십을 통한 공동 노력(협치)이 어느 때보다 중요한 때이다.

비정규직의 정규직화에서 불거진 비례성 위반

인천국제공항공사, 서울도시철도공사의 '정규직 전환'도 수많은 취업준비생의 분노를 자극했다. 엄격히 말하면 계약직(비정규직)에서 무기계약직(정규직)으로, 정규직인 무기계약직에서 승진 직급 체계의 적용을 받는 공채 출신과 같은 정규직 신분으로, 또는 자회사 고용 형태에서 본사의 직고용 형태로 전환하는 것을 포괄적으로 일컫는 말이다.

불공정 이슈는 공기업 시험 준비생(공시생)들이 몇 년을 공부해서 극소수만 들어가는(대다수는 들어가지 못하는) 높은 진입 장벽에서 나온다. 계약직이든 자회사 노동자이든 상대적으로 진입 관문이 낮은 곳으로 취업하였는데 몇 년 후 높은 진입 장벽을 통과한 공채 출신과 유사한 또는 동일한 대우를 받는다는 것이 불공정의 핵심이다. 특히 높은 장벽에 도전했다가 실패한 취준생들의 상대적 박탈감이 클 수밖에 없다.

정규직 전환의 불공정 사례: 서울교통공사[4]

서울교통공사(2017년 5월 서울메트로와 서울도시철도공사를 통합시켜 출범)는 2018년 8월 무기계약직 1,285명을 정규직으로 전환했다. 2016년 구의역 스크린도어 사고 이후 시민의 안전과 직결된 안전 분야에 종사하는 근로자의 신분 전환을 약속했었다. 그런데 1,285명의 정규직 전환은 그 약속보다 훨씬 강력한 신분 전환이고 범위도 확대된 것이었다.

강력한 신분 전환이라고 말한 것은 무기계약직은 이미 정규직이기 때문에 여기서 정규직 전환의 의미는 단일 직급에 머무는 무기계약직과는 다르게 일반 공채 출신과 동등하게 승진이 가능한 정규직으로의 전환을 의미하기 때문이다. 범위가 확대되었다는 것은 애초에 약속하였던 안전 분야 직원뿐만 아니라 안전과 무관한 일반업무 분야 직원까지 모두 포함되었기 때문이다. 구체적으로 경력 3년 이상의 지하철 보안관, 목욕탕 관리사, 식당 조리원, 이발사 등 일반업무에 종사하는 무기계약직 전원을 7급(공채 입사자 최초 직급) 정규직으로 전환시켰다. 기존의 경력을 인정받았기 때문에 그해 공채 입사자들보다 선임자가 되어 이후 승진에서 유리한 위치에 있도록 배려하였다.

무기계약직은 사내 게시판에 공개된 제한적인 채용 공고와 절차에 따라 입사하였거나 심지어 한시적 계약직으로 입사하여 무기계약직으로 한번 전환된 직원도 포함되어 있다. 채용 과정에서 이미 사내의 인맥이 작용할 수 있는 구조였다.

2019년 9월 30일 발표한 감사원 감사 결과에 따르면 1,285명의 정규직 전환자 중에서 14.9%에 해당하는 192명이 서울교통공사에 친인척이 근무하는 것으로 확인되었다. 비정규직의 처우 개선이 뭐가 나쁘냐는 식으로 항변하지만 무기계약직은 이미 정규직 신분이기 때문에 문제인 정부의 비정규직 정규직화의 대상이 아니었을 뿐만 아니라 전환의 절차나 범위에서 불공정과 특혜의 시비에서 벗어날 수 없는 것이 사실이었다.

비정규직이나 무기계약직으로 일정 기간 근무하면 신분 전환의 기회가 있다는 것이 예고되고 예측 가능했다면 문제는 다르다. 그것을 알고도 공기업 시험 준비를 계속했거나 아니면 무기계약직 지원을 했다면 그것은 본인 선택의 문제이다. 마치 5급 공무원 공채(행시)를 준비하다 7급으로 문턱을 낮추어 도전하는 것과 같다. 비록 7급으로 시작하지만 경력을 쌓으면 5급이나 그 이상의 직급으로 승진할 수 있다. 모두가 이 사실을 알고 선택한다.

하지만 어느 정권의 특별한 정책 덕분에 한시적으로 기회가 열렸다 닫히는 경우라면 문제는 다르다. 그 기회를 잡지 못한 다수의 사람에게는 불공정하기 때문이다. 인천국제공항공사의 본사 직고용에 대해 '로또 취업'이라는 말도 그래서 나오는 것이다. 실제 주기적으로 정규직 전환이나 본사 직고용이 이루어지는 것이 관행이고 예측 가능하다면 적어도 로또 취업이라는 꼬리표는 따라붙지 않을 것이다.

비례성 원칙과 동일노동 동일임금 원칙

비정규직의 정규직화를 찬성하는 측의 논리 중의 하나가 동일노동 동일임금 원칙이다. 같은 일을 하는데 공채 시험을 통해 입사한 직원과 비정규직 또는 무기계약직의 처우가 너무 다르다는 것이다. 입사 경로만 다르고 실제로 동일한 업무를 수행한다면 충분한 설득력이 있다. 투입－보상의 비례성 차원에서 공정을 담보할 수 있는 원칙은 동일노동 동일임금이기 때문이다. 투입한 노동의 질과 양이 같다면 당연히 임금도 같아야 공정하다. 동일노동인데 본사에 근무하는 직원, 자회사에 근무하는 직원, 파견근로자의 임금이 다르고, 정규직과 비정규직의 임금이 차이가 난다면 불공정하다고 주장할 수 있다.

그런데 여기에는 세 가지를 함께 고려해야 한다. 첫째, 직무의 내용을 정확하게 정의해야 한다. 동일한 노동인지를 비교하려면 직무의 내용을 알아야 한다. 그래서 필요한 것이 직무분석이다. 한 사람이 수행하는 직무의 내용과 양을 정확히 규정해야 동일한 보수가 결정될 수 있고 불공정 시비가 나지 않는다. 직무분석을 해야 직무급도 결정할 수 있고, 직무를 중심으로 인사관리를 할 수 있다. 그런데 현재 한국의 공공기관이나 기업은 개인이 책임지고 일할 직무가 정의되어 있지 않다. 직무를 가지고 잘하니 못 하니 평가하지 않고 열심히 일하는지 적당히 일하는지의 태도를 가지고 평가하는 이유이다.

한국은 직무가 아니라 직급(계급)을 중심으로 사람을 관리한다. 특히 정부나 공기업의 경우 같은 직급이면 인사부서, 기획부서, 사업부서를 구분하지 않고 순환보직 인사를 한다. 일의 종류도 다르고 양도 다르다. 승진해서 그 직급의 새내기(초짜)가 되면 업무 중요도가 떨어지고 본부와 교류도 많지 않은 비인기 부서에 발령이 난다. 경력이 쌓이면서 기관 차원에서 업무 중요도가 높은 부서로 이동한다. 보수 차이는 호봉 승급분 이외에 실제로 수행하는 직무의 난이도를 반영하지 못한다. 역대 정부가 공기업 개혁 차원에서 직무급 도입 및 확대를 시도했지만 노조의 반대로 진행 속도가 느리고 도입 폭이 작다.

둘째, 성과급 도입이다. 직무분석이 되어 있지 않은 상태에서는 노동의 양과 질에 비례한 동일노동 동일임금은 불가능하다. 그래도 투입이 아니라 성과를 기준으로 보상하면 이 문제를 어느 정도 우회할 수 있다. 기업의 경우 가장 중요한 성과는 영업 이익이다. 회사의 이익에 기여한 만큼 직원에게 비례한 보상을 하는 것이다. 보수의 공정을 기하려면 직무급을 근간으로 기본 연봉을 결정하고 성과급은 연간 영업 실적을 반영해서 보너스를 주도록 보수가 설계되어야 한다. 기본 연봉은 실적에 상관없이 매년 물가상승률과 승급(호봉) 인상을 반영하여 보수의 안정을 유지하고 보너스는 그 해 실적에 따라 탄력적으로 반영하는 것이다.

공공부문의 정부처럼 이익을 창출하는 조직이 아닌 경우 성과 측정이 어렵다. 공기업은 정부와 민간기업의 중간이다. 공무원과 공기업 노조가 성과급 도입을 반대하는 이유이다. 그래서 재정 성과가 아니라 개인의 근무실적(인사고과)이나 부서의 연간 사업(정책) 목표에 대한 추진 성과를 평가하여 성과급에 반영하는 정도이다. 노조는 성과급에 대해서도 반대한다. 구성원 간 경쟁을 부추기고 노동 강도가 강해진다는 이유이다. 직무급과 성과급을 반대하는 한 동일노동 동일임금의 실현은 논리상 성립할 수 없다. 일한 만큼 받고, 돈 번 만큼 주는 원칙이 적용될 수 없다. 비례성 원칙을 지킬 수 없고 불공정의 시비를 벗어날 수 없다.

셋째, 동일노동 동일임금의 원칙을 적용하기에 적합한 직무인지를 분석하여야 한다. 단순 기능이 반복되는 업무와 복잡하고 창조적인 사고를 요구하는 업무를 구분해서, 비교적 업무가 단순하면서 반복되는 현장의 생산 및 서비스 업무에 대해서 동일노동 동일임금의 원칙을 적용할 수 있다. 이를 위해 노동자는 업종에 따른 직무급과 기업 단위의 실적 차이를 반영한 성과급을 받아들여야 한다. 사용자는 이에 상응하여 고용을 확실하게 보장하여야 한다. 또한 외주나 기간제 등의 형태로 장기 고용의 부담을 지지 않는 경우 상응하는 금전적 보상을 함으로써 임금과 고용 간의 균형을 이루어야 한다.

업무의 특수성이 강하고 개인 능력의 차이가 업무 성과에 미치는 영향이 큰 경우 동일노동 동일임금 원칙을 적용하기가 어렵다. 연구개발, 금융 공학, 문화예술 등 업무의 내용이 복잡하고 전문성 또는 창조성을 요구하는 직업군이다. 일의 내용이 같더라도 개인의 능력 차이가 조직 전체의 성과에 직접적인 영향을 미치는 경우도 동일노동 동일임금을 적용할 수 없다. 대표적으로 팀 스포츠가 그렇다. 야구의 투수, 포수, 내야수 등등, 각자의 자리에서 해야 할 역할(일)은 분명하다. 일의 내용이 같다고 해서 모두 같은 연봉을 준다면 그것이 불공정이다. 개인의 능력 차이가 팀의 성적에 직결되어 있다.

동일노동 동일임금은 직무를 표준화하고 일정 수준 이상의 능력을 갖춘 사람이면 일의 성과에 큰 차이가 나지 않는 업무환경에서 지켜져야 할 원칙이다. 사기업이든 공기업이든 비정규직의 정규직화 논란을 정확히 진단하고 대응하기 위해서는 동일노동 동일임금의 원칙이 적용될 수 있는 직무(업무)군인지부터 분석해야 한다.

피와 땀의 지분

입시와 취업의 범위를 넘어 우리 사회 전반에 적용될 또 하나 공정의 비례성 원칙이 "피와 땀의 지분"이라고 생각한다. 국가와 사회가 유지되고 발전하는데 피와 땀을 흘린 만큼 그들의 국가와 사회에 대한 지분을 인정하고 보상하는 것이다. 피를 흘린 대표적인 사람들은 국가를 지키다 희생된 군인이다. 국민의 생명과 재산을 지키기 위해 근무하다 희생된 소방공무원과 경찰공무원 등 제복인도 여기에 해당한다. 목숨을 잃은 분들을 국립묘지에 안장하고 훈장을 수여하는 등 명예를 드리는 것은 기본적인 예우이다. 이 직업군에게는 은퇴 후에도 국민연금보다 안정적인 군인연금이나 공무원연금이 지급된다.

이러한 선순환 구조가 시스템화되어 있어야 국가의 안보가 확보되고 국민의 생명과 재산이 지켜질 수 있다. 여기에 민주화 투쟁을 하다 국가 공권력에 의해 희생된 분들도 국가가 금전적 보상과 함께 명예를 부여한다. 헌법에 보장된 개인의 기본권이 국가에 의해 침해되었을 때, 국민이 이에 저항하는 것은 독일, 미국, 프랑스 등의 국가에서 헌법적 권리(저항권)로 인정하고 있다. 이렇게 영토, 국민의 생명과 재산, 그리고 헌법가치를 지키기 위해 피를 흘린 분들의 지분을 인정할 때 강하고 건전한 자유민주국가가 지속 가능할 수 있다.

땀의 지분은 주로 육체노동자에게 해당한다. 대표적으로 농사짓고, 공장에서 일하는 분들로 하루 일이 끝나면 육체적 피로감을 느끼는 노동자이다. 신분사회 전통 때문에 지금도 머리로 일하는 사람들에 비해 보수가 낮고 사회적 지위도 낮은 편이다. 특히 위계적 지위와 권위 구조가 강한 한국문화에서 이들은 낮은 금전적 보상에다가 서울대 청소노동자 사망 사건(2021. 6. 26)에서 보듯이 때로는 인격이나 인권 차원에서 부당한 대우를 받기도 한다. 언론에 가끔 보도되는 언어 폭력의 피해자들이기도 하다.

육체노동자에게 정당한 땀의 지분, 땀의 보상은 무엇인가? 첫째는 직업의 귀천을 따지지 않고, 누구나 자신과 동등한 인격체로 대우하는 것이다. 어떤 일을 해도 인격적으로 수치심과 비애감이 들지 않도록 대우하는 것이다. 돈을 더 주는 금전적 보상보다 더 중요하다. 미국 유학생과 교환교수 시절에 아파트 단지를 청소하는 고용인과 관리인 그리고 주민 간에 서로 격의 없이 대화하고 존중하는 모습이 인상적이었다. 각자가 맡은 일의 종류가 다를 뿐 기본적 인격체로 서로를 존중하고 있다는 느낌을 받았다. 수평적 개인주의 문화의 특성이기도 하다. 직업을 가지고 사회적 지위를 평가하고 줄 세우는 우리 사회의 위계적 권위주의 문화에서 극복해야 할 과제이다.

그 다음이 정당한 금전적 보상이다. 60~70년대처럼 인구가 많고 일자리를 원하는 구직자가 많은 노동시장에서 형성되는 노동자의 임금은 낮을 수밖에 없었다. 낮은 인건비로 제품의 생산 단가를 낮춰 수출 경쟁력을 키우던 시기였다.

하지만 현재 한국의 정규직의 임금 수준은 주요 선진국에 비해 높은 수준이다. 한국경영자총협회(경총)는 500인 이상 대기업의 월 평균 임금은 미국, 일본, 프랑스보다 13.5~48.6% 높은 수준이고, 1인당 GDP를 고려한 연간 평균 임금은 이들 국가보다 35.6~90.1%P 높다는 자료를 내놓았다.

문제는 대기업 평균 임금의 1/2 수준인 중소기업 노동자, 그리고 소상공인과 자영업자들이다. 앞의 경총 자료에 따르면 5~9인 사업장의 평균 임금을 100으로 하였을 때, 10~99인 사업장 평균 임금이 115.9, 대기업의 평균 임금은 199.1이다. 대기업 사원이 회사의 이익에 기여(투입)한 만큼 높은 임금으로 보상을 받는 것은 사원 개인 관점에서 공정하다. 중소기업 및 소상공업은 영업 이익이 적기 때문에 종업원 입장에서 투입 대비 산출로 보면 임금이 낮을 수밖에 없는 구조이다. 그런데 대기업 사원의 노동 질이나 양(量) 그리고 가치 창출이 이들보다 2배 차이가 나지 않는다면 중소기업이나 소상공업 근로자로서는 불공정하다고 말할 수 있다.

문재인 정부에서 이들의 노동조건을 개선하기 위해 최저임금을 인상하고 주 52시간 근무제를 도입하였다. 하지만 수지 타산을 맞추지 못하는 중소기업이나 소상공인들이 오히려 인력을 줄이는 역설적인 현상이 일어나고 있다. 특히 최저임금이 급격히 인상되다 보니 이를 대비하지 못한 사업장에서 많은 종업원이 직장과 소득을 잃게 되었다. 딜레마이다. 인위적으로 땀의 지분을 높게 인정하는 경우 중소 사업장과 자영업의 생태계가 무너지는 결과를 초래할 수 있기 때문이다.

중요한 것은 육체노동의 가치를 제대로 인정하는 사회적 공감대를 만드는 것이다. 우리 사회에 청소하는 분이 없다면 위생의 문제가 생길 것이고, 코로나 상황에서 감염의 위험을 감수하는 배달 기사가 없다면 많은 사람이 시장(마켓)에 나와 접촉하고 그만큼 감염의 위험이 커질 것이다. 차 배터리가 방전되고 냉장고 전기가 나갔는데 전문 기사의 출장 서비스가 신속하게 이루어지지 않는다면 생활이 얼마나 불편하겠는가? 이들이 고용된 직장의 영업이익에 기여하는 정도는 작을지 모르지만 사회의 보건위생과 개인의 편리한 생활에 기여하는 정도는 결코 가볍게 볼 일이 아니다. 그만큼 이들의 투입(노동)에 대해서 정당한 보상을 하는 것이 공정하다. 보상
의 1차 부담은 고용주이지
만 이들로부터 서비스를 받
는 소비자도 요금으로 부
담을 진다. 고용주는 최저
임금 인상을 어려워하니, 소
비자의 자발적 부담이 하
나의 대안이다. 물건값이나
서비스 요금을 올려 고용주가 배분하도록 하는 것이 아니라 소비자가 팁(tip)과
같은 형태로 땀의 지분을 보상하는 것도 하나의 방법이다.

　우리가 잠자고 휴식할 때 잠자지 않고 땀을 흘리는 사람들, 우리를 대신해
서 생명의 위험을 감수하고 우리에게 위생과 편의를 제공하는 사람들을 존중하
는 마음과 행동이 필요하다. 무엇보다도 이들은 우리의 형제이고 삼촌이고 조
카이고 아들딸들이다.

공정의 조건 2: 질과 양을 모두 주지 않는다

미국의 사립대학에서 동문 가족 우대 입학 등의 문제가 제기됨에도 불구하고 아직도 미국 대학의 전반적인 입시제도에 대한 공정성 시비가 크지 않은 데에는 명문 사립대학의 학생 규모가 작다는 점이 중요하게 작용한다. 탁월한 수학능력과 뛰어난 재능을 가진 학생이 몰리는 명문 대학이 양, 즉 학생의 규모까지 가져가지 않는다는 점이다. 〈표 6.1〉에서 본 것처럼 학생 수가 학년당 200여 명에 불과한 Cal Tech을 제외한 18개 사립대학의 학년당 평균 재학생은 1,800명 수준이고 미국 전체 학부 풀타임 재학생의 1.07%이다.

질과 양을 모두 가져가는 한국의 명문 대학들

우리나라 명문 대학의 재학생 규모를 보면 놀라운 사실이 발견된다. 중앙일보 2019년 대학평가(2020년 평가는 COVID-19로 생략)에서 10위까지의 대학 평균 재학생을 보면 학년당 3,400명이 넘는다. 신입생의 경우를 보면 입학 정원의 평균이 3,000명이 넘고, 입학 정원에 잡히지 않는 학생을 포함한 모집정원은 3,600명이 넘는다(〈표 6.5〉).

전국 대학의 입학 정원이 40만 명 정도이기 때문에 10개 대학이 전체 입학생 정원의 7.60% 정도를 차지한다. 재학생을 기준으로 하면 전국 168만 명의 9.30%를 점유한다. 입학생 정원이 5.5만 명을 넘는 방송통신대학교를 제외하면 입학생 비중은 8.80%, 재학생 비중은 9.96%로 올라간다. 상위 5개 대학으로 제한하더라도 전체 입학생 및 재학생(방통대를 제외) 중에서 차지하는 비중이 각각 4.69%와 4.72%이다. 상위권 명문 대학이 우수 학생을 차지하는 비중이 미국과 비교하면 월등하게 높다는 것을 알 수 있다. 한국에서는 명문 대학이 학생의

[표 6.5] 중앙일보 대학평가 상위 랭킹 종합대학교 학생 수 및 장학생(금)

2019년 기준

순위	대학	학부 신입생		학부 재학생		연간 등록금 (만 원)	장학금 수혜 인원**	장학생 비율 (%)***	성적 장학금 비율(%)	저소득층 장학금 비율(%)
		입학 정원	모집 정원	전체*	학년당					
1	서울대	3,130	3,428	15,010	3,752.5	601	16,239	41.9	13.3	5.6
2	성균관대	3,303	4,053	14,706	3,676.5	837	19,191	47.7	24.8	15.5
3	한양대	2,804	3,543	12,312	3,078.0	848	15,720	44.2	6.5	13.4
4	연세대	3,417	3,984	15,325	3,831.3	915	18,597	43.4	13.6	16.4
5	고려대	3,799	4,449	16,758	4,189.5	826	20,561	45.2	2.1	23.7
6	경희대	4,720	5,751	20,839	5,209.8	786	25,603	45.3	10.8	16.7
7	중앙대	3,150	3,987	14,411	3,602.8	788	18,147	44.9	16.8	18.7
8	서강대	1,574	1,898	6,657	1,664.3	795	8,207	43.0	3.7	26.7
9	이화여대	3,027	3,391	13,716	3,429.0	863	15,494	47.5	16.1	23.7
10	한양대 (ERICA)	1,822	2,272	7,683	1,920.8	843	8,840	39.0	9.5	12.7
평균		3,075	3,676	13,742	3,436.5	810	16,660			
점유율 (전체 대학생)		7.60%	7.69	9.30	–	–	–	–	–	–
점유율 (방통대 제외)		8.80%	8.77	9.96	–	–	–	–	–	–

* 1~4학년 재학생 수(휴학생, 학사학위취득 유예 학생 제외)
** 당해 연도 4월 1일(1학기), 10월 1일(2학기) 기준으로 재학생, 휴학생, 학사학위취득 유예 학생 중 교외 장학금
 (국가, 지방자치단체, 사설 및 기타)이나 교내 장학금(성적우수, 저소득층, 근로, 교직원, 기타)을 수혜한 인원
*** 장학생 비율={장학금 수혜 인원÷(재적학생수×2)}×100
 성적장학금 및 저소득층 장학금 비율은 전체 장학금 총액 중에서 차지하는 비중

질과 양을 모두 가져가는 것이다.

　명문 대학이 질과 양을 모두 가져갈 때 불공정의 문제는 한국인의 통합적 사고와 위계적 집단주의 문화에 의해 더욱 증폭된다. 통합적 사고 및 집단주의 특성으로 대학생 개개인의 능력이나 소질 또는 전공을 세분해서 평가하는 것이

아니라 어느 대학을 다니는지 또는 졸업했는지 대학의 서열과 브랜드를 중시한다. 부분(학과나 전공)은 전체(대학)에 의해 묻힌다. 개인의 전공이나 학과를 불문하고 대학 서열이 지배하는 것이다.

정부는 대학의 서열을 파괴하고 학문 분야별로 경쟁력을 갖도록 다양한 형태의 대학 특성화 사업을 추진해왔다. 하지만 정부에서 재정 지원이 이루어지는 동안은 장학금이나 연구비의 인센티브로 프로그램의 경쟁력을 유지하지만 지원이 멈추면 바로 경쟁력을 잃는다. 일반적인 관심은 전공보다 어느 대학 출신인가이다. 개인은 특정 분야에서 보여주는 능력이 아니라 출신 대학으로 평가받는다. 대학의 브랜드가 개인의 능력보다 우선하는 집단주의 특성은 대학의 서열을 더욱 수직적으로 계층화시킨다.

〈표 6.1〉의 미국 상위권 대학 SAT 점수 분포를 보면 평균 점수의 편차가 크지 않고 상위 25% 및 하위 25%의 점수대가 대학 간에 상당히 중첩된다. SAT 점수만으로 대학의 서열을 판단하기가 어렵다. 특히 대학원의 경우 전공별 랭킹은 대학 랭킹과 차이가 많이 나고 전공을 어느 대학에서 했는지에 관심을 갖는다. 한국의 대학 서열은 수험생과 학부모의 인식에 강하게 자리 잡고 있다. 중앙일보 대학평가에서 일부 서열 파괴의 현상이 보이지만 고정관념을 바꾸는 데는 한계가 있다. 그것도 전공에 상관없이 졸업 후 10년, 20년이 지나도 대학의 서열이 고정관념으로 남아있다.

또한 집단주의 문화에서는 규모(양)가 큰 것에서 오는 힘뿐만 아니라 구성원의 응집력이 중요한 파워를 형성한다. 동문 간 공유하는 정서와 끈끈한 의리 문화는 동문 밖의 일반인보다 특별하며 이들 간에 '특수한' 관계를 형성하여 대학교 졸업 후에도 서로 밀어주고 당겨주는 학연 중심의 연고주의가 작용한다. 대한민국 어디를 가도 명문 대학의 동문 파워가 형성되어 있고 도움을 받는다. 동문 네트워크 파워가 투입 요소로 작용하게 되면 본래 개인이 가진 능력이나 노력 이상의 보상이 이루어진다. 여기에 한국은 학벌주의에서 문제점으로 지적하였듯이 집단 브랜드의 유효 기간이 길다. 국적은 바꿔도 학적은 바꿀 수 없다는 말처럼 20세 이전에 결정된 대학이 평생에 걸쳐 영향을 미친다.

그 결과 고3 수험생과 학부모의 관심은 명문 대학, 적어도 인서울(in Seoul) 대학에 집중된다. 상위권 대학 간에는 더 우수한 학생을 유치하기 위한 치열한 경쟁을 벌인다. 모든 대학이 경쟁에서 이기겠다는 같은 목표를 가지고 있기 때문에 입시제도 또한 유사하다. 상위권 대학이 입시 시장에 미치는 영향력이 지대하다. 규모에 응집력이 가해진 집단의 힘 때문이다.

한편 2021 QS 세계대학평가 순위[5]에서 카이스트와 포스텍(포항공대)은 국내 2위와 5위를 기록했음에도 불구하고 입시 시장에 미치는 영향력은 크지 않다. 카이스트와 포항공대는 이공계 중심의 대학이라서 중앙일보 평가에는 빠졌지만 국내 어느 종합대학과 비교해도 경쟁력이 뒤처지지 않는 명문 대학이다. 그런데 언론, 학생, 학부모 중에서 이들 대학의 입시제도에 관심을 갖는 사람이 많지 않다. 이유는 간단하다. 카이스트와 포항공대의 모집정원은 각각 710명, 320명이다. 두 대학 정원을 합쳐도 서울 명문 사립대의 1/3이 되지 않는다. 이들 대학은 규모를 가지지 않았다. 졸업생이 사회에 진출해서 유지하는 동문 네트워크 파워가 약하다. 무임승차의 기회가 적고, 집단의 힘이 아니라 개인의 능력으로 승부해야 한다. 그래서 불공정 시비가 약하다. 이렇게 질과 양을 동시에 주지 않는 것이 불공정 시비를 줄이는 한 가지 방법이다.

질과 양의 차원에서 특목고·자사고는 어느 정도 균형을 이루고 있다. 20년 전만 하여도 외고, 과학고, 국제고 등 특목고가 지금처럼 많지 않을 때이다. 당시 대원외고를 비롯한 서울의 주요 외고 입학 정원이 400명을 넘었다. 사법고시 합격자의 상당한 비율을 차지했다. 질과 양을 함께 가져가는 문제가 있었다. 하지만 현재 특목고의 입학 정원은 모두 250명 이내이다. 일반고에서 자율형 사립고로 전환한 경우 400명 내외의 규모를 가진 고등학교가 일부 있지만 특목고보다 입학 성적은 낮다.

특목고와 자사고는 100곳 이상이 전국에 걸쳐 분포되어 있다. 학생 규모를 보면 2020년 4월 고1 재학생 기준으로 특목고의 비중은 5.0%이고 자사고는 5.8%이다. 몇 개의 고등학교가 질과 양을 함께 가져가는 구조가 아니다. 서울 소재의 소수 종합대학이 질과 양을 모두 가져가기 때문에 발생하는 불공정 문제를 고등학교에는 적용하기 어려운 이유이다. 그리고 모든 특목고와 자사고는 저소득층과 소수 집단의 자녀에게 정원의 20% 이상을 의무적으로 할당하고 있다. 그런 점에서 일부 시도 교육청에서 규정을 어겨가며[6] 자사고 지정을 취소하려는 시도는 과잉 대응이다. 질과 양의 측면에서 특목고·자사고는 상대적으로 명문대학과는 다르게 수월성을 추구하면서 저소득층을 포함한 다양한 계층에게 기회를 제공하는 것으로 평가할 수 있다.

질과 양의 시각으로 본 분야별 이슈

군의 위관급 장교 구성

한국에서 양과 질의 균형을 이루는 곳이 육군의 위관급 장교 구성이다. 육군사관학교 출신은 군인 정신이나 전문 군사 능력에서 우수하다 할 수 있지만 2021년도 소위로 임관한 장교는 264명으로 규모가 작다. 다음이 대학에서 2년 학업을 마친 후 입학(편입)하는 육군3사관학교 출신으로 483명이 임관하였다. 반면 종합대학의 재학생으로 대학에서 군사훈련을 받은 학군장교(ROTC)는 육사 출신의 13배 수준인 3,388명이 2021년에 소위로 임관하였다. 대학 졸업 후 16주 군사 교육과정을 마치고 임관하는 학사장교도 478명이었다. ROTC 및 학사 장교 출신의 일부는 장기복무로 전환함으로써 위관급 이상의 출신별 장교 구성이 상호 경쟁과 균형이 가능하게 되어 있다. 질과 양의 조화를 확인할 수 있다.

이때 문제가 될 수 있는 것이 응집력이 강한 조직 내부의 사조직이다. 대표적으로 김영삼 대통령에 의해 해체된 하나회이다. 소수이지만 질적 파워를 가진 엘리트 집단을 형성하여 군 내부에서 강력한 네트워크 파워를 행사했던 것으로 알려졌다. 당연히 회원이 아닌 육사 또는 비육사 출신에게 불공정을 초래한다. 권력의 비대칭 상태에 있는 소수가 결집하여 다수와 맞서거나, 힘없는 다수가 결집하여 소수의 권력층과 맞서는 것과는 성격이 다르다.

법원 사조직(연구모임)

연구모임에서 시작하여 점차 정치화된 사법부의 단체도 같은 맥락에서 불공정 시비가 일어나고 있다. 사법부의 엘리트 판사들이 주로 참여했던 민사판례연구회, 노무현 정부에서 사법부의 주요 보직에 등용된 우리법연구회가 대표적이다. 각각 보수 성향과 진보 성향으로 분류되는 이 두 단체는 모두 법원 내 하나회라는 사법부 내외의 비난을 받아왔다. 우리법연구회는 2010년에 해체된 후 2011년 국제인권법연구회로 재출발하였는데 이들 연구회 출신 판사들이 문재인 정부에서 대법관, 헌법재판소 재판관뿐만 아니라[7] "일선 법원 요직과 법관 대표회의(를) 독식(獨食)"함으로써 정치적 편향성이 제기된 것이다. 국제인권법연구회는 현재 460여 명의 회원 단체로 전체 판사 3,214명의 14%를 차지할 정도로 법원 내에서 질(핵심 보직)과 양을 모두 가진 집단이 되었다. 진보 성향의 이념을 공유하는 응집성까지 고려한다면 판결의 공정성이 문제가 될 수 있다. 판결의 공정성은 소속 집단의 영향이 아닌 개별 판사의 독립성이 핵심이다.

어떤 개인이나 조직이든 거대한 힘에 혼자서 맞서기가 불가능할 때 집단을 결성해서 규모의 힘으로 권익과 정의를 지키는 것이 정당화될 수 있다. 하지만 권력의 주체가 되었다면 조직을 해체하여 양을 버리거나, 규모를 확보했다면 질(권력)까지 차지하려는 욕망을 통제해야 한다. 그것이 건전한 견제와 균형을 통한 공정의 조건이다.

양대 노총

민노총·한노총 양대 노총도 양과 질의 측면에서 접근할 대상이다. 과거 정경 유착이 심했을 때는 절대적으로 노동자의 힘이 약했다. 노동조합을 결성해서 규모를 확보하고, 질에 해당하는 노동권을 확보할 필요가 있었다. 현재는 어떠한가? 규모의 힘으로 교섭력을 확보하고 있다. 양대 노총은 전국적으로 노조원을 동원하는 조직력까지 가지고 있다. 특히 기업별 노조 중심의 분권적 한노총과는 다르게 민노총은 산하에 언론노조·금속노조 등 중앙집권적 산별노조를 두고 있기 때문에 100만 이상의 규모뿐만 아니라 강력한 질적 파워(조직력)를 가지고 있다.[8] 민노총은 이제 양과 질을 모두 가진 강력한 거대 조직으로 어떤 대기업과의 협상에서도 힘의 비대칭적 지위를 확보하고 있다.

한편 소상공업 노동자 또는 비정규직 노동자는 노조가 없거나 노조의 결속력이 약한 반면, 대기업의 정규직 노조는 강력한 조직과 규모의 힘을 통해 권익을 확장하고 있다. 임금 교섭력을 통해 매년 임금 인상의 성과를 거둔다. 노조의 힘이 강한 대기업과 그렇지 못한 중소기업, 그리고 노동조합마저 없는 영세 소상공업 노동자의 임금 격차가 벌어지는 이유 중의 하나이다.

양대 노총은 규모와 조직력으로 전통적인 호봉제를 고수하면서 정부와 기업이 추진하는 직무급이나 성과급의 도입을 막아내고 있다. 이런 상황에서 문재인 정부의 국정과제인 노동이사제가 도입된다면 노조와 경영진 간의 생산적인 균형이 깨질 수 있다. 또한 비정규직과의 격차는 더욱 벌어질 가능성이 있다. 기업 차원의 노사 균형뿐만 아니라 정규직과 비정규직 간의 이중 구조를 더욱 악화시켜 공정의 가치에서 더욱 멀어질 수 있다. 공정의 차원에서 지금은 대기업 정규직보다 소상공업 등에서 비정규직으로 일하는 노동자의 권익을 향상시키는 것이 공정의 가치에 부합한다.

질과 양의 시각에서 본 국제관계: 질과 양을 모두 주면 안된다

질과 양의 차원에서 국제관계에 접근해보자, 대한민국의 생존에 직·간접으로 영향을 미치는 미국, 중국, 일본, 러시아를 보자. 모두 대한민국보다 영토가 넓고, 인구가 많고, 국내총생산(GDP) 규모가 크다. 양적인 측면에서 우리보다 앞선다. 강대국에 질적 파워까지 밀린다면 대한민국의 자주적 지위는 확보하기 어렵다. 이들 국가와의 관계에서 국익을 지키기가 힘들다. 국내에서의 불공정은 선거를 통해 정권에 책임을 묻고 시정을 기대할 수 있다. 하지만 국제 사회에서의 불공정은 불만의 차원이 아니라 굴욕의 차원이다. 힘을 기르는 것 이외에 다른 길이 없다. 양적이든 질적이든 힘이 약하면 강대국에 의존적일 수밖에 없고 치욕을 감수해야 한다는 것을 역사는 가르쳐 주고 있다.

질적 파워를 키운다

양적 파워의 열세를 극복하는 데 필요한 것이 질적 파워를 기르는 일이다. 무엇보다도 국민통합, 세계 시민의식, 첨단 과학기술 경쟁력, 외교 역량이 중요하다.

질적 파워를 키우는 가장 중요한 것은 국민통합이다. 숫자는 작지만 뭉치고 하나의 응집력을 가질 때 질적 파워가 생긴다. 우리 한국은 역사적으로 조선시대에 주화파와 척화파가 나뉘었고, 일제 강점기에는 친일파와 반일파가 갈리어 대립하였다. 현재도 친중과 반중, 친일과 반일의 대립이 남아 있고 여기에 친미 대 반미, 좌파 대 우파의 정치적 견해 차이가 더해져 국론이 여러 갈래로 분열되어 있다. 규모도 작은데 내부가 분열되어 있으니 힘을 쓰지 못하고 국가 자존감을 지키지 못한다. 이들 국가의 입장에서 한국은 대응하기가 쉬운 상대이다. 자국의 이익을 대변해주는 세력이 대한민국 내에 있기 때문이다. 국가 정체성과 국민 자존감을 하나의 목표로 국민의 힘을 합치고 통합해야 한다.

자유민주 체제의 대한민국에서 국민통합은 대한민국의 정체성과 헌법가치가 존중되는 한에는 개인의 자유가 최대한 허용되는 등 기본권이 보장되는 다양성의 통합이어야 한다. 따라서 국가 정체성과 무관한 성별, 세대, 지역, 또는 소수나 소외계층의 문제는 다양성의 시각에서 포용하여야 국민통합이 가능하다.

무엇보다도 국민통합은 국가권력의 강요나 언론을 동원한 선전 선동에 의한 획일화가 되어서는 안 된다. 그것은 공산 체제나 독재 정부에서 볼 수 있고 인권 차원에서 옳지 않으며 현대의 개방 사회에서 지속할 수도 없다. 국민통합은 선거 공학적 편 가르기가 아니라 대한민국의 큰 그릇에 소외되는 사람이 없도록 포용하는 리더십이어야 가능하다.

두 번째 질적 파워는 자유, 민주, 인권, 법치 등 인류의 보편적 가치를 존중하고 국제규범을 지키는 세계 시민의식에서 찾아야 한다. 우리나라는 광복 이후 짧은 역사이지만 헌법 질서를 파괴하는 권력에 맞서 민주화를 이룬 국가이다. 하지만 불완전하다. 586 운동권은 독재 권력에 효과적으로 맞서기 위해 일사불란하게 동원되는 권위적 조직이었다. 일부 주사파 운동권은 자유민주의 헌법가치를 부정하기도 하였다. 민주화에 기여했음에도 불구하고 이들의 민주화 방식이 민주적일 수 없었던 이유이다. 그러한 운동권 행태에 내재되어 있는 권위주의와 폐쇄적 조직 운영은 이들이 문재인 정권에서 국정운영의 주체가 된 이후에도 그 틀을 깨지 못하는 한계를 보여주었다.

운동권 출신으로 현재 586 운동권의 행태적 한계를 지적한 분이 국회 토론에서 한 이야기다. 운동권은 나이, 학번의 권위구조에 더해 이념을 학습하는 과정에서 멘토-멘티(mentor-mentee)의 특별한 관계로 맺어진 위계성이 가중되어 나타난다는 것이다. 이 때문에 운동권 시절의 권위구조가 워낙 강력해서 청와대에서의 선임행정관, 비서관, 수석 등의 직급 체계보다 상위에서 영향력을 갖는다는 지적이었다. 이제 저항적·반동적 차원의 민주화가 아니라, 민주 시민사회에서 존중되어야 할 인류의 보편적 가치로서, 자유, 민주, 인권, 법치, 나아가 환경과 생명의 가치를 적극적이고 주도적(proactive)으로 추구할 단계이다.

집단주의 문화에 익숙한 우리에게 자유, 민주, 인권 등의 가치를 스스로 내재화하기가 쉽지 않다. 이번 COVID-19 사태에서 마스크를 쓴다거나 개인정보를 적는다거나 백신을 맞는 것에 대하여 우리는 이를 수용하고 협조하였다. 하지만 미국이나 유럽 국가에서는 개인의 자유를 침해한다며 이에 저항하고 국가는 공권력으로 밀어붙이지 못하는 것을 보았다. 우리나라에서 만약 정부가 방역 조치를 강화하지 않거나 강력하게 단속하지 않으면 국가가 뭐 하느냐고 무능과 책임론을 들고 나왔을 것이다. 자유에 대한 인식의 차이가 크다는 것을 확인하였다.

정부의 개입이 아니라 국민 개개인이 자유와 인권을 추구하되 깨어 있는 시민의식에서 자신의 건강을 지키고 다른 사람에게 피해를 주지 않기 위해 자발적으로 협조하고 참여하는 태도일 때 국제사회는 한국을 다른 시각에서 인정할 것이다. 대한민국 국민이 모두 개인의 자유와 인권을 목숨과 바꿀 정도가 되면 그 자체로 국가안보는 보장되는 것이다. 아무리 우리나라보다 양적 파워가 강하다 하더라도 국가권력으로 개인의 자유와 인권을 통제해야 체제가 유지되는 국가라면 대한민국의 주권과 영토를 함부로 침해하지 못할 것이기 때문이다. 인류 보편의 가치를 내재화하는 것은 국가안보 차원에서 핵무기보다 더 센 그렇지만 착한 무기가 될 것이다.

무엇보다도 지금 대한민국은 글로벌 10위권의 경제 대국에 걸맞은 글로벌 사회의 문명국이 되어야 한다. 우리끼리 잘살겠다는 왜소한 국수주의적 사고에서 벗어나야 하고 자유, 민주, 인권, 법치의 기본 가치는 물론 기후, 기근, 질병 등 글로벌 문제를 함께 고민하고 해결하는 글로벌 선도국에 동참할 필요가 있다.

모든 사람이 최고의 피아니스트나 최고의 축구 선수가 될 수는 없다. 하지만 피아노나 축구를 배우려는 학생을 가르치는 학교 선생님도 필요하다. 대한민국은 아직 글로벌 시민사회의 최고는 아니지만 한국의 국가발전을 배우고 싶어 하는 많은 개발국가의 코치가 되어줄 수 있다. 코치는 발전 노하우뿐만 아니라 세계시민의식을 내재화하고 행동해야 한다. 인류 보편의 가치를 존중하고 국제규범을 지키면서 세계시민으로서 앞장설 때 한국은 규모가 큰 주변국도 갖지 못하는 글로벌 위상과 질적 파워를 갖게 될 것이다.

셋째, 첨단 과학기술 경쟁력은 현재 글로벌 시장에서 눈으로 확인할 수 있는 가장 확실한 질적 파워이다. 최근 미·중 간의 갈등 속에서 대한민국의 반도체기술 경쟁력은 국가의 자주적 지위와 경제 위상을 확인시켜 주는 계기가 되었다. 지금까지 한국은 미국, 일본, 유럽 등의 선진국에서 개발한 기술을 수입하거나 학습하여 소비자 맞춤형 제품을 신속하게 공급하는 것으로 경쟁력을 유지해왔다. 하지만 중국, 베트남, 인도네시아 등의 국가에서 비슷한 모방 전략을 채택하고 더 낮은 인건비로 제품을 공급하면서 한국은 경쟁 우위의 지위를 잃어가고 있다. 그래서 나온 전략이 추격자(fast-follower)에서 선도자(first-mover)로의 전략이다. 다행히 민간 기업의 과감한 투자로 다수의 산업에서 경쟁 우위를 확보·유지하고 있다. 반도체, 2차 전지, 수소차, 원자력 분야 등이다. 철강과 조선 산업은 중국의 추격을 받고 있지만 그래도 글로벌 경쟁력을 유지하는 상황이다.

하지만 4차 산업을 대표하는 AI, 블록체인, 자율주행, 로봇, 빅데이터, 메타버스, 바이오 등의 분야에서 미국은 물론 중국, 일본, 유럽 선진국에 뒤처지고 있다. 2019년 국회에서 규제 샌드박스 3법이 여야 합의로 통과되어 기존의 규제에 우선하여 새로운 기술이나 서비스를 시험할 수 있도록 허용한 것은 큰 성과이다. 하지만 아직도 각종 규제로 신산업 성장의 발목을 잡는다는 현장의 지적이 많다. 위기의식이 고조되고 있다. 더욱 혁신적인 규제개혁이 필요한 때이다.

기술 경쟁력은 대학 경쟁력과 직결되어 있다. 특히 명문 대학의 경우 학부생을 줄이고 대학원 중심 대학으로 과감하게 전환하여 연구개발 역량을 키울 필요가 있다. 현재는 모든 대학이 학부 교육에 중점을 두고 있어 규모의 R&D를 통한 혁신 기술력 확보에 어려움을 겪고 있다. 현재 고등학교에서 가장 우수한 학생들은 의대를 선호하는 현상이 심하다. 수학 능력이 탁월한 인력이 의대에 집중된 것이다. 이들 인력이 전문 의료인으로 의료 서비스에만 머무는 것이 아니라 바이오, 의료 공학 등 글로벌 경쟁력을 가지고 국부를 키울 수 있는 역할을 하도록 유도할 필요가 있다.

원자력 분야는 문재인 정부의 탈원전 정책으로 가장 큰 타격을 입었다. 세계를 선도하는 원자력 기술력이 정체되거나 후퇴할 위험에 놓여 있다. 신재생 에너지 비중을 높여 탄소 중립 사회로 나아가는 방향성은 세계적 추세이고 우리나라도 동참해야 한다. 하지만 신재생 에너지는 탄소 배출이 가장 심각한 화석연료를 이용한 발전소를 대체하는 것이 최우선 순위이지, 완공을 앞둔 원자력 발전소를 중단시키고 결과적으로 원자력 산업의 생태계를 붕괴시키는 것은 국가에 엄청난 사회적 비용을 초래하게 될 것이다.

마지막으로 외교 역량이다. 국제사회는 힘의 질서이다. 군사력, 경제력 등 양적 파워가 주권을 지킨다. 또 하나의 양적 파워가 국제기구에서 자국을 지지하는 국가의 수이다. 지지 국가를 확보하는 질적 파워는 외교 역량이다. 국제사회에서 대한민국에 우호적인 네트워크 파워를 키우는 외교 역량이 중요한 이유이다. 국제사회는 1국가 1표의 다수결 민주주의 원리가 지배한다. 올림픽 유치, 국제기구 고위직 진출, 국가 간 분쟁에 대한 판결 등에서 절대적으로 표가 중요하다.

한국의 외교는 지금까지 위계주의 성향이 강해 우리보다 강대국에 대한 외교에 국력을 집중하고 약소국에 대해서는 홀대하는 경향이 강했다. 역사적으로 대한민국의 생존은 강대국과 연합하거나 강대국의 지배에 저항하는 방식이었다. 약소국과 우호적 관계를 유지하는 것은 국가 생존과 직결된 것이 아니었다. 당연히 제국의 마인드는 존재하지 않는다. 그러다 보니 정상 외교이든 의원 외교이든 외교의 기본 철학과 원칙이 없고, 눈에 보이는 경제적 이익에 함몰되어 있다. 대통령이든 국회의원이든 선출직 공직자의 경우 언어는 물론 외교의 기본적인 의전(프로토콜)조차 익숙하지 않다. 국제무대에 나섰을 때의 핸디캡이다. 5년 단임 대통령제에서는 국가 원수의 지위에서 지속적인 친분을 유지하는 외교도 불가능하다. 국가 간 외교 관계가 악화되었을 때 이를 우회할 수 있는 공공외교 역량도 부족하다.

강대국의 의존성을 줄이려면 오히려 약소국이나 개발국가에 대한 외교력을 강화해야 한다. 대한민국의 영토는 작지만 대한민국에 우호적이고 대한민국을 배우고자 하는 국가를 많이 만들어 외교 영토를 넓혀야 한다. 현재 공무원이나 선출직 공직자에게서는 이런 마인드와 전문성을 찾아보기 힘들다. 이미 세계무대에서 경제 영토를 확보하고 확장해 나가고 있는 대기업의 전략을 배워야 한다. 삼성, SK, 현대, LG, 포스코, 롯데, 한화 등 이들 대기업 집단은 전 세계를 상대로 시장을 개척해왔다. 글로벌 비즈니스에서 제국의 경제 영토를 경험한 기업들이다. 이들 기업의 직원들은 이미 외국어는 물론 시장 개척이라는 제국의 확장적 마인드로 무장되어 있다. 국회의원으로 외국 출장을 나갔을 때 정부의 노력이 아니라 그 국가에 진출한 한국 기업의 브랜드 파워에 의해 국가의 위상이 결정되고 그에 따른 대우를 받는다는 것을 경험했다. 공직자도 강대국만을 바라보고 위축될 것이 아니라 당당한 대한민국의 위상을 가져야 한다. 다른 나라를 지배하는 제국의 마인드가 아니라 그 국가와 생산적 협력 관계를 유지하는 동반자의 마인드로 외교 영토를 확장시킬 필요가 있다.

그런 차원에서 우리나라의 새마을 운동과 전자정부 경험은 대한민국이 가지고 있는 아주 중요한 외교 자산이다. 개발도상국의 많은 국가들이 대한민국 성장 사례를 벤치마킹하고 도움을 청하고 있다. 우리나라는 현재 새마을운동 글로벌 리그(Samaul-undong Global League, SGL)라는 국제기구를 만들어 아프리카, 남미, 아시아 대륙 등에서 45개국이 회원국으로 참여하고 있다. 하나의 제국이다. 강대국이 약소국을 지배하는 전통적 의미의 통치 제국이 아니라 먼저 경험하고 성공을 확인한 지식을 개발국가와 공유하는 현대적 의미의 협력적 제국이다. SGL을 잘 유지하고 회원국 간에 협력을 하면 대한민국의 커다란 외교 자산이 될 것이다.

옆의 사진은 2021년 중국의 해외방송 CGTN(Chinese Global Television Network)을 보다 핸드폰으로 찍은 뉴스 화면이다. 자막을 보면 인도네시아 마을이 중국으로부터 영감을 얻어 자급자족의 운농을 펼치고 있다는 내용이 나온다. 중국이 어떻게 가난

을 극복했는지의 경험 사례를 인도네시아에 전파하고 있는 것이다. 한국의 새마을 운동은 1970년에 시작되었고 중국은 1992년 수교 이후 당 간부들을 새마을 중앙연수원에 보내 교육을 받도록 하였다. 중국이 한국에서 영감을 얻고 방법론을 배워 농촌의 가난 극복과 자급자족 운동을 전개한 것이다. 그런데 빈곤 탈출에 대한 중국의 경험이 개발국가에 전수되고 잘못하면 한국의 종주국 지위가 위험해질 상황이다.

인도네시아는 한국이 주도하는 SGL 정식 회원국이다. 새마을 운동을 정치적으로 해석하여 방치하는 순간 한국의 소중한 외교 자산이 국제무대에서 사라질 수 있다. 우물 안 개구리에서 벗어나 전 세계에 우호국을 많이 확보하고 유지하는 것이 국익을 키우고 강대국에 대한 의존도를 줄여 불공정하거나 억울한 대우를 받지 않는 길이다. 고종 황제의 밀사 이준 열사 일행이 네덜란드 헤이그의 만국회의 회의장에도 들어가지 못한 1907년 조선의 굴욕을 다시 당하지 않

으려면 말이다.

동맹을 통해 양적 파워를 키운다

대한민국의 양적 파워에 대한 핸디캡을 보강하는 방법은 현재로서 미국과의 안보 및 경제 동맹을 견고하게 유지·발전시키는 것이다. 주권국으로서의 국가 자존감을 혼자 힘으로 지킬 수 없을 때 동맹 관계를 활용하는 것은 가장 일반적인 외교안보 전략이다. 특히 안보에서는 동맹 관계를 통해 상호 군사력을 보강하고 있다. 한국은 광복 이후 UN군의 도움으로 6·25전쟁을 이겨냈고 이후 미국과의 동맹 관계를 통해 북한의 위협에 대응해 왔다. 북한의 핵무기 위협 상황에서 한국의 안보가 과거 어느 때보다 위중하다. 여기에 미·중 패권 경쟁이 격화되면서 한국의 전략적 포지셔닝을 두고 국내 정치세력이 분열되고 있다. 하지만 현재 한국은 지금까지 지켜온 한미동맹을 그대로 유지하는 것이 전략적 선택이다.

역사적으로, 문화적으로 한국은 중국과 분리하여 생각할 수 없을 정도로 가깝다. 중국을 여행하면서 느끼는 것은 이질감이 크지 않다는 것이다. 지금도 우리 이름을 한자로 표기할 정도로 중국의 영향은 언어에서부터 우리 생활에 이르기까지 깊숙이 스며들어 있다. 지리적으로도 가장 가깝다. 역사적으로, 문화적으로, 지리적으로 가깝게 지내지 않을 수 없는 관계이다.

그런데 광복 이후 한국은 미국과 더 밀접한 관계를 유지하여 왔다. 6·25 전쟁에서 미국은 한국을 도와 피를 흘렸고, 한국은 베트남 전쟁에서 미국을 도와 피를 흘렸다. 혈맹이다. 산업화의 마중물과 펌프질도 미국의 도움이 컸다. 지금도 군사동맹은 물론이고 연구개발 및 과학기술은 미국과 생태계를 공유하고 있다. 바이든 행정부 들어 반도체를 중심으로 한 기술동맹도 분명해지고 있다.

여기에 한국은 자유, 민주, 인권, 법치, 사유재산권을 보장하는 자유민주주의 정치 체제이다. 격동의 역사를 거치면서 지금 대한민국이 선진국 대열에 합류한 것도 단순히 경제 규모뿐만 아니라 이러한 문명의 가치를 공유했기 때문이다. 미국과의 동맹은 이렇게 안보뿐만 아니라 기술과 가치 차원으로 확대되어 있다.

무엇보다도 국제관계에서 가치를 공유한다는 것은 어떤 형태의 분쟁이 있더라도 분쟁을 해결하는 공통의 기준이 있다는 의미이기도 하다. 대화가 가능하고 타협이 가능하다. 한국이 미국에 의존적이고 미국의 압박에 자존감을 구길 때도 있지만 일방적인 압박은 통하지 않는다. 한국도 할 말을 하고 미국도 받아들일 것은 받아들이는 관계에서 주권국의 지위를 지켜왔다. 국가 간의 관계를 해결하는 가치 중심의 국제규범을 지키기 때문이다.

바로 이 맥락에서 한국은 중국과의 관계를 정상화하는 데 시간이 필요하다. 중국은 한국과 너무 다른 정치 체제를 유지하고 있다. 군사, 기술, 가치 모든 차원에서 상호 신뢰를 가지고 협력하기에는 분명히 한계가 있다. 광복 이후 양국 관계가 단절되었던 공백기, 성치 및 가치 체계의 차이, 중국과 북한의 혈맹 관계 때문에 생기는 거리감을 부정할 수 없다. 1992년 한중수교 이후 경제 분야를 중심으로 한 양국 간의 괄목할 만한 관계발전에도 불구하고 이 장벽을 극복하는 데는 상당한 시간이 필요할 것이다.

〈표 6.6〉은 국제기구에서 가장 최근(2020년 또는 2021년)에 발표한 법치주의, 민주주의, 인간 자유(human freedom), 그리고 경제 자유에 대한 평가 지수를 한국, 미국, 일본, 중국, 그리고 분야별 1위를 기록한 국가를 포함하여 정리한 것이다. 한국은 모든 지수에서 20위권이고 미국과 일본이 우리보다 약간 상위권을 기록하고 있다. 덴마크, 노르웨이, 뉴질랜드가 법치, 자유, 민주의 가치 측면에서 가장 모범적인 국가였고, 중국은 하위권 국가에 속한다. 표의 수치를 통해 중국과는 기본적으로 공유하는 가치의 공통분모가 작다는 것을 확인할 수 있다.

실제로 중국과 이익의 충돌이 생겼을 때 중국은 대화가 아니라 힘의 압박으로 해결한다는 것을 경험하였다. 대표적으로 1999년 마늘 파동과 2015년 사

[표 6.6] 법치·민주·자유 관련 주요 지수

국가	법치주의 지수[9]		민주주의 지수[10]		인간 자유 지수[11]		경제 자유 지수[12]	
	종합 점수	순위	종합 점수	순위	종합 점수	순위	종합 점수	순위
한국	0.72	21	8.01	23	8.27	26	74.0	24
미국	0.73	17	7.92	25	8.44	17	74.8	20
일본	0.78	15	8.13	21	8.49	11	74.1	23
중국	0.48	88	2.27	151	6.07	129	58.4	107
덴마크	0.90	1	9.15	7	8.73	4	77.8	11
노르웨이	0.89	2	9.81	1	8.45	15	73.4	28
뉴질랜드	0.83	7	9.25	4	8.87	1	83.9	2
싱가포르	0.79	12	6.03	74	7.77	28	89.7	1

드 배치 이후의 경제보복 조치이다. 중국은 핵심 이익을 주장하지, 핵심 가치를 말하지 않는다. 이익은 언제든 충돌 가능성이 있다. 충돌을 해결할 가치 기준이 없기 때문에 결국에는 힘으로 해결하려 한다. 현재는 한국 혼자서 중국이 압박하는 힘을 막아내기가 쉽지 않다. 자존감을 굽히는 수모를 경험할 수밖에 없다. 중국이 민주, 자유, 인권, 법치 등의 가치 차원에서 한국과 공유하는 정도가 비슷해지면 한국은 지리적으로, 역사적으로 중국과 다시 가까워질 수밖에 없다. 그런 변화가 오면 한국은 중국과 주권국으로서 대등한 동반자 관계가 가능할 것이다. 일단 그런 변화가 오기 전까지 한국의 전략적 선택은 군사, 기술, 가치 차원의 한미동맹이다.

미국과 중국의 차이

"미국은 어찌 보면 다소 점잖다 할까요. 힘으로 밀어붙이는 스타일이 아닙니다. 미국은 모두가 민주적이길 원하고 무리하게 강요하려 하지 않습니다. 반면 중국은 어느 나라가 민주적이냐 독재적이냐는 관심 없습니다. 중국이 원하는 것에 순응하기를 원할 뿐입니다."

리콴유의 눈으로 보았을 때 미국과 중국은 모두 군사력과 경제력이라는 힘을 바탕으로 자국의 이익을 중심에 놓고 세계 질서를 유지하려는 공통점이 있다고 본다. 다만 힘을 행사하는 방법이 미국은 합리적이고 그래서 순진하다면, 중국은 거칠고 감정적이다. 미국은 외국을 주권국가로서 국제 규범에 따라 대하지만 비정상국가에 대해서는 (아프가니스탄 사태에서 보는 것처럼) 자유, 민주, 인권 등의 절대가치를 과신하고 이들 국가의 역사적·종교적·문화적 특수성을 무시하는 과오를 범하고 있다고 본다. 중국은 어떤 가치나 제도를 다른 국가에 강요하지는 않지만 자국의 이익을 침해하는 국가에 대해서는 주권국으로서의 지위나 국제 규범을 무시한 채 힘으로 굴복시키는 패권국의 모습을 보인다는 점이다.

공정의 조건 3: 선택의 폭을 넓힌다

공정의 세 번째 조건은 선택의 기회를 다양하게 제공하는 것이다. 마치 여러 종류의 과일을 서로 다른 배합으로 섞어 과일 바구니를 만드는 것에 비유할수 있다. 한 종류의 과일로 채워진 바구니밖에 없고 그 중에 하나를 골라야 한다면 자신의 입맛을 무시한 강요된 선택이다. 다양한 과일 배합의 바구니 중에서 하나를 고르는 것이라면 자신의 기호에 따라 선택할 것이다. 사람들이 서로다르게 선택하더라도 비교하고 줄 세우기가 어렵다. 불공정 시비는 다양한 옵션 중에서 자신이 직접 선택하고, 또 서로 비교가 어려울수록 줄어든다.

대입시

다양한 선택권: 성적 · 학생수 · 등록금 · 장학금의 믹스(Mix)

다시 미국 대학의 사례를 보자. 〈표 6.1〉에서 대학 랭킹 19위까지 사립대학의 등록금은 평균 57,000불이 넘고, 주립대학의 평균 등록금은 다른 주 출신이 38,600불, 대학 소재 주민(州民)의 경우 13,350불 수준이다. 명문 사립대학을 갈수 있는 재력과 성적이 되더라도 생활비 포함 연간 1억 원 내외의 돈을 내고사립을 갈 것인지 아니면 현재 거주하고 있는 주의 주립대학을 갈 것인지 고민이 될 것이다. 선택의 옵션이 있다는 이야기이다. 명문대에 갈 실력은 되지만일부 학생은 주립대학을 선택할 것이다. 주립대학에 다니는 모든 학생이 명문사립대에 갈 실력이 안 된다고 단정하기 어렵다.

한편 명문대일수록 학비를 걱정하지 않아도 될 장학금 제도가 잘 되어 있다. 최상위 대학은 성적 장학금으로 우수 학생을 유치하지 않는다. 랭킹이 낮아질수록 성적우수장학금의 비중이 커진다. 돈 없어서 명문대에 못 갔다는 말도 나오기 어렵고, 랭킹이 떨어지는 대학을 갔다고 해서 실력이 안 돼서 그렇다고 단정 지을 수도 없다.

더구나 개성이 중시되는 개인주의 사회이기 때문에 자신의 선택 기준에 따라 주도적으로 대학과 전공을 결정한다. 전공 랭킹이나 교수진을 보고 대학을 고르기도 하고, 심지어 자신이 좋아하는 스포츠가 있는 경우에 스포츠 명문 대학을 선택하기도 한다.

다양한 기준을 가지고 선택하기 때문에 서로를 비교하기 곤란하고 공정의 이슈를 제기할 틈이 크지 않다. 한국의 대학은 어떠한가? 앞의 〈표 6.5〉에서 보듯이 우선 서울대학교의 경우 자타가 공인하는 대한민국 랭킹 1위 대학이고 등록금도 가장 저렴하다. 학생 수로 계산한 장학생 비율은 다른 대학에 비해 약간 낮지만 성적 우수 장학금의 비중은 전체 장학금의 13.3%로 다른 9개 대학 평균 12.3%보다 높고, 저소득층 장학금의 비중은 5.6%[13]로 가장 낮다. 서울대에 들어갈 실력이 되는데 굳이 다른 대학을 선택할 이유가 없다.

다른 사립대학의 경우 가장 큰 등록금 차이가 연간 130만 원 이내이다. 장학생 비율도 유사하다. 고려대와 서강대의 경우 성적 우수 장학금 비중은 낮고 저소득층 장학금의 비중이 높은 것이 특이한 정도이다. 하지만 고려대와 서강대도 입학생에 대한 성적우수장학금은 유지하고 있기 때문에 성적은 되는데 장학금을 보고 다른 대학을 선택하는 경우는 드물다고 보아야 한다.

결론적으로 한국 대학의 경우에는 성적 이외에 다른 요소를 고려해서 대학을 선택할 이유가 별로 없다. 또한 한양대 ERICA캠퍼스(경기 안산)를 제외하고 모두 서울에 위치하고 있다. 서울이라는 위치상의 메리트까지 있다. 최근 들어 취업이 힘들어지면서 일부 취업이 잘 되는 전공이나 학과를 대학 서열보다 우선해서 대학을 선택하는 학생이 증가하고 있다. 그런 식으로 대학의 서열이 약화되는 것은 바람직한 현상이다.

대학 선택의 폭을 넓히는 방법의 하나가 등록금 차등화이다. 서울대를 포함한 최상위 대학의 경우 질과 양을 동시에 주지 않는다는 원칙에 따라 학생 수를 줄이되, 그로 인한 등록금 수입 감소를 보전할 수 있도록 대학원 정원을 늘려 연구에 집중하는 대학원 중심 대학으로 전환하고 학부생 등록금 인상을 대학 자율에 맡기는 것이다.

서울대의 경우 2011년에 법인으로 전환하였기 때문에 국립대의 지위를 상실하였다. 국회 정찬민 의원실에서 제공한 자료(〈표 6.7〉)에 의하면 2020년도 서울대 신입생의 고소득층(9·10분위) 자녀 비율이 62.9%였다. 고소득층 자녀의 비중이 2017년부터 다른 대학에 비해 빠르게 증가하고 있다는 것을 알 수 있다. 고려대와 연세대를 포함시킨 SKY대학의 경우 고소득층 비중은 55.1%로 낮아지지만 非SKY 대학 25.6%의 2배 이상이다. 이들 대학 신입생의 50% 이상 되는

[표 6.7] 전국 대학 신입생 장학금 신청자 소득 구간 분석 　　　　　(단위: 명)

연도	장학금 신청자	서울대학교		SKY대학		非SKY	
2017년 1학기	9구간	332	11.5%	769	11.3%	27,465	7.6%
	10구간	924	32.0%	2,040	29.9%	37,452	10.3%
	9+10 합계	1,256	43.4%	2,809	41.1%	64,917	17.9%
2018년 1학기	9구간	276	17.3%	1,070	16.8%	49,842	12.9%
	10구간	487	30.5%	2,198	34.6%	43,948	11.4%
	9+10 합계	763	47.8%	3,268	51.4%	93,790	24.4%
2019년 1학기	9구간	348	17.9%	1,111	17.5%	50,462	13.0%
	10구간	794	40.8%	2,275	35.8%	43,930	11.3%
	9+10 합계	1,142	58.6%	3,386	53.3%	94,392	24.3%
2020년 1학기	9구간	378	18.2%	1,183	17.2%	53,935	13.4%
	10구간	928	44.7%	2,600	37.9%	49,077	12.2%
	9+10 합계	1,306	62.9%	3,783	55.1%	103,012	25.6%

가구는 등록금 인상을 부담할 경제력이 있다고 볼 수 있다. 더구나 서울대는 국립대가 아니기 때문에 국민의 세금으로 서울대생의 교육비를 지원할 명분과 논리도 약해졌다.

등록금은 실제 교육에 드는 비용을 수익자 부담 원칙에 따라 부과하는 것이 공정 원리이다. 교육을 공공재로 보아 등록금 전액을 지원하자는 일부 정치권의 주장도 있지만 고소득층 자녀의 명문 대학 진학률이 높은 현실에서 오히려 불공정하다. 지방의 시도에 소재한 국립대에 대한 지원을 강화해서 등록금 부담을 낮추고 성적 우수 학생에게 생활비 지원까지를 포함한 장학금 지원으로 지역 인재가 지역의 국립대학에 진학할 인센티브를 제공하는 것이 더 낫다. 우수 인력이 없는 도시에 우수 기업을 유치할 수 없고 도시 경쟁력을 확보할 수 없다. 광역시도에서는 자체의 재원으로 지역 소재 국립대학을 지원하는 경우 미국처럼 시도민에게는 능록금 차등 적용도 고려할 만하다.

정원을 줄이는 사립대학에 등록금 자율 결정의 재량을 주는 대신 미국의 사립대학처럼 입학생에 대한 장학금 지급의 최우선 순위를 성적이 아닌 재정 지원이 필요한 니즈(needs)에 둠으로써 돈이 입학의 장벽이 되지 않도록 해야 한다. 이렇게 하면 경제력이 있는 가정에서 학비를 더 내고 저소득층 가정일수록 학비를 덜 부담함으로써 대학 단위에서 자율적으로 소득 재배분 효과가 나타날 수 있다. 현재 한국에서는 고려대와 서강대에서 재학생에 대한 장학금 배분을 니즈 기준으로 하고 있다. 성적 우수 학생이 몰리는 서울대 등 명문 대학에서는 재학생보다도 신입생에 우선하여 니즈 기준을 적용할 필요가 있다. 이러한 접근은 단순한 저소득층 배려 차원을 넘어 존스 홉킨스 대학교 다니엘 총장이 말한 것처럼 학생 구성에서 소외되기 쉬운 저소득 계층을 포함하는 다양성 제고의 효과가 있다.

수능 횟수 확대

기회의 폭을 넓히는 또 하나 방법은 수능의 횟수를 늘리는 것이다. 단 1회의 시험으로 수험생의 평생에 영향을 미치는 대학이 결정되는 것은 불공정하다. 성공에서 능력 이외에 운의 요소를 배제할 수는 없다. 분명 운이 영향을 미친다. 아무리 명사수로 사냥을 잘해도 사냥을 나간 날 사냥감을 만나지 못하면 성과를 낼 수 없다. 운의 요소를 줄이고 실력을 제대로 평가받는 방법은 자주 사냥터에 나가는 것이다. 여러 명이 같은 사냥터에서 여러 번 사냥을 하면 운의 요소가 줄어들고 각자의 실력이 드러날 것이다. 그래서 1회의 수능으로 대학이 결정되는 것은 가혹하다. 운의 탓으로 돌리고 결과를 수용하기 힘든 수험생들이 많다. 그중에 일부는 1년을 기다려 다시 수능을 치르기도 하지만 사회적 손실이 너무 크다.

미국의 SAT 시험은 1년에 7번 실시된다. 시험 관리는 대학위원회(College Board)라는 비영리 민간단체에서 맡고 있다. 점수는 매회 난이도의 차이가 있을 수 있기 때문에 표준화 점수로 전환해 계산한다. 우리나라도 11월에 1회 실시하는 수능을 3회 정도로 늘리고 수험생이 원하는 일자에 원하는 횟수만큼 시험을 볼 수 있도록 선택의 폭을 늘릴 필요가 있다. 1회 시험으로 제한하는 현재는 문제의 난이도나 당일 수험생 몸 상태 등의 영향을 받기 때문에 학생이나 학부모 관점에서 자신의 실력을 모두 보여주지 못했다는 아쉬움, 그래서 불공정하다는 불만이 초래된다. 수능을 관리하는 행정상의 어려움이나 비용의 부담이 있지만, 그것은 수험생과 학부모가 겪는 긴장과 스트레스를 생각하면 정부가 충분히 감내할 일이다. 전 국민 기본소득이나 재난지원금을 주장할 것이 아니라 그런 데서 예산을 아껴 수능 횟수를 늘리는 데 배분하는 것이 국민의 행복 총량을 키우는 길이다.

취업 시장

성장 사다리: 중소기업과 대기업의 선순환 생태계

교육 다음으로 성장의 욕구, 성장의 기회를 충족시켜주어야 할 곳이 취업, 노동시장이다. 대학과 마찬가지로 한국에서 직장은 대기업 브랜드 영향이 강력하다. 삼성, SK, 현대, LG, 네이버, 카카오 등등 이름만 들어도 모두가 인정하는 좋은 직장이다. 연봉도 높고 복지도 좋고 신분도 안정적이다. 이직하더라도 경력 쌓는 데 도움이 된다. 많은 대학 졸업생의 로망이며, 무엇보다도 사람들로부터 인정받는다. 반면에 중소기업에 취직하면 회사 이름도 잘 모르고 연봉은 2019년 조사에서 대기업의 60% 수준으로 낮다.

그래도 2020년 설문조사에서 "'대기업 비정규직'과 '중소기업 정규직'으로 합격하였을 때 중소기업 정규직을 선택하겠다"라는 의견이 66.8%, "대기업 비정규직을 선택하겠다"라는 의견이 33.2%로 전자가 후자보다 2배 정도 높은 것으로 나왔다. 중소기업 정규직을 선택하는 이유로는 기업 인지도보다 안정적 고용을 중시한다는 의견이 67.1%(복수 응답)였다. 대기업 정규직과의 비교는 아니지만 중소기업 취업에 대한 긍정적 태도는 취업 시장의 큰 변화이다. 취업 시장의 성장 사다리는 대기업에서 먼저 시작해야 한다. 회사 차원의 공채 규모를 줄이고 부서별[14] 특채를 늘릴 필요가 있다. 공채는 시험 성적이 중요하지만 특채는 인턴이나 다른 조직에서의 경력이 중요하다.

물론 모든 기업이 공채를 버리고 부서별 특채로 전환하는 것은 불가능하다. 현재의 고용 방식과 보상 구조에서는 투자은행, 벤처기업 등에서 제한적으로 시행되고 있고 향후 공채 중심의 채용을 해오던 대기업부터 경력직 특채의 규모를 확대할 수 있을 것이다. 중요한 것은 방향성을 가지고 지금부터 준비하는 것이다. 준비 사항으로는 채용에서 보직 관리까지 직무분석을 하고 직무급을 도입하며, 현직자라 하더라도 순환보직의 범위를 제한하여 전문성을 강화해나 가야 한다. 부서장이 자주 바뀌는 한 주인의식을 가질 수 없고 리더십을 발휘할 수 없다.

특채의 대상은 중견 또는 중소기업의 근로자가 될 것이다. 이들 기업은 인재를 뺏긴다는 피해의식이 강하다. 하지만 취업포털 커리어 설문조사에서 첫 직장으로 중소기업 입사를 긍정적으로 생각하는 이유로서 "경력을 쌓는 것"이라는 응답(복수) 비율이 37.4%였고, 부정적으로 생각하는 이유로는 "더 좋은 기업으로 이직하기 어려울 것"이라는 비율이 33.7%로 나타났다. 따라서 중소기업에서 경력을 쌓고 대기업 등으로 옮기는 사례가 많이 나타날수록 중소기업의 인력 충원이 개선될 수 있다고 해석할 수 있다. 중소기업은 구인난을 겪다 보니 입사한 직원을 뺏기지 않으려고 애를 쓰지만, 오히려 인재를 키워 더 좋은 직장으로 진출하는 사례가 많아질수록 취업을 희망하는 구직자가 많아질 수 있다는 해석도 가능하다.

잡코리아가 인사채용담당자 211명을 대상으로 한 설문조사에서 중소기업의 구인난 이유로 지원자 자체가 별로 없다는 응답(중복)이 41.7%라는[15] 점도 현시점에서 중소기업이 선택할 채용 전략은 대기업 이직을 반대하는 것이 아니라 대기업 전직이 가능한 매력 있는 직장을 만드는 일일 것이다. 특채가 활성화된다는 것은 고용의 안정성이 떨어지는 우려의 시각으로 볼 수도 있지만 더 좋은 직장에서 일하고 싶은 개인의 성장 욕구를 충족시켜 주고 사회적으로 노동시장의 유연성을 높이는 긍정적인 효과가 있을 것이다.

이 경우 기업 간 공정성 차원에서 중소기업 등에서 업무 능력을 쌓은 경력직을 채용하는 대기업은 자체 교육훈련비가 절약되기 때문에, 선수 스카우트 시에 이적료를 지급하는 프로 구단의 방식을 배울 필요가 있다. 개별 기업을 직접 보상하는 것이 현실적으로 어렵다는 점을 생각하면, 대기업의 경력직 채용 규모에 따라 상생 차원의 중소기업 발전기금을 출연하는 것을 고려해 볼 만하다.

특별 채용: 자율과 책임 그리고 문지기 시스템

대입시에 비유하면, 공채는 수능을 중시하는 정시에 가깝고 특채는 학종을 중시하는 수시에 해당한다. 특채의 형평성 논란이 더 커질 수 있다. 그래서 이런 문제를 해결하는 제도적 장치가 함께 설계되어야 한다. 우리나라는 자율을 부여하면 이를 남용하여 부작용이 생기고, 그러면 부작용을 막기 위해 다시 규제하면서 성장기회를 막아버리는 악순환이 이어지고 있다. 자율－남용－규제의 악순환이다.

대학에서 학생 평가가 그렇다. 과거 학점 부여가 교수의 자율이었을 때, 평균학점(Grade Point Average, GPA)이 취업에 영향을 미치자 학점 인플레 현상이 나타났다. 학생들도 학점을 잘 주는 교수에게 몰렸다. 이를 차단하고자 상대평가가 도입되었다. 저자가 대학 기획조정처장을 할 때 총학생회가 대학 본부에 요구하는 것 중의 하나가 상대평가에서 A, B 학점의 비중을 다른 경쟁 대학 수준으로 높여 달라는 것이었다. 이런 학생의 요구로 다수의 대학에서 상대평가는 유지하되 A, B 학점의 비율 제한을 완화하였고, COVID－19 상황에서 더욱 느슨해졌다. 〈표 6.8〉을 보면 상대평가가 왜 필요했는지 이해도 된다. 학점이 '짠' 대학의 학생들이 보면 상대적으로 학점이 후한 것이 불공정하기 때문이다.

미국 대학의 예로 다시 돌아가 보자. 학점 평가야말로 대학교수가 포기할 수 없는 교수권이고 자존심이다. 교수마다 학점 분포의 편차가 있을 수밖에 없다. 미국 대학도 학점을 후하게 주는 교수가 있고, 학점에 예민한 학생들은 이들 교수의 과목을 선호해서 수강 경쟁을 벌이기도 한다. 취업할 때 높은 GPA로 유리할 수 있다. 하지만 미국의 취업·노동 시장에는 문지기(gatekeeper)가 곳곳에서 자격과 능력을 체크한다. 심지어 부모의 인맥으로 좋은 직장에 취업하더라도 우리나라처럼 공정 시비도 불거지지 않는데 다만 조건이 있다: '능력만 된다면.'

[표 6.8] 1학기 A 학점 비율

(단위: %, %포인트)

학교	2020년	2019년	증가(%P)
숙명여대	76.6	35.9	40.7
연세대	72.8	51.2	21.6
중앙대	72.1	40.4	31.7
이화여대	70.4	55.6	14.8
서울대	69.0	58.0	11.0
서울시립대	66.4	40.2	26.2
서강대	65.4	39.0	26.4
한국외대	63.0	33.0	30.0
고려대	61.1	50.7	10.4
경희대	60.0	36.7	23.3
한양대	47.1	42.2	4.9
성균관대	43.8	40.8	3.0

그 능력이 여러 곳에서 점검된다. 미국 기업에서 채용의 권한은 부서장 (manager)에게 위임된 경우가 많다. 부서별 책임 경영의 경우에 더욱 그렇다. 서류상 계약은 회사와 하지만 채용, 평가, 보상 등의 결정 권한은 부서장에게 있다. 객관적 자료인 대학의 학점을 보고 뽑든 추천인과의 특수한 관계를 배려해서 선발하든 중요한 것은 그들의 성과가 자신의 보상(연봉과 보너스)과 직결된다는 점이다. 새로 선발한 직원의 업무 능력이 낮은데 계속 함께 일하기는 어렵다. 부서장 자신과 다른 직원에게 불이익이 오기 때문이다.

부서장이 바뀌어 새 부서장이 온다면, 누구와의 특수 관계로 입사했는지는 더욱 고려 대상이 아니다. 자신과 부서의 성과에 도움이 되는지, 제 '몸값'을 하는지가 중요하다. 성과가 나지 않으면 연봉 인상이나 보너스를 기대할 수 없다. 더구나 동료와 비교하여 능력이 뒤처지면 스스로 버티지 못하고 자신의 능력을

> ### "그러니까 네 몸값을 해"
>
> **김은주(구글 수석 디자이너):** (구글의 자유로운 업무 환경에 대한 질문에 대하여) "만약에 그 사람이 회사에 나와서 일하는 것보다 집에서 일하는 게 성과가 극대화되는 사람이다 그러면 굳이 회사에 나올 이유가 없는 거지요."
>
> **유재석:** "아니 그럼에도 불구하고 뭔가 회사라면 목표가 있고 목표를 이뤄야 하고 그런데 그게 가능하다는 이야기입니까?…"
>
> **김은주:** "많은 분들이 자유롭고 자율적인 것만 부각해서 보시는데 자율이 주어진다는 것은 굉장히 무거운 책임감이 따른다는 뜻이에요. 쉬운 곳 아니에요. 쉽지 않아, 구글. 그 바닥은 뭐냐면 그러니까 네 몸값을 해 이거인 거지"
>
> 자료: TvN 유퀴즈, 제115화 지구촌 능력자들, 2021. 7. 17. 인터뷰 중에서.

인정받을 수 있는 곳으로 자리를 옮기게 되어 있다. 물론 능력이나 성과가 좋은데 그에 합당한 보상을 받지 못할 때 자신을 인정해주는 직장으로 옮기는 것도 당연하다. 한번 정도는 부풀린 학점이나 부모의 '빽'으로 좋은 직장에 취업할 수 있지만 역량이 안 되면 그 직장에 계속 남아있기가 어렵다. 미국 사회의 전반적인 평가와 보상의 생태계에 의해 공정의 제1원칙인 비례성이 충족되는 곳에서 균형을 이루게 된다. 그것이 개인주의 문화에서 중시되는 자존감을 지키는 길이기도 하다. 자율-평가-책임의 선순환 구조를 이룰 수 있는 조건이다.

우리나라에서 이런 선순환 구조가 불가능한 것은 채용한 부서나 사람이 채용한 사원에 대해 책임을 지지 않는 시스템이기 때문이다. 학과장 때의 경험이다. 지금은 학과 조교 구하기가 하늘의 별 따기이지만 1990년대만 해도 대학원생으로 학과 조교가 되는 것은 경제적 보상을 떠나(지금 생각하면 열정 페이 논란이 일었겠지만) 학과 교수들의 인정을 받는 명예에 해당했다. 학과 선배 교수가 부탁 겸 추천하는 학생이 있었다. 하지만 나에게는 내가 함께 일할 조교이기 때문에 학과 일에 도움이 되는지가 중요한 판단 기준이어서 정중히 거절한 적이 있다. 내가 함께 일하고 나의 성과에 영향을 미치는 경우라면 누구의 부탁을 들어주는 것도 한계가 있다.

한국에서 채용 비리의 원인은 한 번에 몇백 명씩 뽑는 공채 방식에 구조적으로 잠재되어 있다. 공채 방식에서는 인사부서가 채용을 주관한다. 채용 이후에는 부서에 발령이 나고, 신분이 보장되고, 호봉제로 매년 임금이 인상되고, 순환보직이 이루어지는 구조이다. 시험 중심의 공채에서는 실제 일을 하는 계선(line)상의 사업·정책 부서의 장이 개입할 여지가 별로 없다. 면접 단계에서 일부 참여할 수 있다. 특히 인사부서가 채용과 보직을 주관하다 보니 지원부서, 참모부서, 뒤에서 일하는 백오피스(back office)가 아니라 '끗발' 부서가 되는 기현상이 나타난다. 실제 전략을 짜고 사업을 하는 실행부서의 권한이 제한적이기 때문에 미국의 취업 생태계가 가지고 있는 사업본부에서의 문지기 역할을 기대할 수가 없다. 채용 과정에서 부정이나 도덕적 해이가 발생하는 요인이다.

그렇기 때문에 "한번의 취업 특혜는 영원하다." 채용 심사에 참가한 평가자가 '재량의 범위에서' 청탁을 받은 특정 지원자에게 혜택을 주는 한에는 누구도 책임을 묻기가 쉽지 않다. 오히려 청탁을 들어주었으니 대가(代價)를 받을 수 있다. 상사의 부탁이었다면 승진이나 영전 등의 보상을 받게 될 것이다.

경제학의 주인-대리인 이론에서 주장하는 도덕적 해이가 발생하는 것이다. 회사의 주인(주주)을 대신해서 일하는 전문 경영인이 실제 주인의 이익보다 자신의 이익을 극대화하는 행태를 지적한 이론이다. 한국에서는 채용할 때 한 번 혜택을 주고 나면 그 사람의 능력이나 성과에 상관없이 혜택(승진과 보수인상)이 지속되고 이후 아무도 책임을 지지 않는다. 이러한 도덕적 해이와 불공정을 차단하려면 대리인이 아니라 주인으로서 책임을 지도록 해야 한다. 그렇다면 자기 일이고 자기 성과에 직접 영향을 주기 때문에 책임 있는 결정을 할 수밖에 없다. 그것이 부서장 책임하의 부서별 채용이다. 그것이 가능하게 하려면 부서장 이상 임원급부터는 충분한 임기와 자율을 보장하고 결과에 대한 책임을 묻는 방식으로 전환되어야 한다.

　전문 경영인이든 부서장이든 충분히 긴 임기가 보장되어야 책임성을 확보할 수 있다. 1~2년 있다가 자리를 떠난다면 객(客)이지 주인이 아니다. 책임성이 떨어질 수밖에 없다. 사람을 뽑고 그 결과에 책임을 지지 않으니 능력이 아닌 청탁이 통하는 것이다. 한국에서 행정부, 법원, 기업, 대학 등 모든 기관의 장이나 임원의 임기가 짧다. 장기 비전과 정책의 일관성을 가질 수 없고, 채용의 자율과 책임성을 확보할 수 없다. 이제 책임성과 성과 측면에서 공공 및 민간부문의 기관장과 임원의 임기를 다시 생각할 필요가 있다.

경험칙: 임기와 지위의 관계에서 오는 리더십 효과

　성대에서의 경험이다. 총장이 승진이나 재임용의 연구업적 기준을 강화하는 등의 개혁을 추진하면서 교수들이 불만을 갖기 시작하였다. 특히 과거에는 교수 채용에서 학과 의견이 절대적이었는데, 이제 대학 인사위원회에서 교수의 업적을 꼼꼼히 확인하였다. 대학평가에서 연구업적의 비중이 커지면서, 학과에서 결정한 후보보다 더 우수한 연구업적을 가진 후보자가 탈락한 경우에 위원회는 이에 대한 소명을 학과에 요구하고 설득이 되지 않을 때는 채용이 무산되었다.

　논문 편수의 양적인 것보다 질적인 평가를 중시하던 인문대 교수 중심으로 불만이 컸다. 총장 임기 3년 차까지 불만이 고조되었다. 4년 차가 되니까 불만을 가지던 상당수 구성원이 이제 1년만 참고 다음 총장한테 기대하자는 자세로 바뀌었다. 그런데 총장이 학교 역사상 처음으로 연임된 것이다. 그동안 신규로 임용된 교수들의 업적이 대학평가에서 진가를 발휘하였고, 승진이나 재임용 시의 연구업적 요건을 강화하는 대신 업적이 좋은 교수는 연공서열에 상관없이 승진 기간 단축 및 연구비 인센티브가 주어지면서 이들이 개혁의 지원군이 되었다. 지금까지 학과에서 무게감을 가지고 의견을 내던 중진 교수들은 이제 50대 후반에서 60대로 들어서면서 목소리를 낮추기 시작하였다. 2000년대 대학 교육개혁을 앞서 나갔던 성대 개혁은 총장의 개혁의지와 비전에 더하여 8년간 재임하였기 때문에 가능했다.

공기업 기관장의 리더십이 자리 잡지 못하는 것은 2년 임기에 잘하면 1년 연장되는 짧은 임기가 하나의 원인이다. 취임하자마자 새로운 변화를 시도하지만 빈번히 노조의 반대에 부딪히고 그러다 1년 지나면 개혁의 동력을 잃는다. 기관장은 2~3년 주기로 왔다 떠나는 객이고 조직의 주인은 25년 내외 근무하는 직원이다. 특히 노조는 민노총이나 한노총의 영향을 받아 강력한 조직력을 가진 지도부를 구성하고 있다. 주인의 역할을 할 수 있다.

대학도 마찬가지이다. 일반 교수는 25년 내외의 안정적인 신분을 유지하는 반면 총장은 4년 있다 떠난다. 교수가 주인이다. 대학의 본부 보직자는 보통 2년 임기이다. 2년 후에 떠나는 객이고 함께 일하는 행정직원은 길게는 20년 이상 그 자리를 지켜왔거나 지킬 사람들이다. 보직자보다 행정직원이 주인이다.

기관장이나 지도부의 임기가 구성원의 재직 기간보다 짧으면 리더십을 확고하게 세우기 힘든 이유이다. 지위는 높지만 재임 기간이 길어야 1~4년으로 구성원보다 절대적으로 짧은 경우 리더십의 효과가 나오기 힘들다. 관리자로 있다 떠날 뿐이다. 개혁에 반대하는 경우 길게는 4년만 버티면 되기 때문이다. 대학, 공기업 등 모든 기관에서 리더의 임기를 다시 생각해야 한다.

반면 참모나 임원보다 임기가 더 길고 높은 자리에 있는 임명권자의 리더십은 절대적이다. 대통령과 비서실 참모, 대통령과 장·차관 정무직의 관계가 그렇다. 대통령 임기는 5년이고 참모나 장·차관의 임기는 보장된 것이 없다. 대학 총장과 처실장, 공기업 사장과 임원, 오너 회장과 전문 경영인의 관계도 마찬가지이다. 대통령, 총장, 공기업 사장이 임기가 보장된 구성원과의 관계에서는 리더십의 한계가 있지만, 그들이 임명한 참모와의 관계에서는 절대적으로 우월적 지위에 있다. 이 경우에는 임기와 지위의 상승 작용이 나타나 최고 중심의 위계적 권위가 확실하게 확립된다. 참모가 임명권자의 뜻에 반대되는 충언을 하기가 어렵고 임명권자는 원하는 것을 강행할 조건이 충족된다. 그래서 과잉 충성이 나타나기 쉬운 구조이다. 리더의 자제력과 역량이 뒷받침되지 않으면 조직은 오히려 퇴보하기 쉽다.

미주

1 캘리포니아, 매사추세츠, 뉴욕, 일리노이.

2 학벌의 시효와 같은 맥락에서 공정성 문제를 제기할 수 있는 것이 공직에서의 고시 출신 우대이다. 7급, 9급 공채에 비해 어린 나이에 책임 있는 일을 맡아 경험하면서 능력개발의 기회를 얻고 결과적으로 실제 직무수행능력이 우수한 점도 인정하지만, 공직에서 일단 고시출신이라고 하면 공직을 떠날 때까지 보이지 않는 어드밴티지 를 가지는 것이 사실이다.

3 불법 또는 부당한 방식으로 논문 게재, 인턴 기회 등의 스펙을 부풀린 학생의 부모 는 전직 장관, 교수 등 그런 영향력을 가진 사회의 지도층 인사들이다. 사회 지도층 에게는 보다 엄격한 도덕성이 요구되는데, 수험생과 학부모를 포함한 많은 국민이 분노하는 이유는 오히려 이들이 보통 사람들의 상식 수준에도 미치지 못했다는 데 있다.

4 3년 미만의 무기직에 대해서는 한시적으로 7급보를 부여하고 근무 기간이 3년을 경과하면 직무교육과 역량평가를 통해 7급으로 전환을 약속하였다.

5 100위 안에 서울대(36위), 카이스트(41위), 고려대(74위), 연세대(79위), 포스텍(81위), 성균관대(97위)가 포함되었다(QS Top Universities, QS World University Rankings, 2021. 6. 26, https://www.topuniversities.com/qs−world−university−rankings).

6 전북 교육청이 도내 상산고에 대한 자사고 지정 취소 요구에 대하여 교육부는 규정 위반으로 부동의 결정을 하였다(연합뉴스TV, 상산고, 자사고 지위 유지 … 교육부, 지정취소 '부동의', 2019. 7. 26).

7 김명수 대법원장, 유남석 헌법재판소장, 노정희 중앙선거관리위원장(대법관)이 모 두 우리법연구회 출신이다. 대법원에는 대법원장 외 박정화·노정희·이홍구·김상

환 대법관이 우리법연구회 또는 국제인권법연구회에서 활동하였다. 헌법재판소의 경우 재판소장 외 문형배 재판관이 우리법연구회, 그리고 김기영·이미선 재판관이 국제인권법연구회 출신이다(시사저널, 김명수 체제의 기울어진 대법관들, 1636호, 2021. 2. 22).

8 민노총 산하 금속노조 등 산별노조가 사용자단체에게 산별교섭(집단교섭)을 요구하더라도 개별사업자는 회사의 근로조건 차이를 이유로 이를 거부하고 개별교섭을 주장할 수 있다(노조 01254－481, 2000. 6. 13).

9 Heritage Foundation, 2021 Index of Economic Freedom, https://www.heritage.org/index/ranking. 조사 대상 국가는 178개이며, 하위 구성요소는 법치, 정부 규모, 규제 효율성, 시장 개방성이다.

10 Ian Vásquez and Fred McMahon, The Human Freedom Index 2020, Cato Institute and Fraser Institute, 2020. 조사 대상 국가는 162개이며, 하위 구성요소는 개인적 자유, 경제적 자유이다.

11 The Economist Intelligence Unit, Democracy Index 2020: In sickness and in health? 2021. 조사 대상 국가는 168개이며, 하위 구성요소는 선거과정과 포퓰리즘, 정부운영, 정치참여, 정치문화, 시민자유이다.

12 World Justice Project, Rule of Law Index® 2020. 조사 대상 국가는 128개이며, 하위 구성요소는 법적 책임성, 법 정의, 정부 투명성 분쟁 해결의 공정성이다.

13 〈표 6.7〉에서 보는 것처럼 고소득층 자녀의 비중이 높기 때문이다.

14 부서의 용어를 썼지만 구체적 범위는 조직의 규모에 따라 본부나 팀 등으로 다양할 것이다.

15 YTN, 기업 10곳 중 6곳 "인력 채용에 어려움 겪는다," 2021. 5. 27. 채용이 어려운 요인으로는 "연봉 눈높이를 맞추는 것"이라는 응답이 43.7%로 가장 높았다.

7

대한민국, 시대정신, 그리고 개혁

다양성과 시민의식

다양성과 시민의식

　한국은 가부장적 전통에서 역사적으로 불리한 지위에 있었던 계층, 특히 여성에 대한 차별금지와 우대정책을 공공부문 중심으로 추진해오고 있다. 하지만 아직도 위계적 권위주의 관성이 강하게 남아있어 법의 준수라는 소극적 차원에서 대응하고 있다. 특히 과거의 불평등 구조를 바꾸는 과정에서 청년 남성의 강한 반발에 부딪히고 있다.

　우리는 산업화, 민주화의 반응적·반동적 대응의 부작용을 경험하였다. 차별금지와 우대정책의 추진도 소외계층과 사회적 약자의 분노를 결집하고 그 힘을 빌려 변화를 끌어내는 방식은 더 큰 반발을 일으킬 위험성이 있다. 힘의 대결, 혐오와 반감이 아니라 우리가 지향해야 할 가치를 분명히 세우고 공감을 얻는 긍정적·적극적 대응이 필요하다. 그 궁극적 가치는 다양성을 인정하고 포용해서 통합의 사회를 만드는 것이다. 다양성과 포용의 사회로 전환하는 과정에서 각자도생의 혼란이 아니라 통합으로 나아가는 데 필요한 시대정신이 시민의식이다.

다양성의 출발: 차별금지와 우대정책

　미국을 포함해서 우리가 선진국으로 인정하고 수평적 사회로 알고 있는 국가들도 실제로는 오랜 기간 남성 중심의 가부장적 문화가 지배하였다. 이에 반해 여성의 사회 활동과 참여는 제한적이었다. 미국은 1920년에 여성의 참정권이 보장되었고 프랑스는 여성의 투표권이 1946년에야 헌법으로 보장되었을 정도로 서양도 남성 중심의 사회였다. 이러한 역사적 배경과 사회 구조 안에서 능력주의가 지속될 때 가장 큰 비판은 고소득·고학력의 배경을 가진 집안의 남성이 더 좋은 여건에서 교육을 받고 다시 사회의 엘리트 계층을 형성하는 대물림과 계층화의 문제이다.

　특히 미국의 경우 건국 이후 누적된 백인 남성 중심의 사회 구조 때문에 사회 참여와 활동이 제한되었던 여성과 아프리카계 민족 출신이 대학 진학, 공직 진출, 민간기업 채용이나 승진의 기회에서 상대적으로 불리할 수밖에 없었다. 이들이 요구한 최소한의 조건은 사회에서 차별받지 않고 평등하게 대우받는 것이었다. 차별금지에 대한 사회적 공감은 처음에는 입시나 채용의 단계에서 시작하여 이후 승진과 보수로 점차 확대되어 갔다.

　차별금지보다 더 강력한 우대정책에 대한 설득 논리는 공직자 선발과 관련하여 제시되었다. 공무원의 인적 구성이 특정 집단이나 계층에 편향된 경우 그들의 사회적 배경에 의해 국가의 자원 배분이 구조적으로 왜곡될 수 있다는 지적이다. 자신과 출신배경이 다른 집단이나 계층의 시각을 가지고 균형 있게 정책을 결정하는 데 한계가 있다는 것이다. 그래서 등장한 개념이 대표관료제(representative bureaucracy)이다. 대표관료제는 대표성이 중요한 의회의 선출직 공직자처럼, 사회를 구성하는 다양한 집단이나 계층의 사람이 행정부에 진입하여 그들의 이익을 직접 대변할 수 있어야 한다는 논리이다. 행정부의 공무원 구성도 사회의 다양한 인구통계학적 특성과 유사하게 구성하는 것이 필요하다는 주장이다.

하지만 대표관료제를 실제로 구현하는 방법은 쉽지 않다. 미국의 경우 입학이나 채용에서 차별금지의 수준을 넘어 소수 계층을 우대하는 조치는 케네디 행정부 이후 연방정부 및 일부 주정부에서 도입하였다. 하지만 미국 대법원 판례를 보면 대학이 학생 구성의 다양성 차원에서 지원자 평가 요소의 하나로 학내 대표성이 낮은 소수계를 우대하는 것은 합헌이지만,[1] 그 이상 특정 계층에게 일률적으로 가점을 부여하는 방식의 입학제도는 위헌이라고 판결하였다. 이 판결 이후 우대 조치의 가장 강력한 수단이었던 할당제는 힘을 잃은 상태이다.

미국 사립대 우대(기부금) 입학제도[2, 3]

소수 계층에 대한 우대 입학과는 정반대로 미국 사립대학의 입시에서 논란이 되는 것은 고소득 가정의 백인 자녀에게 유리한 동문 가족(자녀, 친척) 우대 입학제도이다. 주로 아이비리그(ivy league) 등 명문 사립대학의 오랜 전통이고 현재까지 유지되고 있다. 여기에는 동문의 모교에 대한 기부금이 중요한 역할을 한다. 사립대학의 입시 제도 자율성, 대학 재정의 건전성 확보, 그리고 저소득 계층 학생에게 장학금으로 환원하는 등의 논리로 불공정 시비를 피해 왔지만 논란이 계속되고 있다. 동문 가족 우대제도로 대학을 지원하는 경우 합격 가능성이 일반 학생보다 3.13배 높을 정도로, 능력 중심의 입시 공정성을 훼손시키는 것이 문제이다. 특히 우대 입학제도로 합격한 백인 학생의 비율이 아시아계나 아프리카계 학생보다 높아 차별의 문제점을 지적하기도 한다.

제6장 〈표 6.1〉의 명문 대학 중에서는 MIT와 Cal Tech이 동문 가족 우대 입학제도를 두지 않고 있으며 최근에는 2014년에 존스 홉킨스대학이 이 제도를 종료시켰다. 존스 홉킨스대 다니엘 총장은 2009년 취임 당시 합격생 8명 중 1명이 동문과 친척 관계였다고 밝히면서, 부자와 고학력 백인 가문에게 혜택이 돌아간다는 사실을 인정

하였다. 그는 제도를 폐지한 이후의 성과에 대해 뛰어난 재능을 가진 학생들을 더 많이 유치할 수 있었고, 재학생의 구성에서 소수계의 비중을 10%P 높이는 데 기여했다고 주장했다. 단순히 불공정을 바로잡는다는 소극적이고 방어적인 태도가 아니라, 재능 있는 학생 유치와 학생 구성의 다양성 제고라는 적극적인 자세가 인상적이다. 우리나라에서 대학 재정을 확충하려는 의도로 기부금 입학제도 도입을 주장하기도 하는데 철학적 논리가 빈약하다. 당연히 공정의 시비를 극복하기 어려운 상황이다.

차별금지와 다르게 우대정책에 대한 논란은 대상을 누구로 하든 쉽게 결론을 내릴 수 없다. 우대정책을 찬성하는 측에서는 현재에도 남아있는 차별의 시정은 물론 역사적으로 불이익을 받아온 것을 바로 잡기 위해서 할당제를 포함한 적극적 우대정책이 필요하다고 주장한다.

반면 가장 강력한 반대 논리는 역차별이다. 합격이나 승진을 시킬 수 있는 자리는 제한되어 있는데 특정 계층을 우대함으로써 성적이 우수한데도 불구하고 불이익(불합격)을 받는 사람이 나오게 되고, 그들은 과거의 잘못에 대한 책임을 왜 자신들이 져야 하느냐는 주장을 한다. 할당제를 포함한 우대 조치에 대한 이런 시각 차이는 한국에서도 적용된다.

공직에서의 채용목표제

단일 민족 국가인 우리나라는 인종 차별의 문제는 없지만 남성 중심의 가부장적 전통이 강했기 때문에 여성의 사회 진출 기회가 제한적이었다. 특히 자녀를 모두 대학에 보낼 경제적 여력이 없었던 1980년대까지만 해도 전통적으로 딸보다는 아들에게 우선 대학 진학의 기회가 주어졌다. 그 결과 공직뿐만 아니라 민간기업에서의 성비 구성도 남성이 절대적으로 우위에 있었다. 김영삼 정부는 공직에서의 성비 불균형을 개선하기 위하여 1996년 공무원 채용에서 여성

할당제를 처음 도입하였다.

베이비 부머 세대부터는 자녀 수가 2명 이하로 줄어들면서 남녀 구분 없이 대학에 진학하는 비중이 높아졌고 여성의 사회 진출도 확대되기 시작하였다. 특히 2009년에는 대학 진학률에서 여학생이 남학생을 처음으로 앞섰고 2012년 이후부터는 여학생이 남학생보다 5%P 이상을 계속 앞서고 있다. 공무원의 일부 직급이나 교원 채용시험에서는 남성 합격자 비중이 절대적으로 낮은 상황이 되었다. 이러한 변화를 반영하여 현재는 양성평등 채용목표제로 용어를 바꾸고 어느 한 성이 30%에 미달하는 경우 추가 합격자를 선정하여 30% 기준을 맞추고 있다.

2021년도 국가공무원 9급 공개경쟁채용 필기시험 합격자 통계를 보면 여성이 53.6%로 남성 46.4%보다 높았고, 일부 모집 단위에서는 성비 편중이 심해 양성평등 채용목표제의 적용을 받은 합격자가 남성 79명, 여성 22명이 나왔다. 한편 국가공무원 7급과 5급 공채의 경우에는 여성 비율이 각각 41.5%와 36.1%로 남성보다 낮았다. 모집 단위별 양성평등 채용목표제의 적용을 받아 추가 합격한 인원은 7급은 11명이 모두 여성이었고 5급은 여성 4명, 남성 3명이었다.

공무원 채용의 경우 성별 이외에 공직 구성의 대표성과 다양성을 높이기 위해 출신 지역, 장애인, 이공계 전공자, 그리고 저소득층에 대한 채용 우대정책을 시행하고 있다. 예를 들어 지역 우대의 경우, 서울 외의 지역 소재 학교 출신을 우대하는 지방인재 채용목표제와 대학 소재와 관계없이 지역 출신만을 대상으로 하는 7·9급 지역인재 추천채용제가 있다. 할당제에 준하는 적극적인 우대정책이라 할 수 있지만 그 비중이 작고 사회통합의 차원에서 수용되고 있는 것으로 이해할 수 있다.

정치권에서의 우대정책: 탕평인사, 할당제 또는 우선 공천

신규 채용이 아니라 정치적으로 대표성이 요구되는 고위직의 경우에는 실적주의, 능력주의 논란으로부터 자유로운 편이다. 인사 정책적 타당성보다 정치적 타당성을 훨씬 중요하게 보기 때문이다. 특히 우리나라는 집단주의의 한 형태인 지역 연고주의가 강하고 그로 인한 지역 차별에 대해 국민 정서가 민감하다. 따라서 고위직의 출신 지역 안배는 오히려 정치적 지지를 받는 것이 현실이고, 대통령이 장관을 포함한 고위직 인사를 할 때는 정치적 지지를 얻기 위해 지역 안배, 소위 탕평인사를 중요하게 고려하고 있다.

특히 여성의 정치권 진출은 취업 등의 일반 사회 진출보다도 장벽이 높았다. 한국만이 아니라 전 세계적으로 그랬다. 자원 배분의 결정권을 가진 의회의 진출에 여성은 그만큼 핸디캡을 가지고 있었다. 이런 역사적 배경과 사회 구조적 불균형을 바로잡기 위하여 많은 선진국이 의회 진출에서 여성을 우대하는 할당제를 도입하였다. 여성의 대표성을 높이는 것은 유럽에서 성평등 지수(Gender Equality Index)를, 유엔개발계획(UNDP)에서는 성불평등지수(Gender Inequality Index)를 만들어 관리할 정도로 세계적인 흐름이 되었다. 한국도 현재 각 정당은 국회의원과 광역의회의 비례대표를 50% 이상 여성으로 추천하도록 규정하고 있다.

한국은 여성뿐만 아니라 청년에게도 정치권 진출은 기울어진 운동장이다. 대학 재학 중에는 취업 준비로 바쁘고, 취업 직후에는 아직 경제적 여유가 없어 정치에 관심을 가지기 힘들다. 따라서 젊은 시기에 정치에 참여하고 활동할 기회가 제한적이다. 유럽과는 다르게 청소년 시기에 정당 활동할 기회가 없으므로 정치권 진출의 핸디캡이 크다. 청년 세대의 이익이 자원 배분 과정에서 과소대표되는 문제가 발생한다. 물론 정치인은 자기 세대만 대표하는 것은 아니기 때문에 청년 문제에 관해서도 관심을 가지고 정당이 앞장서 청년 유권자의 지지를 호소한다. 하지만 21대 국회의 경우 40대까지의 의원 비중이 17%에 불과해 인구 구성비로 보면 대표성이 너무 낮으므로 정책 반영이나 자원 배분에서 불리할 수밖에 없다. 이러한 과소 대표성을 보완하기 위하여 정당별로 선출직 공직 후보를 정할 때 청년 우선 공천 제도를 두고 있다.

취업과는 다르게 국회, 지방의회, 정부 고위직 진출에서 여성과 청년에 대한 우대 조치는 반대보다는 지지를 얻는다. 다만 이 경우에도 여성 또는 청년을 대표하는 사람을 누구로 할 것인가의 선발 단계로 들어가면 능력주의, 실적주의 원칙은 피할 수 없다. 정치권에서 우대 조치로 선발된 사람을 보면 능력보다는 인맥, 계파, 진영을 중시하는 집단주의·관계주의 문화가 영향을 미치기 때문이다. 일례로 문재인 정부에서 최초의 20대 여성 청년비서관 임명이라는 파격적인 인사를 했음에도 불구하고 보여주기식의 형식적 인사라는 비판이 많았다. 청년의 권익을 국정운영에 반영할 것이라는 성책 역량이나 신정성보나는 20대 청년층 지지율 급하락, 20대 남성과 여성의 갈등 심화 등의 상황에서 다급하게 내린 결정이었기 때문이다.

청년 세대의 남녀 갈등

근래 채용을 포함한 다양한 이슈에서 특히 청년 세대의 남성과 여성 간에 인식의 차이가 크게 나타나고 있다. 대표적으로 채용에서 할당제에 대해서는 남성이, 군복무 가산점 부여에 대해서는 여성의 반발이 심하다. 인식의 차이를 넘어 집단사고를 형성하고 서로를 혐오하는 은어를 만들고 공유하면서 갈등의 폭이 넓어지고 있다. 성별 인식의 차이를 객관적으로 분석하고 접근해야 일부 혐오 그룹의 일방적 분노와 이에 편승하는 확증 오류를 줄일 수 있을 것이다.

성평등 의식 차이

성평등 의식을 측정하기 위하여 취업 기회의 우선순위, 직장인 엄마와 자녀의 성장, 성별 역할 구분, 여자아이의 격한 운동에 대한 수용, 여성의 경제력 우위에 대한 수용 등을 질문하였다. 문화연구의 설문조사와 마찬가지로 7점 척도(4점이 보통)로 질문하였는데 〈표 7.1〉에서 알 수 있듯이, 남성과 여성은 서로 잘하는 일이 구분된다는 성별 역할 인식에 대하여 응답자의 50% 이상이 그렇다고 인정하였다. 여자아이에게 축구와 같은 격한 운동은 어울리지 않는다는 질문에 동의하는 비율이 2019년과 2020년 모두 12% 수준으로 가장 낮았다. 다른 국가와 비교할 수는 없지만 질문 내용에 동의하는 비율로 보면 성별 역할 인식만이 50%를 넘었고 다른 모든 항목에서 30% 미만이었다.

한편 성별, 연령대별로 세분해서 보면 집단 간 인식의 차이가 분명해진다. 모든 문항에서 그렇다는 쪽으로 동의하는 응답 비율에서 남성이 여성보다 훨씬

[표 7.1] 성평등 의식(2019년 및 2020년)[4]

구분		2019		2020	
		평균	동의 비율(%)	평균	동의 비율(%)
취업 기회	일자리가 부족할 때 여성보다 남성에게 우선 취업 기회를 주어야 한다.	3.18	21.8	3.26	23.8
자녀 성장	엄마가 일을 하면 자녀들이 피해를 볼 것이다.	3.40	29.0	3.39	29.0
성별 역할	남성이 잘하는 일과 여성이 잘하는 일은 구분이 된다.	4.25	50.4	4.23	50.6
격한 운동	여자아이에게 축구와 같은 격한 운동은 어울리지 않는다.	2.72	11.9	2.75	12.0
경제력	남편보다 부인이 돈을 더 많이 번다면 문제가 발생할 것이다.	2.89	18.5	2.94	18.6

높았다. 2020년 조사결과인 〈표 7.2〉를 보면, 성별 역할 구분 인식의 경우 남성 응답자의 57.8%가 동의했지만, 여성의 동의 비율은 43.5%로 14.3%P의 차이를 보였다. 일자리가 부족한 상황에서 남성에게 우선 취업 기회를 주어야 한다는 항목에 응답자 전체의 동의 비율은 23.8%였지만 남성과 여성의 응답을 비교해 보면 남성이 32.5%, 여성이 15.0%로 그 차이가 17.5%P로 가장 큰 편차를 나타 내고 있다.

연령대별로 보면 성별 역할 인식 문항을 제외하고는 20대의 경우 5.8~ 12.9% 범위로 낮지만 60대 이상의 응답자는 25.9~43.2%의 범위로 모든 문항에 서 60대 이상이 20%P 이상 높았다(〈표 7.2〉). 연령대가 높을수록 성평등 의식이 낮아지는 경향을 보인다. 남녀 성평등에 관한 인식에서 남성과 여성뿐만 아니 라 세대 간의 차이가 크다는 것을 확인할 수 있다. 이런 설문조사의 인식 차이

[표 7.2] 2020년 성별·연령대별 성평등 의식[5]

구분	성별		연령대별				
	남	여	20대	30대	40대	50대	60대 이상
일자리가 부족할 때 여성보다 남성에 게 우선 취업 기회를 주어야 한다.	3.69 (32.5)*	2.83 (15.0)	2.35 (12.3)	3.10 (17.3)	3.36 (24.7)	3.73 (31.5)	4.25 (43.2)
엄마가 일을 하면 자녀들이 피해를 볼 것이다.	3.63 (34.0)	3.14 (24.0)	2.36 (12.9)	3.42 (30.8)	3.62 (35.7)	3.88 (33.1)	3.86 (34.6)
남성이 잘하는 일과 여성이 잘하는 일은 구분이 된다.	4.57 (57.8)	3.89 (43.5)	3.58 (40.4)	4.16 (44.3)	4.37 (54.4)	4.53 (57.5)	4.79 (63.0)
여자아이에게 축구와 같은 격한 운동 은 어울리지 않는다.	3.04 (15.3)	2.47 (8.8)	1.98 (5.8)	2.70 (10.8)	2.85 (8.2)	3.14 (16.6)	3.43 (25.9)
남편보다 부인이 돈을 더 많이 번다 면 문제가 발생할 것이다.	3.01 (19.0)	2.86 (18.3)	1.99 (5.8)	2.83 (15.7)	3.21 (22.5)	3.38 (25.4)	3.57 (28.4)
응답자 수	400	400	171	185	182	181	81

* 괄호 안의 수치는 항목에 동의하는 비율(%).

는 언론에 자주 기사화되는 20~30대 여성과 남성의 혐오성 비난 사례 또는 공직과 군에서의 성비위 사례를 통해서 재확인할 수 있다.

19~34세의 청년 6,570명을 대상으로 2020년 10~11월 사이에 실시한 설문조사[6]에서도 다시 한번 남성과 여성의 인식 차이를 확인할 수 있다. 우선 성 역할 기대가 다르다는 것이 가정, 학교, 일터에서 모두 나타났다. 구체적으로 가정에서 아들보다 딸이 집안일을 돕는 것을 당연시했는지의 질문에 여성 응답자의 55.4%가 그렇다고 대답하여 남성 응답자(29.9%)보다 훨씬 높았다.

중고등학교 다닐 때 체육 활동 등 운동하는 시간을 남학생에게 더 주었다는 응답에서는 남녀 응답자 모두 35% 정도가, 그리고 무거운 것을 드는 등 힘쓰는 일은 남학생에게 더 시켰다는 응답에서도 남녀 응답자 80% 이상이 동의하였다.

직장 경험에서도 마찬가지로 남성의 44.5%, 여성의 32.8%가 회사에서 남성이 하는 일과 여성이 하는 일이 구분된다고 응답하였으며, 특히 "여직원이 주로 다과와 음료를 준비했다"라는 질문에 남성의 29.6%, 여성의 51.8%가 그렇다고 응답하였다. 성별 역할을 구분하는 관행이 가정, 학교, 직장 등에 광범위하게 남아있다는 것을 보여주고 있다.

특히 주목할 부분은 청년 세대의 남성과 여성 모두가 대한민국은 자신이 속한 성이 불평등한 사회라고 인식한다는 점이다. 우리 사회가 "여성에게 불평등하다"라는 질문에 동의한 응답자가 여성은 74.6%이었던 반면 남성은 18.6%이었다. 반면 우리 사회가 "남성에게 불평등하다"라는 질문에는 남성의 반 이상인 51.7%가 그렇다고 대답하였으며 이에 동의하는 여성 응답자는 7.7%에 불과하였다. 남녀가 평등하다는 인식을 가진 응답자는 남녀 모두 30%에 미치지 못했다(〈그림 7.1〉).

이처럼 청년 세대의 성평등에 대한 성별 인식이 워낙 차이가 크기 때문에 정치권, 정부, 전문가 집단은 그 원인에 대해서 보다 과학적이고 면밀한 분석을

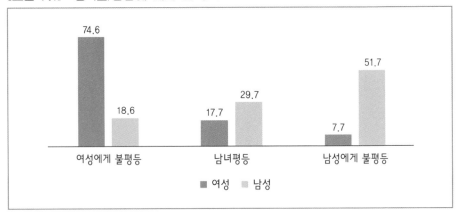

[그림 7.1] 성 (불)평등에 대한 인식(%)

74.6   18.6   17.7   29.7   7.7   51.7

여성에게 불평등   남녀평등   남성에게 불평등

■ 여성   ■ 남성

통해 대책을 내놓아야지 성별 갈등을 부추기거나 어느 한쪽의 지지를 유도하는 갈라치기식 포퓰리즘은 대한민국과 청년 세대의 미래를 위해서 절대 바람직하지 않다.

쟁점: 군복무 가산점

1991년 헌법재판소의 위헌 판결이 나기 전까지 군복무자에게는 7급과 9급 공무원 채용시험에서 가산점을 부여하는 적극적 보상조치가 이루어졌다. 판결 이후에도 일부는 가산점 제도를 부활해야 한다는 주장을 하지만, 헌재의 판결 내용으로 보나 실적주의 인사 원리에 비추어 볼 때 설득력이 떨어진다. 즉, 군 복무를 마친 사람이 그렇지 않은 사람에 비해 직무수행능력이 앞선다는 과학적 타당성이 약하기 때문이다. 군 복무 가산점은 보상을 받는 개인으로서는 투입 −보상의 비례성을 높였지만, 능력주의 원칙에 어긋나고 다른 경쟁자가 있는 채용시험에서는 불공정의 시비를 낳는다.

마찬가지로 군 복무를 국민(남성)의 '신성한 의무'로 규정하고 군 복무로 인한 사회 진출(취업)의 핸디캡을 방관하는 것 또한 불공정하다. 신성한 의무이니까 보상할 필요가 없다가 아니라 피와 땀의 지분에서 주장하였듯이 전시에 목숨을 잃을 수 있는 군 복무자에 대한 명예와 예우가 필요하다. 복무 중 희생된 장병은 물론 군 복무를 안전하게 마친 장병도 마찬가지이다. 그래야 역으로 군 복무를 신성하게 여길 수 있고 군복무에 대한 불공정 시비도 완화할 수 있다. 이러한 관점에서 현재 논란이 되는 이슈에 대해 검토해본다.

첫째, 모병제 이슈이다. 군 복무에 대한 정당한 노동의 가치를 보상함으로써 투입-보상의 비례성을 높일 수 있다. 하지만 경제력에 따른 군복무 선택의 기회가 차별적이라는 불공정 시비가 일어날 수 있고, 헌법 개정 사항으로서 다른 개헌 이슈와 맞물리면 정치권의 합의가 쉽지 않다는 문제점이 있다. 현 시점에서는 장병의 월급을 단계적으로 인상하는 것이 대안일 것이다.

둘째, 군복무를 경력으로 인정하는 문제이다. 이를 반대하는 여성단체가 있으나 공무원의 경우 군복무 경력 인정은 채용 과정이 아니라 채용 이후에 호봉으로 반영되어 금전적으로 보상하는 것이다. 승진에 특혜를 준다는 주장이 있는데, 처음 공무원을 시작한 직급에서 상위의 직급으로 승진할 때 1회 적용되는 것은 사실이다. 하지만 승진에 필요한 승진 최소 소요기간을 단축해주는 것이 아니라 그 요건을 충족시킨 경우에 근무경력에 반영하는 것이다. 특히 공무원 승진 심사의 경우 승진후보자명부를 작성할 때 근무성적이 80% 이상 반영되고 경력은 20% 미만인 점을 고려하면 승진 시 군 경력 반영의 실질적인 영향은 미미하다고 볼 수 있다.

셋째, 군복무 학점 인정 문제이다. 학점 인정을 통해 졸업 시기를 1학기라도 단축할 수 있다면 군 복무로 취업 준비를 하지 못해 불리하다는 불공정 시비를 완화하는 데 도움이 될 것이다. 실질적인 학점 인정이 되도록 하기 위해서는 병영 문화를 혁신해서 군 복무 기간이 학습과 능력개발의 기회가 되도록 하는 것이 중요하다. 4차 산업혁명 시대에 필요한 기술을 학습하고, 지시와 복종에 의한 군기 확립이 아니라 현대적 조직·인사관리 기법을 적용한 합리적 병영 생활과 군사훈련을 통해 실제 취업 현장에서의 직무수행능력을 개발하는 것이다.

　　마지막으로 여성에게도 군 복무 또는 대체 복무를 의무화하자는 주장도 있다. 남성만의 군복무 의무화에 대한 남녀 불평등 논란을 종식시킬 수 있으나, 여성의 군복무로 남성의 군복무 공정성 논란을 '퉁'치는 것은 다소 조급한 대응이다. 현재의 병영 시설과 병영 문화, 인구 통계에 따른 남성 복무자 감소 추세, 첨단 무기를 통한 장병 대체 가능성 등등 많은 요소를 분석하여 체계적으로 준비하고 국민적 공감대를 형성하는 것이 선행되어야 한다.

청년 여성과 남성의 충돌

　　2016년 강남역 살인 사건 이후 2019년 혜화역 집회로 이어지는 일련의 규탄 시위에서 여성이 분노하는 원인과 대책을 생각하지 않을 수 없었다. 당시 여성가족위원회 소속 의원이었기 때문에 문제의 본질을 이해해야겠다는 자세로 언론 기사와 분석 보고서 등을 읽어 보았다. 논리적으로 하나하나 정리하던 중 하루는 대학원 제자에게 지금 여성의 분노를 어떻게 이해해야 하는지 물어보았다. 대답의 요지는 이랬다: 강남역 살인 사건은 그동안 여성이 속으로 품고 있던 불안과 분노가 폭발한 것이다. 여성 차별이 취업률이나 보수 차이만 가지고 얘기하는데 더 근본적으로 사회 구조에 굳건하게 자리 잡은 불공정이다.

　　그러면서 나에게 물었다. "교수님, 한국 사회에서 20대 아들과 딸이 모두 밤 11시 넘어 아무 연락 없이 집에 안 들어오면 누구를 더 걱정하나요?" 난 당연히 '딸'이라고 대답했고, 그러자 "우리는 그게 싫은 거예요. 왜 귀가 시간에 차이가 있어야 하나요? 여자가 밤늦게 다니는 게 불안한 건가요? 밤늦게 다니는 여자를 사람들이 이상하게 보는 것이 싫어서인가요?" 여성으로 살면서 차별이라고 느끼는 얘기를 거침없이 이어갔다. "교수님, 밤늦게 집에 가면서 뒤에 누군가 따라올지도 모른다는 공포감을 느껴본 적이 있나요?", "인터넷에서 회원 가입 신청할 때 남자는 디폴트(기본값)로 이미 나오잖아요. 남자는 체크 안 하고 그냥 다음 칸으로 넘어가면 되는데 여자는 그것을 바꾸어야 해요. 그런 것이 누적되어 있다가 폭발한 거죠. 정부가 대응하는 것을 보면 그런 본질에 대한 이해가 하나도 안 되어 있어요. 일단 분노부터 가라앉히고 보자는 식이죠. 우리나라는 아직 멀었어요.”

할 말이 없었다. 한국 사회에서 아들보다 딸의 안전이 더 걱정되고, 늦은 밤 귀가하면서 신변의 불안을 의식하지 않고, 더구나 성별 표기의 디폴트값까지 내가 남자로서 그리고 어른으로서 너무나 당연한 것으로 받아들이고 지내왔던 것들이 젊은 여성에게는 불안과 불만과 차별의 문제로 받아들여지고 있었던 것이다. 그 말을 들은 것으로 논리는 필요가 없었고 한국에서 여성이기 때문에 느끼고 가져야 하는 차별 의식을 조금이나마 이해하는 수준이 되었다.

물론 여성의 분노에 대한 청년 남성의 맞대응도 이해는 되었다. 무엇보다 죄를 범한 개인의 문제를 왜 죄 없는 자신을 포함해서 남자 전체를 잠재적 범죄자로 몰아붙이고 타도와 혐오의 대상으로 삼느냐는 것이 요지이다. 특히 지금 20대 청년 세대의 남성은 초중고, 대학 생활에서 남성 우월적 환경보다는 오히려 여학생이 더 두각을 나타내고 힘겨운 경쟁 상대라는 것을 경험하였다. 오히려 군복무라는 핸디캡을 가지고 사회에 진출해야 하는 상황이다. 역시 과거의 여러 경험이 누적되어 분노의 화살을 날리는 것이다.

결국 여성과 남성 간에는 경험의 차이와 함께 문제를 이해하는 맥락의 범위에서 차이가 난다. 여성은 문제가 된 사건의 차원을 넘어 사회 전반에 구조화되어 있는 여성 차별 문제를 가지고 분노하는 것이라면, 남성은 하나의 사건만 놓고 인과 관계를 보아야지 그리고 사회 구조는 내가 직접 만든 것도 아닌데 왜 내가 비난의 대상이 되어야 하는지 더구나 지금은 자신들에게 기울어진 취업 환경이라고 분노하는 것이었다.

남성, 여성 모두 인지의 차이가 발생한 맥락을 먼저 이해하고, 팩트는 팩트대로 인지 오류는 오류대로 점검하며 현재의 혐오와 분노부터 걷어 내야만 다양성에 대한 숙의가 가능할 것이다.

다양성을 보는 시각

정서적 시각: 다양성의 불편

다양성의 1차 조건은 인구통계학적 차원에서 집단의 구성을 다양하게 하는 것이다. 성별로 단성의 집단보다 양성의 집단이 다양하다. 특정 지역 출신으로만 구성된 집단보다 전국 각지의 출신이 모인 집단이 다양하다. 부잣집 아이들만 다니는 학교보다 소득 계층이 다양한 집안의 자녀가 다니는 학교가 다양하다. 장애인, 성 소수자, 다문화 가정 출신도 다양성의 시각으로 접근할 대상이다.

단일 민족, 백의(白衣)민족, 순혈 등의 단어가 암시하듯이 한국인의 인식 구조에는 사람에 대해서 동질성을 선호하는 성향이 강하게 자리 잡고 있다. 대학 다닐 때의 경험이다. (행정)학과에 새로 부임해오신 교수님의 학부 전공이 정치학이었다. 언뜻 든 생각이 '아니, 행정학과에 왜 정치학과 출신이 오지', 그러면서 은근히 행정학과 다니는 나의 자존심이 상했던 기억이 난다. 그때는 행정학과 교수라면 학사-석사-박사 모두 행정학을 전공해야 정통파라는 생각을 했다. 그 생각은 미국 유학 중에 바뀌었다. 우선 내가 다닌 대학원의 교수 전공 분야가 정말 다양했고, 석사 과정에 입학한 70명 정도의 학생 중에서 같은 대학을 나온 경우가 몇 안 되었고, 학부에서 행정학을 전공한 학생은 극소수에 불과했다. 미국에서는 학부에 행정학과가 개설된 대학이 많지 않은 이유도 있지만 학부에서 자연과학을 전공한 학생까지 전공이 매우 다양하였다. 박사 과정을 다른 대학에서 하기로 한 미국 친구의 말이 기억난다. "박사는 다른 데서 해야지. 석박사를 같은 곳에서 하면 같은 교수님한테 강의 듣는 경우도 많을 텐데 크게 바뀌는 거 없잖아!" 그때야 하버드, 프린스턴 등 명문 대학 학부를 나오고도 전공을 바꾸거나 아니면 대학원을 다른 곳으로 옮기는 이유를 알 듯했다.

한국에 돌아오니 교수 채용에서 동일 대학 출신 비율을 제한하는 교육부 지침으로 많은 대학이 시끄러웠다. 대학 전체 교수 구성에서 본교 출신이 많거나 학과 단위에서 타 대학을 나왔더라도 동일 대학 출신의 교수 비율이 높은 경우 개인의 교육·연구 역량에 무관하게 출신 대학을 최우선으로 고려해야 하는 상황이 벌어졌기 때문이다. 제도를 도입했던 당시만 해도 교수 채용에서 본교 출신 또는 동문 교수들의 집단주의 성향이 강하게 작용하여 실력보다 학연을 중시하는 연고주의나 순혈주의가 심해 교육부가 대학개혁 차원에서 나선 것이다. 출신 대학이 문제가 되어 탈락한 지원자는 분명히 역차별을 당했음에도 불구하고 지식을 창조하는 학문의 특성상 다양성이 채용의 우선순위가 된 것에 크게 이의를 제기하지 않았다.

자신과 다른 특성을 가진 사람과 관계를 맺고 함께 생활하는 것은 동서양을 막론하고 정서적으로, 심리적으로 불편해한다. 심리학의 많은 연구에서 사람들은 실제의 현상이든 생각(인지)이든 자신과 비슷한 특성을 가진 사람에게 더 끌린다는 것을 밝혔다. 유사성(similarity)과 끌림(attraction)의 관계에 대한 313편의 연구 논문을 (메타)분석한 결과 특히 처음 만난 사람과의 관계에서 자신과의 유사성이 높을수록 상대에 대해 더 호감을 갖는다는 것을 발견하였다.

사람 얼굴을 보지 않고 서류만으로 심사를 하더라도 출신 배경의 유사성 – 끌림을 배제할 수 없다. 이런 편향(bias)을 없애려고 인적 사항을 가리는 블라인드(blind) 면접을 하지만 질의·응답을 통해 어떤 현상에 대해 해석하는 관점이 자신과 유사하다거나 심지어는 좋아하는 스포츠나 영화 또는 취미가 비슷한 사람에게 끌림이 생기는 것을 본능적으로 피할 수 없다.

우리나라 사람에게 유사성이 얼마나 중요한지는 프라이버시를 중시하는 서양 사람과의 첫 만남에서 나이, 가족 관계 등 개인 신상을 묻는 것에서 짐작할 수 있다. 그들에게는 무례하고 당혹스러운 질문일지 몰라도 한국사람에게는 자신과 공통점을 찾아 불확실성을 줄이고[7] 그래서 빨리 가까워지려는 소통의 방식이다. 이렇게 유사성을 중시하는 사회에서 인구통계학적 구성의 다양성은 오히려 이질성을 높이는 것이기 때문에 긍정적 효과를 내기가 쉽지 않을 수 있다. 끼리끼리의 집단주의 문화를 가진 한국사회에서 다양성의 긍정적 효과는 더욱 기대하기 어렵다. 미국이나 유럽의 개인주의 사회에서는 개인의 개성, 개체성을 중시하기 때문에 기본적으로 사고와 행동의 획일성보다는 다양성이 수용될 수밖에 없다. 연장선에서 성별, 인종, 종교, 나이 등의 차이도 다양성의 큰 범주에 포함된다. 하지만 한국의 위계적 집단주의 사회에서는 획일적 동질성이 강조되고, 타인을 의식하는 문화이다 보니 다수가 형성하는 집단의 힘 때문에 소수는 수평적 다양성보다는 위계적 힘의 질서로 서열화되고 소외되기 쉽다.

물리적 다양성을 화학적으로 결합시켜야 형식적인 차원을 넘어 조화와 통합의 실질적인 효과를 기대할 수 있다. 그렇지 않고 인위적으로 섞기만 하면 보이지 않는 반목과 대립이 존재하고 원활한 소통이 더 어려워진다. 오히려 획일성의 사회가 갖는 집행의 효율성마저 떨어뜨릴 수 있다. 원심력이 작용하여 집단의 시너지가 나올 수 없다. 한국사회의 문화적 관성과 한국인의 정서에 편한 방식으로 가면 물리적 다양성이든 화학적 결합이든 달성하기가 쉽지 않다.

이성적 시각: 다양성과 생존·창조

정부나 공공기관과는 다르게 민간부문의 경우 차별금지 이상의 적극적인 채용 우대정책은 국가가 강요하거나 관여하지 않고 자율에 맡기는 것이 원칙이다. 이윤 창출이 생존의 필수 조건인 기업으로서는 그동안 능력주의가 채용의 가장 중요한 기준이었다. 능력 있는 우수 인재를 충원해야 기술을 개발하거나 직무 수행의 전문성이 높아 기업의 생산성을 높이는 데 기여하기 때문이다.

다양성: 생존과 창조

다양성은 생존과 창조를 위한 필수 조건이다. 사이버네틱스와 시스템 이론의 창시자라 할 수 있는 Ashby는 1957년 필수 다양성(requisite variety)의 개념을 제시하였다. 하나의 체제(유기체)가 생존하기 위해서는 체제에 영향을 미치는 환경의 다양성 개수와 같거나 그보다 많은 다양성을 확보해야 한다는 것이다. 다양성만이 다양성의 충격을 흡수할 수 있다. 한국어만 할 줄 아는 사람만 모인 회사는 언어가 다양한 글로벌 시장에서 생존할 수 없는 것과 같다.

환경의 불확실성이 갈수록 높아지는 글로벌 경제에서 다양성은 생존 차원에서 갖추어야 할 필수 조건이다. 또한 현대의 신기술이나 가치 창출은 다양한 분야의 기술이나 다양한 사고의 융합에서 이루어지고 있다. 개인의 천재적 사고 이상으로 집단지성(collective intelligence)에 의한 창조가 중요시되고 있다. 한국경제가 fast−follower가 아니라 first−mover로 나가는 데에도 다양성의 융합을 통한 창조는 필수적이다.

그런데 근래 미국에서는 구성원의 다양성을 새로운 시각에서 접근하고 있다. 소수계에 대한 차별금지나 역사적 왜곡에 대한 시정이라는 반응적·반동적 차원이 아니라 구성원의 다양성을 성과 차원에서 적극적으로 접근하는 것이다. 경쟁과 성과를 중시하는 미국에서는 그동안 소수계 차별금지 및 우대정책을 능력주의와 충돌한다고 보는 시각이 많았다. 비용을 초래하는 정책이기 때문에 소극적으로 대응해온 것이 사실이다. 하지만 다양성이 재무적 이익, 혁신, 고객만족 등의 성과 창출에 기여한다는 경험적 연구가 계속 나오면서 다양성을 기업의 전략적 차원에서 받아들이고 있다.

미국, 영국을 포함한 15개국 1천 개 이상의 대기업 임원진에 대한 인적 구성의 다양성과 재무성과를 분석한 컨설팅 회사 맥킨지는 임원진의 성별 또는 인종·문화의 다양성이 높은 회사일수록 동종 산업에서 수익을 낼 가능성이 더 크다는 보고서를 냈다. 구체적으로 성별 다양성이 높은 상위 25%에 해당하는 기업들은 동종 산업군의 중간 기업보다 수익이 25% 높고, 인종 및 문화 다양성이 상위인 기업들은 36%가 더 높았다.

보스턴 컨설팅 그룹(BCG)은 8개국 1,600여 개 회사의 관리자급을 대상으로 다양성과 혁신의 관계를 분석하였다. 연구결과 다양성이 평균 이상인 기업이 혁신을 통해 창출한 이익은 전체 이익의 46%지만 다양성이 평균 이하인 기업은 그 비율이 26%인 점을 들어 다양성이 높을수록 시장의 변화에 신속하게 대응하고 혁신을 통한 의미 있는 이익을 낸다고 주장하였다.

영국의 경우 여성이 소비재 구매의 80%를 결정하기 때문에 성별 다양성이 높은 기업일수록 고객 지향성이 강화된다고 주장한다. 미국에서 769개 소매 점포를 대상으로 6만 명에 가까운 종업원과 120만 명의 소비자 데이터를 분석한 연구에서는 다양성이 고객만족에 유의미한 영향 관계가 있다는 것을 확인하였다. 특히 소수계 및 서비스 업종에서 더 강한 영향 관계가 있다고 발표하였다.

또 다른 다양성 연구에서는 6명으로 구성한 모의 배심원 패널을 전원 같은 인종으로 하였을 때와 다른 인종과 혼합 구성하였을 때, 혼합 패널이 사건과 관련한 사실을 더 많이 찾아냈다. 그리고 사실적 오류를 적게 범하였으며, 오류 발견 시 논의를 통해 수정하는 것도 앞선다는 것을 발견하였다.

비슷한 연구로 인종이 다양한 증권 전문가 팀과 단일 인종으로 구성된 팀에게 주식 거래의 실험을 통해 형성되는 주가를 비교한 결과 구성을 다양하게 한 팀의 주가 예측이 58% 더 실제 가치에 가까운 결과가 나왔다. 구성원의 인종이 다양할수록 토론이 더 심도 있고 동료와의 동조화 현상이 방지되어 주가 버블이 통제된다는 주장을 하였다.

획일성의 위험: 아일랜드 대기근

획일성의 위험은 아일랜드 대기근 사태를 통해서 이해할 수 있다. 유럽 대륙 북서쪽 연안의 섬나라인 아일랜드는 비바람이 거세고 기상이변이 심한 나라이다. 이러한 토양과 기후에 땅속 식물인 감자가 잘 견뎠고 감자는 18세기 이후 아일랜드의 주식이 될 정도로 중요한 작물이었다. 그런 감자가 1845년부터 감자에 역병이 들어 전국으로 퍼졌고 감자는 그 뒤 몇 년간 대흉작을 맞아 국민 전체가 고난의 대기근을 겪어야 했다. 당시 인구 800만 명 중에서 약 100만 명이 굶어 죽고 100만 명 정도가 이민을 갔다고 한다. 주식을 감자 하나에만 의존했고 감자 또한 단일 품종이거나 유사 품종이어서 유전적 다양성이 결여되어 있다 보니 그 품종에 치명적인 역병이 돌자 전체가 쓰러지게 된 것으로 추정하고 있다.

최근에는 다양성을 성별, 나이, 출신 지역과 같은 선천적인 차원뿐만 아니라 다른 국가나 업종에서의 근무 경험과 같이 후천적으로 학습한 것까지 다양성의 범위를 확대하여 이해하고 있다. HBR(하버드 비즈니스 리뷰)에 발표된 논문을 보면 선천적·후천적 두 차원의 다양성이 높은 회사에 근무한 사람일수록 고정관념을 깨고 창조적 혁신을 이끌어 내는 데 더 효과적이라고 한다. 설문조사 결과 다양성이 높은 회사의 종업원들에게서 시장 점유율이 전년도보다 높아졌다는 응답이 45%, 새로운 시장을 개척했다는 응답이 70%나 더 높았다.

다양성을 강조하는 미국의 특성은 다인종, 다민족 국가의 특수한 배경에 의한 것이다. 한국과는 사정이 다르다. 하지만 한국 사회에도 다양성을 차별금지라는 방어적 의미에서 벗어나 보다 적극적이고 미래지향적인 시대정신으로 받아들이고 준비할 필요가 있다. 특히 후천적 다양성으로의 개념 확대는 우리에게 시사하는 바가 크다. 1990년대 말 IMF 외환위기 이전까지는 직장을 옮기는 것에 대하여 조직에 대한 충성도가 약하다는 부정적인 인식이 강했다. 이직

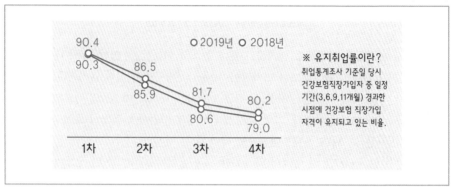

[그림 7.2] 전년 대비 유지취업률 현황 (단위: %)

○ 2019년 ○ 2018년

90.4
90.3
86.5
85.9
81.7
80.6
80.2
79.0

1차   2차   3차   4차

※ 유지취업률이란?
취업통계조사 기준일 당시 건강보험직장가입자 중 일정 기간(3,6,9,11개월) 경과한 시점에 건강보험 직장가입 자격이 유지되고 있는 비율.

을 가로막는 장애 요인이었다. 하지만 2000년대 들어 정규직 채용이 줄어들면서 직장 이동은 일반적인 현상이 되었다.

교육부가 발표한 2019년 대학·대학원 졸업자 취업통계를 보면, 취업한 지 1년 후에도 동일 직장에서 계속 근무하는 유지취업률이 80.2%인 것으로 조사되었다. 즉, 5명 중에 1명은 1년 내로 직장을 떠난 것이다. 자의이든 타의이든 이제는 전직을 다양성의 관점에서 긍정적으로 해석할 시점이다. 실제 중소기업 입사를 긍정적으로 생각하는 이유 중의 하나가 "경력을 쌓는 것"이 37.4%(복수응답)로 가장 높았던 것 역시 이제 어느 직장이든 다른 직장의 경험을 가진 구성원이 많아지는 학습된 다양성이 강화된다는 의미이다.

또한 글로벌 개방 사회에서 대학 때부터 워킹 홀리데이(working holiday) 프로그램 등 여러 방법으로 해외 체험을 하고, 외국계 회사 근무자도 느는 등 국내외 경계 없이 다양한 직장 경험자가 많아지고 있다. 다양성은 현실이자 시대정신이다. 적극적으로 받아들이고 다양성의 효과를 낼 수 있도록 인식을 전환해야 한다.

포용(Inclusion)

다양성이 완성되려면 머리의 인정을 넘어 가슴으로 포용하는 것이 필요하다. "형식적 구성의 다양성→다름의 인정(인지 다양성)→포용(inclusion)"의 단계로 다양성의 의미가 심화되어야 조직이든 사회이든 다양성의 긍정적 효과가 나타난다. 미국이나 유럽 그리고 국제기구에서 다양성은 이제 개별 단어로 쓰이기보다는 포용과 합성된 D&I(Diversity and Inclusion)가 관용어로 사용되고 있다. 다양성과 포용은 공정과 함께 바람직한 사회의 모습을 대표하는 가치로 떠오른 것이다.[8] 특히 미국이나 유럽 국가의 경우 난민을 포함한 이민자가 증가하고 COVID-19로 양극화 현상이 심해지면서 포용은 과거 어느 때보다 중요한 사회적 과제가 되었다.

다름의 인정: 인지 다양성

포용의 출발은 '다름의 인정'이다. 단순하게 존재 자체를 인정하는 차원을 넘어 그들의 생각이나 감정에 동의하지는 않더라도 어떻게 다른지에 대한 이해가 포용의 전제 조건이다. 포용은 적어도 나와 다른 배경을 가진 집단이나 계층이 가지는 생각과 행동을 이해하고 그것이 나와 다르다고 하여 혐오하고 적대시하고 대립하지 않아야 가능하다. 그보다 적극적인 포용은 출신 배경을 떠나 생각의 다름, 다양한 사고를 긍정적으로 수용하는 단계이다. 열린 사고이다.

2017년 HBR에서 흥미로운 논문을 발표했다. 구성원의 물리적 다양성이나 대표성만으로는 성과를 담보하지 못하고 중요한 것은 인지 다양성이라고 주장하였다. 인지 다양성(cognitive diversity)은 관점이나 정보 처리 방식의 차이로서 성별, 나이, 인종 등의 요소로 예측이 되지 않는다는 것이다. 논문은 전략적 수행

연습(strategic execution exercise)이라는 실험 방법을 통해 인지 다양성이 큰 집단과 고성과 사이에 매우 높은 상관관계가 있다는 것을 밝혔다.

딜로이트 오스트레일리아(Deloitte Australia)는 인지 다양성은 창의성의 원천으로서 혁신 역량을 20% 증가시키고 위험을 감지하여 줄이는 데 30% 효과가 있다는 보고서를 냈다. 보고서는 고성과를 내는 리더는 인지 다양성과 인구통계학적 다양성을 모두 주목할 필요가 있다고 조언한다. 특히 인지 다양성은 조직 내에서 어떤 사람도 소외되지 않고 자신이 목표달성에 기여한다는 긍정의 소문을 확산시켜 구성원의 사기를 높이는 장점이 있고, 또한 성별·출신·나이 등 구성의 다양성과는 다르게 이들 요소가 상호 교차적으로 작용하여 나타나는 사고의 복잡성을 더 잘 반영할 수 있다고 한다. 인구통계학적 다양성은 각 집단이나 계층에 특화된 지식과 네트워크를 활용한다거나, 그들(예를 들어, 아시아인)에 대한 호기심 또는 여성의 경우 상호 대화를 촉진시키는 등 간접적으로 인지 다양성을 높이는 효과가 있다고 본다.

일반적으로 신앙이나 이념으로 뭉친 집단이나 사회일수록 다른 시각에서 교리나 정신을 해석하는 것을 허용하지 않는다. 인지 다양성을 인정하지 않는 것이다. 심지어 이단으로 집단에서 추방하거나 불이익을 준다. 대학에서의 순혈주의도 본래는 단순한 연고나 끼리끼리 집단문화가 아니라 특정 학파를 만들어 원래의 이론을 지키고 더욱 강화시키려 할 때 나타나는 현상이었다. 하지만 이러한 폐쇄적이고 경직적인 믿음과 사상으로 유지되는 집단이나 사회는 현대의 글로벌 개방화 시대, 첨단 기술 발전과 함께 역동적으로 급변하는 환경, 개인의 자유를 더 요구하고 더 중요시하는 21세기에 지속적인 생명력을 가질 수 없다. 개인의 다양성과 시대의 변화를 담아낼 수 있는 사회의 포용 역량을 키워야 4차 산업혁명 시대에 지속적인 발전이 가능하다.

집단사고에 갇혀 있는 한국 정치

그런 점에서 정치권의 반성과 개혁이 절실하다. 정치 집단인 정당이야말로 다양한 의견을 개진하고 수렴하는 토론이 무엇보다 중요하다. 따라서 다양한 사고를 존중하는 인지 다양성은 정당의 생명력이다. 그런데 국회에서 보이는 한국의 정당들은 의원들의 집중 토론을 통한 의사결정보다는 당 지도부에서 결정하고 의원총회(의총)에서 추인하는 형태가 일반적이다. 특히 집권 여당의 경우에는 오히려 야당보다 더 당의 결정에 대한 반대 의견을 수용하지 못한다. 지도력 부재 또는 당내 분열로 인식이 되고, 특히 청와대와 조율된 당의 결정이면 대통령의 권위에 도전한다고 받아들이고 레임덕이 시작되었다는 식으로 받아들이기 때문이다. 그런 금기를 깨고 당의 결정과 다른 개인 주장을 고수할 때는 공천 배제 등의 불이익을 감수해야 한다.

한국의 정당은 집단사고(group think), 암묵적 동조, 고정관념의 틀에 빠져 있다. 민주당을 포함한 진보·좌파 정당은 이승만 대통령과 박정희 대통령의 공과를 긍정적으로 인정하지 못한다. 심지어 국립묘지 참배조차도 머뭇거린다. 보수·우파 정당은 5.18 민주화 운동을 공개적으로 지지하고 희생자를 추모하는 데 머뭇거린다. 경제 정책에서도 한쪽은 시장 친화적 규제 완화는 기업이나 가진 자를 돕는 것이라는 강한 고정관념에 빠져 있고, 다른 한쪽은 사회적 경제, 사회적 가치 등 '사회' 단어만 들어가도 반사적으로 거부감을 느끼고 지지 세력의 눈치를 본다. 실체를 정확히 알려는 노력도 하지 않고 유령에 사로잡혀 진영의 성곽을 허물지 못하고 있다.

다수의 유권자는 안경을 쓰지 않았는데 정당 정치인만 진한 색깔의 안경을 쓰고 있다. 정당의 핵심 역할을 하는 현직 의원들은 50~60대 남성이 절대다수다. 인구통계학적 구성의 대표성과 다양성이 많이 부족하다. 출신 배경이 가져오는 인지 다양성에 한계가 있다. 국회 안에서 여야 간 대립으로 집단행동이 많아질수록 의총이나 농성의 자리는 같은 색깔을 확인하는 자리이다. 집단사고가 더욱 강조되고 서로가 비슷한 생각을 공유하면서 확증편향(conformity bias)의 오류가 더욱 심해진다.

그렇게 외부와 고립된 갈라파고스에 갇혀 있다가 선거에 참패하고 나서야 반성한다. '유권자와 그리고 세상과 괴리되어 있었구나.' 하고 반성한다. 안경을 쓰지 않은 외부인을 비대위원장으로 영입하고, 참신한 외부인을 수혈해서 위기를 벗어나는 노력을 한다. 한국 정치사에서 특히 제1야당의 반복되는 부끄러운 역사이다. 여당은 대통령이 있어 비대위 체제로까지 가지는 않지만 집권 말기 원심력을 차단하기 위해서 자기정치를 못하도록 집안 단속을 한다. 그럴수록 국민과는 멀어져 간다.

다름의 인정을 넘어 포용으로

유교의 인(仁), 불교의 자비심, 기독교의 사랑은 포용의 가장 근원적 파워이다. 덕치(德治)의 시대에는 자비심·사랑·인으로 사회 질서가 유지되었겠지만, 개인 간 갈등을 피할 수 없어 법치로 질서를 잡아야 하는 현대에는 사랑·인·자비심보다 실천적 지침이나 기준이 필요하다. 그런 구체적 기준으로는 첫째 자신이 차별받지 않고 공정하게 대우받는다는 느낌, 둘째 하나의 인격체로서 존중받고 조직·사회의 한 사람이라는 소속감, 셋째 어떤 이야기(반대)를 해도 괜찮다는 안전에 대한 믿음, 그리고 자신에게 기회와 권한이 주어져 뭔가 해볼 수 있겠다는 자신감 등이다.

즉, 인정이 차이가 있다는 것을 받아들이는 수준에 머물러 있다면, 포용은 상대의 말에 공감하고 동의하고 지지하는 것이다. 인정은 분노를 일으키지 않는 수준이지만, 포용은 '함께'라는 소속감을 느끼게 하고 일에 대한 주인의식을 갖게 하여 새로운 영감을 떠오르게 한다. 인정은 다양한 구성원 간에 반목 없이 각자 자기 일 열심히 하는 수준이라면, 포용은 구성원 간의 팀워크, 조화, 통합의 시너지를 가능하게 한다.

따라서 "형식적 구성의 다양성→다름의 인정(인지 다양성)→포용(inclusion)"의 사고는 조직(기관) 차원이나 사회 전체 차원에서 국정운영의 중요한 방향성이 될 수 있다.

비정규직의 정규직 전환,[9] 지역인재 할당제, 양성평등 채용제도 등으로 문재인 정부 들어 공공부문의 인적 구성이 성별, 출신 지역, 입사 경로 등에서 더욱 다양해졌다. 청년 세대와 간부직 이상의 장년 세대 간에도 생각이 다르고 관심사가 다르다. 또한, 사람마다 성격이나 인지 방식이 다르다. 이렇게 다양한 구성원을 서로 신뢰하는 수준으로 끌어올리는 1차 책임은 기관장이다.

특히 공공부문은 법에 따라서 그리고 대통령의 지시에 따라서 타의에 의해 인적 구성이 다양해진 것이다. 민간부문처럼 기업의 자율로 다양성을 높이기 위한 전략과 실행계획을 세우고 추진하는 경우와 다르다. 공기업 기관장으로서 임기 중에 균형인사라는 채용의 목적 달성에만 집중하지 구성원의 화학적 결합은 리더십의 우선순위에서 밀린다. 더구나 비정규직의 정규직 전환 과정에서는 내부 갈등도 심했기 때문에 갈등관리가 우선이지 신뢰와 포용을 고민할 여유가 없다.

정부도 비정규직의 정규직 전환이나 소외계층의 채용 확대 등 가시적이고 양적인 성과에만 치중하고 있다. 소위 "내 임기 중(in my term)"에 생색낼 일은 하고 부담되는 일은 다음 정부로 미루는 현상이 나타나고 있다. 기업 하나하나의 경쟁력이 모여 국가 경쟁력이 된다. 적어도 공기업의 경쟁력 차원에서 지금부터 다양성 관리에 대한 전문가 자문과 장기 전략을 세워 단계별 추진계획을 세워야 한다. 단순히 법과 지시를 따르고 끝나는 것이 아니라, 인구통계학적 다양성과 인지 다양성 그리고 신뢰 형성을 통한 포용 계획까지 포함해야 한다.

다양성 관리는 현재의 기관장들이 임기 내 직면하는 가장 큰 도전이 될 것이다. 이제 채용보다 구성원의 상호 인정과 신뢰를 쌓는 관리에 초점을 맞출 때이다. 기관장 스스로 다양성의 가치를 존중하고 경영의 중요한 가치로 받아들여야 한다. 공공부문의 인사, 조직, 경영혁신을 담당하고 있는 인사혁신처, 행정안전부, 기획재정부는 인적 구성에 초점이 맞추어져 있는 균형인사 정책을 다양성 관리의 질적 차원에서 접근하는 시각의 전환이 필요한 시점이다.

다양성과 포용의 필요조건: 시민의식

다양성의 사회를 맞아 혼란이 아니라 질서를 유지하면서 포용과 통합의 효과를 내기 위해서는 인간관계를 규율하는 새로운 기준을 정립해야 한다. 유교의 가치 규범은 조선시대부터 한국 사회의 질서를 유지하는 데 중심 역할을 해왔다. 인의예지의 추상적 가치에서부터 삼강오륜의 실천적 규범까지 한국 사회를 지탱해온 중심축이었다. 특히 삼강오륜은 임금과 신하, 부모와 자녀, 남편과 아내, 어른과 아이, 친구와 친구 사이에 지켜야 할 인간관계의 윤리적 지침이었다. 힘에 의한 질서가 아니라 인의를 기본으로 한 상호 존중과 배려의 질서를 강조하였다.

하지만 삼강오륜의 윤리에는 위계적 권위주의가 내재되어 있는 것이 사실이다. 바로 이 부분이 현대사회의 젊은 세대로부터 배척당하고 있다. '공자님 말씀'이 어느 때부터인가 교훈이 아니라 비하적 표현으로 바뀐 것이다. 누구든 인의예지, 삼강오륜을 꺼내는 순간 '꼰대'의 프레임에 갇힐 것을 각오해야 한다.

실제 한국 사회가 급변하고 있다. 대가족과 일가친척이 마을을 형성해서 살던 생활 모습은 핵가족과 앞집과의 교류도 어려운 아파트 생활로 바뀌었다. 2020년 7월 통계를 보면 전체 가구 중에서 혼자 사는 1인 가구 비율이 1/3에 가까운 31.7%이고, 부부 둘이서 사는 가구 비율은 1/5에 가까운 18.6%이다. 자녀와 함께 생활하는 두 세대 이상의 가구는 50%에 미치지 못한다. 이제 명절에 고향을 내려가도 가족 단위로 성묘하는 모습을 찾아보기 어렵게 되었다. 관혼상제(冠婚喪祭)의 전통 의례 중에서 그래도 명맥을 유지해오던 '상제'조차 급속히 무너지고 있다. COVID-19 상황에서 상제 의례의 변화는 더욱 가속화되고 있다.

대가족, 마을공동체가 유지되던 시대에 작동하던 윤리규범과 의례의 시효가 끝나가고 있다. 각자 자신이 알아서 판단하고 행동하는 자유의 길을 가고 있다. 자유의 조화가 아니라 자유의 혼란을 경험한다. 새로운 질서를 세우지 못한 상태에서 도덕적·윤리적 기준이 무엇인지 혼돈이 온다. 정치인, 지식인, 종교인, 시민활동가 등 국민의 기대가 높은 인사들에게서 오히려 윤리적으로 국민을 실망시키는 일들이 너무 많이 발생하고 있다.

그래서 유독 근래에 '상식'이 강조되고 있다. 상식은 가치가 아니다. 말 그대로 보통 사람의 일반적인 식견이다. 바람직한 상태의 가치를 추구하는 것은 꿈이 되고 사치가 되었다. 특히 정치인과 고위직 공무원 그리고 도덕성이 생명인 시민단체 인사들의 행태가 워낙 상식 차원에서도 이해되지 않다 보니 많은 국민이 정치에 거는 기대를 상식 수준으로 낮춘 것이다. 국민의 소박한 마음이 읽혀 가슴이 찡하다.

상식의 눈높이로는 사회의 발전을 기대하기 어렵다. 정치는 상식에 머물러서는 안 된다. 상식의 정치는 퇴행을 막는 정도이다. 분명히 이상과 비전을 세워 국민과 공감하고 이를 달성하기 위해 노력해야 한다. 다양성을 추구하면서 각자도생의 혼란이나 소수의 소외를 막기 위해서는 기존의 윤리규범을 넘어 새로운 인간관계의 질서를 만들어 내는 개념이 필요하다. 그것은 근대 문명을 출발시킨 서양의 시민의식에서 찾을 수 있다. 현재 서양의 질서를 유지하고 글로벌 사회의 규범으로 받아들여지는 이성 기반의 시민성이다. 국민 한 사람 한 사람의 시민화이다. 시대정신에서 이야기한 것처럼 모든 개인은 자유를 최대한 누리되 공동체를 파괴하지 않고 공동체의 한 구성원으로 함께 공존할 수 있도록 자기 이익과 공동체 이익의 균형을 스스로 맞추어야 한다.

공유재의 비극이 암시하듯이 개인의 본능과 욕망에 따라 주인 없는 재화를 내가 먼저 더 많이 차지하려고만 하면 다른 사람도 똑같이 행동할 수밖에 없다. 결과는 그 재화가 완전히 고갈되어 모두가 망하는 그래서 더는 개인의 자유도 무의미해지는 상태에 빠진다. 한사람 한사람이 이 비극을 막기 위한 자각이 필요하고 스스로 절제하는 노력이 요구된다. 개개인의 자율에 맡겼을 때 공동체 이익이 훼손되는 경우 국민의 대표기관이 나서 국민을 대신해서 최소한의 규약을 법으로 만들고 공권력을 통해 법의 준수를 강요하게 된다. 따라서 시민화의 우선 조건은 개인의 자율을 존중하여 개개인이 이성과 욕망의 균형을 지키는 것이다. 개인의 사율에 책임성이 따르지 않아 이 균형이 깨질 때 국가가 관여하여 강제력으로 균형을 유지하게 된다. 이는 국가는 커지고 시민은 작아지는 불행한 사회이다.

불행하게도 현재 한국 사회의 질서는 개인의 자율과 책임이 아니라 국가 공권력에 의해 유지되고 있다. 유교적 윤리규범은 갈수록 약해지고 최고 중심의 위계적 집단주의 문화가 비공식적인 규범으로 질서를 유지하는 역할을 하고 있다. 그러다 보니 최고가 누구냐에 따라 그리고 집단의 성격에 따라 일하는 방식이나 인간관계 맺음의 방식에 차이가 난다. 직장마다, 조직마다 리더의 특성이 있고 조직문화의 특수성이 존재한다. 따라서 직장을 옮길 때마다 그 조직에 적응하는 시간과 노력이 요구된다. 다른 조직(집단)에 들어가면 처음에는 이방인이다. 기관장으로 취임하더라도 초기에는 운전기사나 비서실 직원이 조직 돌아가는 원리를 더 잘 안다. 조직의 특수성이 강할수록 경력, 소위 '짬밥'의 힘이 세다. 외부인이 들어와 적응하는데 사회적 비용이 많이 들고 그만큼 자원이 낭비된다. 직장 이동이 많아지고 구성원의 다양성이 확대되는 현실에서 새로운 조직에 적응하는 시간과 노력을 단축해 사회적 비용을 줄이는 것이 절대적으로 필요하다.

　그래서 필요한 것이 일하고 관계 맺는 방식에 있어 장소와 때의 상황에 따라 달라지는 것이 아니라, 가능한 모든 사람이 인정하고 존중하며 공유하는 생각과 행동의 기준이다. 상식 차원을 넘어 합리적으로 옳고 그름을 판단하고 개인의 이익과 공동체 이익의 균형 감각을 가지고 행동하는 인자가 필요하다. 그 인자가 시민의식이다. 사회 어떤 곳에서도 시민의식을 공통분모로 하여 인간관계를 유지하고 문제를 해결하는 것이다. 친소관계와 정(情)의 관계에 따라 달라지는 특수성보다 이성을 기반으로 한 시민의식이 누구에게나 보편적으로 내재화되어야 가능하다. 우리가 지향해야 할 개혁의 방향성이고 시대정신이다. 경로의존성을 가진 집단주의나 결과중시의 문화와 충돌한다. 그래서 힘들고, 한국인 모두의 노력과 지도자의 솔선수범이 필요한 이유이다.

청와대 국정과 여의도 정치의 특수성

　청와대는 대한민국 어디에서도 찾아볼 수 없는 특수한 조직이고 다른 곳에서 경험할 수 없는 일을 하는 곳이다. 예측 불가능한 긴급한 상황 발생, 신속한 대응과 실수가 용인되지 않는 완결성의 요구, 그리고 과거의 반복이 아니라 문제를 새로 구성하고 창조적 해법을 내놓아야 하는 등의 특수성이 있다. 그리고 모든 결정은 정치적으로 해석된다. 따라서 다른 분야나 직장에서 일하는 것과 유사성보다는 차별성이 강하다. 나의 경험으로 일하는 방식에 익숙해지기까지 시간이 걸렸다. 부처에서 파견 나온 '늘공'이나 정당에서 차출된 '어공'도 정도의 차이이지 마찬가지였다.

　국회에 와서 정당활동과 의정활동은 청와대와 또 달랐다. 역시 적응 기간이 필요했다. 나는 비례대표였기 때문에 지역구 의원과는 생각하고 일하는 방식이 또 달랐다. 직장마다 일하는 방식이 다를수록 적응 기간이 필요하다. 사회 전체가 비슷한 상황이라면 직장 이동에 따른 막대한 사회적 비용이 발생하게 된다.

청와대에 근무할 때, 나에 대해서 정무적 감각이 떨어진다는 말이 들렸다. 학문세계와 정치현실의 차이가 크다는 의미로 받아들였다. 그래서 그것을 부정하지도 않았고 섣부르게 정무적 감각이 있는 것처럼 행동하지도 않았다. 청와대 비서실은 하나의 팀이기 때문에 정무 감각은 정무수석과 비서실장이 가지면 된다고 생각했다. 나는 국정 전반을 조망하면서 기획하고 조정하는 전문성을 가지는 것을 중요하게 생각했다. 나의 부족한 정치력은 정치를 해본 수석이나 비서관이 채워주는 것이고 비서실장과 대통령이 최종 결심하면 된다는 생각이었다.

공직자 출신이 대통령에 출마할 때 경쟁 후보들의 비판이나 일반 국민의 우려 중의 하나가 정치를 모른다는 것이다. 소위 정치 바닥에서 통용되는 일하는 방식, 국민의 지지를 끌어내는 여론형성과 선거운동은 일반 사회와 다른 특별함이 있다는 말이다. 사회 전체에 통용되는 표준화된 행동 규범이나 관계 맺음의 기준이 없기 때문에 정치판의 특수성이 강조되고 정치판의 경험이 강점(어드밴티지, advantage)이 되는 것이다. 국민은 정치판의 행태를 불신하고 분노하지만 그래도 현실은 여의도 정치 방식을 무시할 수가 없다. 기존의 여의도 방식을 개혁해보려던 역대 대통령은 늘 국정운영에 어려움을 겪어왔다.

지금의 한국 현실에서 정치 경험이 없다는 것은 분명히 핸디캡이다. 정치를 주도하지 못하고 기존 정치인에 의존적이기 쉽다. 하지만 어설프게 정치인 따라가다가는 죽도 밥도 안 된다. 공정, 법치, 통합 등 몇 가지 원칙을 가지고 일관성을 지켜 국민의 신뢰와 지지를 얻는 길이 최선이다. 정무적 감각의 마지노선은 탐욕의 '정치 타짜'들이 부리는 권모술수나 선거기술 정도는 알고 속지 않는 것이다.

국민통합: 포용의 사회

현실: 배제와 갈라치기

집단주의 사회인 대한민국은 본래가 개인의 집합이 아니라 집단의 집합이다. 지역·이념·학교·세대(나이)·성별에 따른 집단, 그리고 각종 동호회와 친목회 등 집단으로 이루어진 사회이다. 같은 집단에 속한 구성원과 그렇지 않은 일반인과의 인간관계에 차이가 크다. 인식조사에서 분명하게 드러난다. 2020년 사회통합조사 결과에 따르면 한국 사람들은 가족과 지인(아는 사람)에 대해서 신뢰한다(약간+매우)고 응답한 비율이 각각 95.2%와 78.5%지만 낯선 사람과 외국인에 대해서 신뢰한다는 응답은 각각 15.1%와 14.6%에 불과했다. 자신이 속한 집단을 경계로 신뢰 정도가 확연히 구분된다. 집단주의 특성이고 글로벌 개방 사회로 나가기 위해서 극복해야 할 인식이다.

[표 7.3] 집단 구성원에 대한 포용 정도

(단위: %)

구분	① 받아들일 수 없음	받아들임			
		② 나의 이웃이 되는 것	③ 나의 직장 동료가 되는 것	④ 나의 절친한 친구가 되는 것	⑤ 나의 배우자가 되는 것
장애인	3.6	22.7	38.7	32.6	2.5
결손 가정의 자녀	3.0	18.2	31.9	32.2	14.6
외국인 이민자·노동자	9.9	29.7	42.0	16.4	2.0
북한이탈주민	18.3	30.5	37.7	12.0	1.4
전과자	69.4	19.4	9.0	2.1	0.1
동성애자	57.0	24.8	13.8	4.3	0.0

한국 사회의 폐쇄적이고 경직적인 집단주의는 '포용'과 타인과의 '감정적 거리'를 조사한 결과에서도 분명하게 확인할 수 있다. 〈표 7.3〉은 한국 사회에서 소수 또는 소외계층에 속하는 사람들에 대한 포용의 정도를 나타내고 있다. 설문 대상 중에서 장애인과 결손 가정 자녀에 대해서는 포용도가 96% 이상으로 높았는데 대체로 직장 동료 또는 친한 친구 수준에서 받아들이는 것으로 조사되었다. 외국인 이민자·노동자와 북한 이탈주민에 대해서는 응답자의 70% 내외가 이웃 또는 직장 동료로는 받아들이지만 절친이나 배우자가 되는 것에 대해 동의하는 정도는 20%가 되지 않았다. 한국 사회에서 가장 소외될 수 있는 집단은 전과자와 동성애자로 보인다. 집단 구성원으로 받아들일 수 없다는 응답이 각각 69.4%와 57.0%로 높았다.

〈표 7.4〉는 감정적 거리를 '차갑다'와 '따뜻하다'로 구분하여 조사한 결과를 정리한 것이다. 정치적 견해를 달리하는 사람과 종교가 다른 사람의 경우 '차갑다'(0℃+25℃)고 응답한 비율이 '따뜻하다'(75℃+100℃)고 응답한 비율보다 2배 이상 높았다. 고령층, 청년층, 이성에 대해서는 '따뜻하다'는 응답이 2~3배 높았

[표 7.4] 집단별 감정적 거리에 대한 인식

(단위: %)

구분		0℃ 차갑다	25℃	50℃	75℃	100℃ 따뜻하다
나와 정치적 의견이 다른 사람		4.9	29.3	50.2	15.0	0.7
고령층		1.6	14.9	43.8	34.7	5.0
청년층		1.3	12.4	43.8	36.8	5.8
이성		3.5	14.7	45.4	29.6	6.8
	남성 응답자	3.3	15.1	42.7	31.5	7.4
	여성 응답자	3.7	14.4	47.9	27.7	6.2
나와 종교가 다른 사람		8.1	26.9	51.6	12.5	1.0

으며, 이성의 경우 남성과 여성 응답자의 답변에 큰 차이가 없었다.[10]

이상의 설문조사 결과를 종합하면, 한국 사회에서 소외되거나 소수 집단에 속한 사람들은 차별받고 있다는 느낌을 충분히 받을 수 있고, 정치적 이념 또는 종교적 신념이 다른 경우에도 상호 간에 정서적 친근감이 약하고 포용의 마음을 갖지 못한다는 것을 확인할 수 있다. 다시 한번, 내집단 유대, 유사성-끌림 등의 집단주의 성향이 강하게 자리 잡고 있다고 요약할 수 있다. 포용과 통합으로 가는 데 커다란 장벽이다.

이런 현실에서 정치는 포용이 아니라 더욱 배제의 길로 가고 있다. 갈라치기 정치로 대한민국이 더욱 조각나고 있다. 특히 문재인 정부에서 어떤 때는 기업 규모로, 어떤 때는 고용형태로, 어떤 때는 소득으로, 어떤 때는 가진 집으로, 어떤 때는 세놓은 집으로, 어떤 때는 COVID-19 피해 규모로 국민을 나누고 서로 반목하게 만들고 있다. 그중에 어느 집단에게 "우리는 당신 편이야"라는 정치적 이해를 드러낸다. 포용을 내세우지만 구호와 목소리뿐이다. 진심이 읽히지 않는다. 정치적으로 표가 되는 포퓰리즘 포용이다. 정치 공학적 포용이고 선거용 포용이다. 대한민국을 생각하는 지도자라면, 그리고 정치인이라면 정파적 포용이 아니라 초정파적 포용이어야 하고 국민통합을 위한 포용이어야 한다.

포용의 리더십

일자리를 구하기 어렵고, 내 집도 구하기 어려워졌으며, COVID-19로 더더욱 장사 안되는 힘든 상황에서 모든 사람의 마음이 각박해지고 있다. 다른 사람을 배려하고 포용할 여유가 사라지고 있다. 곳간에서 인심 난다는 말이 있듯이 지금은 많은 사람의 개인 곳간이 비어가고 있다. 인심이 나올 여력이 사라지고 있다. 이러할 때 지도자의 따뜻하고 끌어안는 리더십이 필요하다. 리더는 소집단주의자가 아니라 대한민국을 하나로 만드는 대집단주의자이어야 한다. 100% 대한민국을 만드는 리더십이 필요하다.

[그림 7.3] 탕평비문(탁본)

성균관대학교 정문을 들어서면 왼쪽에 탕평비가 있다. 비문(〈그림 7.3〉)에 새겨진 글이다: "주이불비내군자지공심(周而不比乃君子之公心) 비이불주식소인지사의(比而不周寔小人之私意)." 군자는 두루(周) 포용하고 편(比)을 가르지 않는 공의 마음을 가진 사람이고, 소인은 자기 생각으로 편을 가르고 두루 포용하지 못하는 사람이다. 국민이 원하는 대한민국의 리더는 군자의 길을 기대하고 있다.

지역주의, 이념 대립, 세대 갈등, 성 대결, 소득 및 노사 간의 계층 충돌을 어느 한 편에 힘을 실어 승자를 만드는 것이 아니라 모두를 포용할 수 있는 열린 사고와 유연한 리더십이 필요하다. 이념적 양극화가 격해지면서 어느 정권 때나 목숨을 걸고 반대하는 집단이 존재하게 되었다. 대응하기가 만만치 않다. 5년의 짧은 임기에 앞만 보고 달리고 싶은데 앞을 가로막으니 답답하다. 내가 옳다는 자기 확신에 갇혀 조금도 양보하지 않는다. 대화가 되지도 않지만 대화로 갈등을 풀어나가는 기술도 부재하다. 싸움의 기술만 가지고 있다. 힘 대 힘의 대결이다. 갈등 해결의 기준도 없다. 합리적 대화가 불가능한 이유이다. 그래도 정치는 다수의 국민이 공감해줄 때까지 기다려야 하고 그때가 되면 상식이 힘을 발휘한다. 국민 다수가 인내의 임계치에 도달하면 이제 다수의 힘으로 문제를 해결해도 수용이 된다.

옳음의 판단 기준: 95%, 2/3, 1/2

대학은 진리를 탐구하는 곳이다. 무엇이 옳은 것인지, 타당한 것인지에 대한 기준이 상식 수준보다 엄격하다. 사회과학에서 설문조사를 할 때가 많은데 일반적으로 95%의 신뢰도를 적용한다. 대통령 국정수행 지지도나 정당 지지도 여론조사에서도 이 기준을 밝힌다. 5% 정도의 오류는 인정하는 것이다.

교수 출신으로 청와대에서 정책을 판단할 때에도 초기에는 부족하거나 잘못된 부분이 먼저 눈에 띄고 그래서 결론을 내리는 데 시간이 걸렸다. 95%의 옳음을 기준으로 생각하는 데 익숙해 있었기 때문이다. 2014년 공무원 연금개혁을 추진하면서 그 기준은 2/3로 낮아졌다. 그동안 몸에 밴 학문적·과학적 타당성이 아니라 정치적 타당성을 인정하는 기준이었다. 국민의 2/3가 찬성하는데 그것을 추진하지 않으면 무능한 정권이고 무능한 리더이다.

그런데 정치는 1/2의 유혹을 뿌리치지 못한다. 심지어 국민의 50% 지지를 얻지 못함에도 불구하고 집권 세력의 굳은 신념과 개혁의 이름으로 강행하는 경우가 나타난다. 지지자들이 숫자로는 50%가 되지 않더라도 이들이 응집해서 내는 목소리는 50% 이상으로 들리기 때문이다. 무리하더라도 때를 놓쳐서는 안 된다는 조급함도 작용한다. 문제는 국민에 도전하는 것이고 국민의 상식에 반한다는 데 있다. 국민은 이를 심판할 정도의 성숙한 민주의식을 지금까지 보여주었다.

일반국민 과반이 안 되는 지지를 50% 이상으로 끌어올린다면 그것은 분명히 훌륭한 리더십이다. 대한민국의 지도자는 최소한 국민 1/2 이상 2/3의 지지를 이끌어내는 리더십이 있어야 하고 그때까지 기다릴 줄 아는 인내심이 필요하다. 국민 100%가 찬성하는 것은 아니더라도 그런 리더의 자세에서 국민은 통합의 리더로 받아들인다.

50.01%의 득표를 하면 무조건 당선되는 대통령 선거에서 각 정파는 유권자 갈라치기, 포퓰리즘의 선거기술에서 벗어날 수 없다. 유권자는 그런 포퓰리즘에 약해지지만 그래도 기대하는 것은 통합의 리더이다. 한쪽 편이 아니라 대한민

국의 편이기를 희망한다. 한쪽 편에 서는 것이 용인되는 것은 약자 편이다. 질적인 힘이 약하거나 규모의 힘을 가지지 못한 소수 집단이다. 그중에서도 가장 우선순위를 두어 편을 들어주어야 할 대상은 가장 큰 고통을 받는 사람들이다.

차등의 원리: 고통의 최소화

빈곤의 시대에는 모두가 배고픔의 고통을 안고 있었다. 특정 계층이 아니라 전 국민이 대상이었다. 먹는 것을 해결해서 고통에서 벗어나는 기쁨은 너무나 컸다. 지금은 먹는 것 가지고 고통을 받는 경우는 드물다. 오히려 치매 등 불치의 질병이나 갑작스럽게 닥친 재난으로 겪는 고통이 훨씬 크다. 먹고 살만한 사람에게 더 맛있는 음식을 더 많이 주어 얻어지는 만족의 정도에 비해 그 비용으로 고통받는 사람들을 지원해서 얻어지는 고통의 감소가 가져다주는 기쁨의 정도가 훨씬 크다. 국가가 앞장서고 국가 리더가 편들어야 할 대상이다.

장애인, 결손 가정 자녀, 동성애자 등 소외된 소수자에 대한 배려도 고통 최소화의 원리[11]로 정당화되어야 한다. 현재 이들 소수자가 아니거나, 불치의 질병을 앓고 있지 않거나, 재난을 겪지 않는 사람들은 쉽게 동의하지 않을 수도 있다. 어쩌면 이들 편에 서더라도 '내가 너무 이기적인 사람 아닌가' 하는 불편한 마음에서 오는 소극적 동의일 수도 있다. 하지만 이것은 특별한 배려의 마음이 아니라 이기적인 입장에서도 논리적 설명이 가능하다.

주변에 보면 많은 사람이 국민건강보험과는 별도로 생명보험, 암보험, 화재보험, 풍수해보험 등등 각종 보험에 자발적으로 가입하고 있다. 만에 하나 자신에게 발생할지 모르는 불확실성에 대비하는 것이다. 어떤 일도 일어나지 않으면 그동안 지급한 보험금이 아깝다는 생각도 들겠지만 그보다는 건강과 무재해를 다행으로 받아들이고 만족할 것이다.

장애인, 결손 가정, 동성애자를 받아들이는데 소극적인 태도는 나하고는 상관없는 일이라고 확신하기 때문이다. 하지만 지금 내가 아니라 태어나지 않은 자녀나 손자녀 중에 그런 소수자에 해당하는 사람이 있을 수 있다는 가능성은 누구도 부정할 수 없다. 내가 다음 세대 자식의 고통을 줄이기 위해 보험을 들지 않더라도 국가가 대신해서 그 고통을 줄여주는 정책을 추진한다면 마다할 이유가 없다. 정의론을 주장한 롤스(Rawls) 교수가 주장한 "무지의 베일"이 단순히 가정(assumption)을 넘어 현실적으로 적용 가능한 이유이다. 나의 직계 후손에게 어떤 일이 일어날지 모른다는 무지한 상태라면, 어쩌면 고통을 받게 될지도 모르는 나의 자손을 위해 국가가 최우선으로 자원을 사용하는 것을 반대할 이유가 없다. 즉, 나의 가족에게 일어날 수 있는 일에 대한 보험을 국가가 대신 들어주고 있는 셈인 것이다.

인·자비심·사랑의 특별한 품성에 호소해서가 아니라 가장 이기적인 생각에서 그렇다. 이들에 대한 차별금지는 너무나 당연하고 이들의 고통을 최소화하기 위한 특별한 배려까지 정당화될 수 있는 논거이다. 그런 마음을 갖는 사람이 특별히 착한 사람이 아니라 보통의 자기 생각을 하는 평범한 사람이다. 마치 COVID-19 백신 접종으로 사망하거나 부작용이 생기면 국가가 보상하자는데 모두가 암묵적으로 동의하는 것과 같다. 나 또는 나의 가족이 그 고통받는 사람 중의 하나일 수도 있기 때문이다.

그래서 숫자가 적은 고통받는 사람의 편을 드는 정치는 포퓰리즘이 아니다. 적어도 갑작스런 재난이나 질병의 고통 상황에서 기본적인 삶의 질을 보장하는 것은 국가의 책무이다. 돈이 없어 식사를 거르는 사람들, 집을 구하거나 집세를 내야 해서 먹고 살기가 힘든 사람들이 없도록 최저 생계를 보장하는 복지는 두터워야 한다. 다수에게 혜택을 주는 것이 포퓰리즘이다. 지금까지 정부가 시행한 재난지원금이 그렇고, 대선의 쟁점이 되는 기본소득이 그렇다. 국민의 70~100%에게 현금을 지원하는 것은 유권자의 표를 의식한 것 이상도 이하도 아니다.

전 국민 현금지원이 소비를 진작시켜 시장을 활성화하고 경기를 진작시키려는 목적이라면 부분적으로 이해가 된다. 하지만 이 경우에도 국민 1인당 몇십만 원 지원된 금액으로 무엇을 소비할지 생각해보면 경기 부양까지는 기대하기가 어렵다. 우선 1차 소비가 일어날 것으로 보이는 식품이나 소모품 대부분이 중국, 베트남, 호주, 미국 등지에서 수입된 상품이다. 유통은 촉진되겠지만 생산을 촉진하는 데는 한계가 있다. COVID−19로 영업을 못 하거나, 직장을 잃거나, 취업이 어려운 사람들의 고통을 줄여주기 위한 것이라면 그들에 대한 두터운 지원이 정답이다. 대한민국은 석유와 같은 부존(賦存)자원이 풍부하고 이를 소유한 국왕이 전 국민에게 시혜를 베풀 수 있는 나라가 아니다. 오로지 국민의 세금으로 재정을 확충해서 배분해야 한다.

누구나 똑같이 나누어 갖는 것이 아니라 더 큰 고통을 받는 사람을 대상으로 더 배분하는 것이 정의와 공정의 개념에도 맞는다. 〈그림 7.4〉에서 전국민 현금 지원은 두 번째 B에 해당한다면 차등 지원은 C에 해당하고 공정의 개념에 더 가깝다. 물론 가장 이상적인 정의로운 사회, 포용국가는 마지막 그림 D처럼

[그림 7.4] 배분 방식: 평등과 공정(Equality vs. Equity)

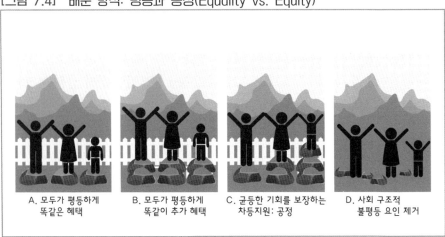

A. 모두가 평등하게 똑같은 혜택   B. 모두가 평등하게 똑같이 추가 혜택   C. 균등한 기회를 보장하는 차등지원: 공정   D. 사회 구조적 불평등 요인 제거

차별의 사회 구조적 장벽을 없애는 일이 될 것이다. 현재 한국 정치의 현실에서는 꿈이지만 그래도 국가 지도자는 그런 미래의 비전을 가슴 속에 담고 있어야 하지 않을까?

　포용사회의 문을 열고 국민통합으로의 길을 내는 것은 정치권의 책임이다. 야당의 책임을 부정할 수는 없지만 그래도 열쇠는 국정운영의 힘을 가진 집권 여당 그리고 대통령이다. 대통령이 갈등, 대립, 갈라치기의 중심에 있어서는 대한민국의 장래는 어둡다. 진영, 집단, 또는 계층 간의 갈등이 초래하는 사회적 비용은 소외계층의 지원에 따른 비용과는 비교가 되지 않는다.[12] 소수자의 편, 정의의 편이 아닌 어떠한 편 가름이나 줄 세우기도 외세의 힘이 아닌 내부의 힘에 의해 국력을 스스로 약화시키는 일이다. 대한민국의 리더는 한 정파의 집권 20년을 고민할 것이 아니라 대한민국의 발전 200년을 구상해야 한다.

미주

1 Grutter v. Bollinger, 539 U.S. 306, 2003. O'Connor 대법원 판사는 다수 의견을 대표해서 판결문에 오늘 판결로 인정된 인종 우대 입학제도는 "반드시 한시적이어야 하며", 앞으로 25년 뒤에는 다시는 이런 우대 제도가 필요 없기를 기대한다는 내용을 담았다.

2 The Guardian, How elite US schools give preference to wealthy and white 'legacy' applicants, 2019. 1. 23. 기사에 따르면, 하버드대의 경우 동문 가족 자녀 우대 지원자의 인종별 합격률이 백인 21.5%, 아시아계 6.6%, 그리고 아프리카계 4.8%이다.

3 2018년 조사를 보면 미국 사립대학교의 42%, 주립대학교의 6%가 입학 사정에서 동문 가족을 우대한다고 응답했다(Inside Higher Ed, The 2018 Surveys of Admissions Leaders: The Pressure Grows, 2018. 9. 24).

4 〈설문〉 한국 사람들이 어떤 행동이나 결정을 할 때, 다음 요소를 얼마나 의식한다고 보십니까? 7점 척도로 측정하였으며 "전혀 의식하지 않는다", "중간이다", "매우 의식한다"를 각각 1점, 4점, 7점으로 표시하였으며, 동의 비율은 "약간 의식한다(5점)"에서부터 "매우 의식한다"까지의 응답을 합한 것임.

5 〈설문〉 다음 문장에 동의하는 정도를 표시하여 주십시오. "전혀 동의하지 않는다", "중간이다", "매우 동의한다"에 각각 1, 4, 7점을 부여하였다.

6 여성가족부의 의뢰로 한국여성정책연구원 및 ㈜한국갤럽조사연구소가 공동으로 설문조사를 수행하였으며 인터넷을 이용한 온라인 조사였다. 이하 자료는 여성가족부, 「청년의 생애과정에 대한 성인지적 분석과 미래 전망 연구」 결과 발표, 보도자료, 2021. 3. 10.

7 불확실성 감소이론이라 하며 최초 대면 커뮤니케이션의 중요한 이론이다. Charles R. Berger and Richard J. Calabrese, Some Explorations in Initial Interaction and Beyond: Toward a developmental theory of interpersonal communication. *Human Communication Research*, 1(2), 1975, pp. 99-112.

8 경제 관점에서도 포용경제는 과거 일시적으로 유행을 타던 자본주의 4.0이나 "따뜻한" 경제(자본주의)보다 훨씬 보편적이고 글로벌 사회에서 수용되는 보통명사가 되었다. 포용경제의 용어도 시장경제를 대체하는 것이 아니라 보완하는 개념이기 때문에 "지속 가능"이나 기업의 사회적 책임이나, 최근 강조되고 있는 ESG 등과 같이 유행의 성격을 띠고 있는 것도 사실이다.

9 문재인 정부에서 공공부문의 인사정책에서 가장 큰 문제는 정규직 전환이 정교하지 못해 내부 구성원은 물론 취업준비생들에게 불공정한 결과를 초래한 점과, 정부나 공공기관의 직급별 장기 인력 추세를 무시한 채 단기간에 과격한 규모로 채용이 이루어진 점이다. 조직·인사 관리 차원에서 특정 연도나 시기에 채용한 인력이 과거의 추세에서 벗어날 정도의 큰 규모인 경우, 이들 시험 동기는 조직 내에서 규모의 파워는 물론 어느 시점부터 중간관리 이상의 간부직을 장악하는 사내 권력을 형성할 위험이 있다.

10 이 응답으로 보면 언론에 자주 기사화되는 남성 혐오나 여성 혐오의 갈등은 차갑다(0℃)로 응답한 3%의 소수 집단에 의해 주도되는 큰 목소리로 추정해볼 수 있다.

11 쾌락(행복)의 총량 극대화를 주장하는 공리주의(utilitarianism)와 다르게 고통의 총량을 최소화하자는 주장으로 부(負, -)의 공리주의(negative utilitarianism)와 유사하다.

12 박준 삼성경제연구소 수석 연구원은 전국경제인연합회 국민대통합 심포지엄 주제발표(한국사회갈등 현주소, 2013. 8. 21)에서 사회적 갈등으로 인한 경제적 비용이 2010년 명목 GDP 기준으로 최고 246조에 이를 것으로 추정하였다. 현대경제연구원은 '사회적 갈등의 경제적 효과 추정과 시사점'이라는 발표문(2016. 11. 13)에서 사회적 갈등 수준이 OECD 평균 수준이나 G7 평균 수준으로 개선된다면 실질 GDP가 0.2~0.3%P 정도 추가 상승이 가능할 것이라고 주장하였다.

8

대한민국, 시대정신, 그리고 개혁

분권, 자율과 책임: 진단

08

분권, 자율과 책임: 진단

　분권, 자율과 책임은 가장 필요한 시대정신이면서 가장 힘든 도전 과제이다. 바로 우리 사회의 문화적 특성과 대립하기 때문이다. 최고의 한 사람 또는 중앙에 권한이 집중되어 있고 위계적으로 서열화되어 있는 권위주의 문화에서 살고 있기 때문에 한편으로는 익숙하고 한편으로는 '이건 아닌데'라는 비판적 시각도 동시에 가지게 된다. 집단주의도 그렇다. 다 같이 어울려서 생활하는 데 익숙해져 있고 집단의 결정이나 큰 흐름에 따르면 그런대로 편하게 세상을 살 수 있다. 하지만 혼자 독립하여 자율적으로 행동하고 결과에 책임을 지는 것에는 취약하다. 그러면서 집단에 묻히고 자신의 주체성이 보이지 않는 것을 성찰하고 이제 달라져야 한다는 인식이 한편으로 자리 잡는다.

　우리는 지금 집권과 집단의 구조 속에서 사고하고 행동하는 것에 사회화되어 있으면서, 다른 한편으로는 분권과 개인 중심의 행동과 사고로의 전환을 바라고 있다. 익숙한 과거에 안주할 것인지, 과도기의 불편과 혼란을 감수하면서 변화에 도전할 것인지의 갈림길에 서 있다. 하지만 모든 생물은 중력을 이겨낼 때 성장하고 이겨내지 못하면 쇠퇴한다는 자연의 원리를 생각하면 선택은 자명하다.

공정, 다양성과 시민의식의 시대정신을 강조하면서 가장 많은 분량을 할애한 이슈는 현재 한국 사회에서 불공정과 강요된 획일성 그리고 가치 부재의 혼란을 겪고 있는 교육과 취업의 문제였다. 한편 분권, 자율과 책임의 시대정신 차원에서 가장 뜨거운 이슈는 권력 배분의 문제라 할 수 있다. 논쟁의 핵심은 개헌을 이야기할 때 빼놓을 수 없는 권력구조의 개혁이다. 한편 권력구조와 분리하여 생각할 수 없는 것이 정당제도와 선거제도이다. 제왕적 대통령, 여당과 야당의 극한 대립, 선거 포퓰리즘 등 한국 정치 행태의 후진성이 모두 이들 제도와 관련이 있다. 이들 제도를 개혁하지 않고 위대한 대한민국은 불가능하다. 먼저 이들 제도에 관해 미국과 유럽의 사례를 이해하면서 한국의 현상을 비교 진단해본다.

대통령제: 미국의 견제 장치를 통해 한국을 본다

대통령 한 사람에게 권력이 집중되어 제왕적이라는 비판을 받으면서도 한국 사회에서 대통령제가 유지되고 있는 것은 최고 중심의 위계적 집단주의 문화와 어울리기 때문이다. 하지만 대통령 한 사람에게 집중된 권력의 부작용을 경험하면서 권력구조 개혁의 요구는 계속 커지고 있다. 제대로 된 개혁을 하기 위해서는 우선 대통령제를 처음으로 설계하고 도입하여 현재에 이르고 있는 미국의 제도를 이해하고 여기에 한국의 실제를 비추어 보는 것이 필요하다.

미국 대통령제의 탄생1

권력거리가 작은 수평적 사회이자 군주에게 권력이 집중되는 것을 경계하는 민주주의 국가 미국에서 대통령제를 채택했다는 것이 흥미롭다. 미국은 1776년 독립 선언을 하고, 1787년에 헌법을 제정해, 그 헌법에 따라 선출된 대통령(조지 워싱턴)이 1789년 취임하였다. 유럽과 다르게 완전히 신생국가로 출발하는 미국이 고민하여 설계한 권력구조가 대통령제이다.

영국과의 독립전쟁 승리 이후 13개 주가 결성하여 구성한 연방제에서는 헌법을 제정한 1787년 이전까지 의회 이외에 행정을 담당하는 기구가 존재하지 않았다. 헌법 제정 과정에서 유럽의 전형을 따라 의회에서 다수당을 차지한 정당이 행정권을 행사하는 의원내각제 형태가 당연한 대안이었을 것이다. 하지만 뉴햄프셔, 코네티컷 등 인구가 적은 주들은 인구 비례로 의원을 선출하여 의회를 구성하게 되면 뉴욕, 펜실베니아, 매사추세츠, 노스캐롤라이나 등 인구가 많은 주들이 의회를 상악하는 것을 우려하였다. 규모가 작은 이들 주의 우려를 반영하여 행정권을 의회에 두지 않고 분리시켜 대통령에게 부여한 것이다. 새로운 국가를 세우는 건국 시기에 강력한 리더십이 필요했다는 점도 대통령제 도입에 영향을 주었을 것이다.

당연히 대통령이 군주를 대체하여 개인의 권리를 침해할 위험 요소를 경계하고 이를 방지할 방안을 설계하여 헌법에 담았다. 그것이 바로 선거를 통해 대통령을 직접 선출하고 국가 권력을 입법부, 행정부, 사법부 3부로 나누어 상호 견제와 균형이 가능하도록 제도를 설계한 것이다. 의회는 당시 인구가 적은 주의 반발로 행정권을 갖지 못했지만 헌법 제정의 주체로서 대통령에게 행정권을 부여하되 입법권을 포함한 견제 권력을 직접 행사할 수 있도록 하였다.

다만 건국의 아버지로 불리는 헌법 제정자들은 의회의 권력도 상원과 하원으로 나누는 등 의회에의 권력 집중도 경계하였다. 대통령이든, 의회이든 권력의 집중을 제도적으로 차단시킴으로써 권력의 오남용 가능성을 봉쇄한 것으로 보인다. Federalist 논설에 "만약 인간이 천사라면 정부는 필요 없을 것이다"는 진술에서 알 수 있듯이 미국은 인간의 본성을 악하다고 전제하고(불신하고) 모든 제도를 설계한 것이다. 소위 불신의 제도화(institutionalization of distrust)이다.

입법부(의회)의 견제

의회의 헌법적 권한

의회의 헌법적 권한에서 한국과 확실한 차이가 있다. 첫째, 미국에서는 의회가 입법권을 독점한다. 우리나라도 입법권은 국회에 속한다고 헌법에 규정(제40조)하여 법률을 제정하거나 개정 또는 폐지하는 권한은 국회가 독점하고 있다. 하지만 한국은 (미국에 없는) 행정부가 법안을 만들어 국회에 제출하는 입법발의권이 있다. 또한 헌법 개정을 제안할 수 있는 권한을 국회와 함께 대통령에게도 부여하고 있다(제128조 제1항).[2]

둘째, 미국은 의회가 예산 편성에서 심의, 회계감사까지 주도적 권한을 가지며 의회를 통과한 예산안은 법률의 효력을 가진다. 미국도 대통령 직속의 관리예산처(Office of Management and Budget, OMB)가 있어 행정부의 예산을 편성하지만 의회에 '보고'하는 성격으로서 의회는 자체 의회예산처(Congressional Budget Office)의 지원을 받아 어떠한 제한 없이 예산을 수정·편성할 수 있다. 한국은 행정부에 예산편성 권한을 주고 국회는 예산안을 심의·확정하는 권한만 가진 것과 대조적이다. 우리나라는 국회가 예산심의 과정에서 예산을 증액하는 경우에도 정부의 동의가 있어야 가능할 정도로 오히려 국회의 예산권을 행정부가 견제하고 있는 상황이다.

셋째, 미국은 군인을 제외하고 약 2천 명 정도가 상원의 인사청문 대상이다. 물론 1년에 수백 명 정도가 상원의 조사와 공개 청문회를 거치지만 이 경우에 다수가 관례적으로 통과된다. 다만 언론과 국민의 관심을 끄는 장관 등의 정책결정 직위와 사법부 판사 후보자 등은 통과율이 낮은 경향이 있다. 청문 대상은 많지만 통과율이 높은 것은 건국 초기부터 고위직을 승자의 전리품으로 생각하여 고위직 인사는 대통령의 고유 권한이라는 인식이 강하고 후보자를 지명하기 전에 대통령실과 상원 간에 소통하고 공감대를 형성하기 때문으로 이해된다. 한편 한국의 국회 인사청문 대상은 54명에 불과하기 때문에 통과율에 상관없이 대통령 권한을 견제하는 기능은 제한적이다. 특히 이 중 43명은 국회의 동의가 필요하지 않기 때문에 국회에서 인사청문보고서를 채택하지 않더라도 대통령이 임명을 강행할 수 있다.[3]

의회의 기관 역량

200만 명 이상의 직업공무원이 일하고 있는 행정부와 비교하여, 의회는 정책 역량이 떨어질 수밖에 없지만 의회예산처, 감사원, 의회조사처를 통해 행정부를 견제할 수 있는 기관 역량을 가지고 있다. 첫째, 의회예산처(Congressional Budget Office, CBO)는 의회의 예산 관련 지원을 담당한다. CBO는 265명의 인력이 대부분 석박사 학위를 가진 경제학 또는 정책분석가들로 전문성 역량을 가지고 있다.[4] 국내에서 예산법률주의 도입에 대한 논의를 할 때 자주 등장하는 지적이 국회의 예산 전문성, 즉 국회의원, 보좌진, 예산정책처의 역량 부족이다. 의회예산처에 해당하는 우리나라 국회의 예산정책처 정원은 2021년 6월 기준 138명이다.

둘째, 미국 의회는 예산의 편성과 심의뿐만 아니라 행정부의 예산 사용에 대한 회계감사[5] 권한 등 예산의 주도권을 가진다. 특히 미국의 감사원(Government Accountability Office, GAO)은 의회 소속으로 대통령으로부터 완전히 독립하여 행정부의 예산 지출에 대한 회계감사 권한을 행사한다. 우리나라 감사원은 헌법 기관이지만 대통령 소속(헌법 제79조)이고 감사원장을 대통령이 임명하기 때문에 독립성의 문제가 자주 제기되는 것과 차이가 크다.

셋째, 의회조사처(Congressional Research Service, CRS)는 의회예산처 및 (회계)감사원과 함께 미국 의회의 핵심 입법 보조기관이다. 의회조사처는 의회가 행정부와 대등한 위치에서 입법활동과 국정조사 등 의정활동을 할 수 있도록 지원하는 기관이다. 의정활동에 필요한 자료 및 사실 정보를 제공하는 기능에서 출발하여 현재는 의회가 요청한 법안 및 정부가 제출한 건의안에 대해서 검토·분석·평가 업무를 수행하고, 의회의 요청이 없더라도 입법 관련 데이터를 수집·분석해서 연구보고서, 회보, 번역문 등의 형태로 의원과 위원회가 이용할 수 있도록 제공하고 있다. 의회조사처 인력은 1980년대 중반 850명 이상이었으나 현재는 600여 명 수준이고 이 중 400명 이상이 경제학자, 법률가, 과학자, 정책분석가 등의 전문가들이다. 미국 의회조사처를 벤치마킹하여 2007년 설립된 국회 입법조사처의 정원은 2021년 6월 기준 126명이다.

의원실 역량

미국 의회는 기관 차원에서 대통령(행정부)을 견제할 역량을 갖추고 있을 뿐만 아니라 의원실 차원에서도 의정활동을 돕는 강력한 인력 지원이 이루어지고 있다. 하원 의원에게는 의원 보좌진 인건비로 연간 10억 원 이상(2019년 기준, $944,671)이 동일하게 지원되고 최대 18명의 정규직 직원과 시간제나 유급 인턴 등의 비정규직 4명을 채용할 수 있다. 보좌진 직책명이나 보수 수준은 의원실 재량이다.

상원 의원의 경우에는 인건비 지원 규모가 각 주의 인구에 따라 30~50억 원(2020년 기준 $2,798,783~$4,448,075) 범위이다. 상원의 경우 보좌진 수에 대한 제한이 없다. 직책명과 보수 수준 결정도 재량이고, 의원실의 수석 보좌관(비서실장)에 해당하는 직책의 보수 수준은 평균 170,278달러(2억 원 정도)이다.[6] 의원 보수 174,000달러에 근접한다. 보좌진의 높은 보수 수준을 보면 민간 및 정부 부문과 경쟁하여 유능한 인재를 확보하는 것이 가능하다.

한국의 의원실 보좌진 지원은 4급 2명, 5급 2명, 6~9급 각 1명, 그리고 유급 인턴 1명을 포함해서 9명이고 모든 의원실에 동일하다. 미국에 비해 인력지원이 경직적이고 통제 중심이다. 언론에서 가끔 유럽 국가의 의원실 보좌진이 적고 의원실 운영이 검소하다고 소개하면서, 우리나라 국회의원의 보좌진 규모를 비판하기도 하는데 이는 권력구조(정부형태)의 차이를 고려하지 않은 것이다. 의원내각제를 채택하는 유럽 국가는 대통령제 국가와 다르게 입법부와 행정부가 상호 견제의 관계가 아니라 융합의 관계이다. 의원내각제는 집권 여당에게 행정권까지 확실하게 주되 선거를 통해 결과에 대한 책임을 묻는 자율과 책임의 권력구조이다. 행정부 견제를 위한 보좌진이 적은 이유이다.

사법부의 견제

사법심사권

견제와 균형 차원에서 사법부의 가장 중요한 행정부 견제 권한은 사법심사권이다. 특히 미국 대통령은 입법 발의권은 없지만 행정명령(executive order)을 통해 법의 효력에 준하는 영향력을 행사할 수 있다. 행정명령은 대통령이 의회가 만든 법과 예산을 집행하는 과정에서 부여받은 재량권이다. 행정명령이 내려지면 법원의 폐기 또는 중지 판결이 날 때까지 그 효력이 계속 유지된다. 행정명령으로 권익이 침해된 당사자가 의지할 수 있는 곳이 바로 법원이다. 실제로 트럼프 대통령은 한국인을 포함한 외국인 이민 관련 입국이나 미국 체류를 엄격하게 제한하는 행정명령을 여러 번 내렸는데 연방법원의 판결에 의해 집행이 중지·지연되는 경우가 많았다.[7]

법원의 독립성: 법관의 종신 임기제

미국에서 사법심사권 이상으로 사법부가 대통령을 견제할 수 있는 가장 강력한 힘은 법관의 종신 임기제에서 나온다. 종신형 신분보장은 연방법원 대법관뿐만 아니라 모든 연방법원의 판사에게 적용된다. 3부 중에서 유일하게 국민의 대표성을 직접 위임받지 못했음에도 불구하고 법관의 임기를 평생 보장받도록 제도를 설계한 것은 법관이 누구로부터도 정치적 영향을 받지 않고 독립적 지위에서 공정하게 판결해야 함을 강조한 것이다. 그래야 국민은 재산권을 포함한 자신의 권리가 타인 또는 공권력에 의해 침해되었을 때 최종적으로 사법부에 의해 보호받을 수 있다는 확신을 가질 수 있다. 특히 법원의 분명한 법해석과 공정하고 일관된 법 적용이야말로 사회의 불확실성을 제거하고 질서를 세우는 건국의 기반임을 헌법 제정자들이 충분히 이해했던 것 같다.

우리나라 사법부의 경우, 대법원장과 대법관의 임기는 6년이다. 고등법원과 지방법원의 법관(판사)은 65세까지 정년이 보장되고, 탄핵이나 금고 이상의 형을 선고받지 아니하고는 파면되지 않는 등 일반 공무원보다 강력한 신분보장 제도를 가지고 있다. 이러한 제도적 장치에도 불구하고 대법원장은 임명권자인 대통령과의 특수한 관계를 벗어나기 어렵다. 하급법원의 판사는 대법원장의 인사권 행사에 따라 승진, 전보 등이 결정되기 때문에 대법원과 상하 관계에 있다. 최고 중심의 위계적 집단주의가 법원에도 제도화되어 있다.

무엇보다도 법원에 연구회의 이름으로 활동하는 판사들의 비공식 모임(집단)이 있고, 대통령 권력의 이념적 성향에 따라 특정 연구회 소속 판사들이 대법관에 임명된다는 비판이 제기되어 왔다. 대법원장은 각급 법원의 판사 임명권을 행사하기 때문에 법원 피라미드의 정점에 위치하고 판사들은 승진, 사법연수원 기수, 학교 선후배 등의 영향으로 위계적 관계에 놓이게 된다. 대법원장과 대법관이 대통령을 독립적 지위에서 견제하기가 어렵고, 하급법원의 판사는 대법원과의 위계관계에서 자유롭지 못한 사법부 구조이다.

대통령 권력의 태생적 한계: 연방국가

입법부와 사법부의 대통령 견제 장치 못지않게 행정부 수반인 대통령을 견제하는 장치는 연방제이다. 미국은 1776년 독립 이전부터 이미 13개 주가 영국의 식민지로서 독자적인 영토와 자치권을 행사해왔다. 독립 이후 하나의 통일 국가를 세우는 것에 동의하면서도 각 주의 자치권을 최대한 유지하면서, 통합 국가에 필요한 권한만을 연방정부에 넘긴 것이다.

미국의 주를 'state'라 하는데 자치권을 행사하는 'province'와 질적 차이가 있다. 미국의 주는 입법권은 물론 사법권을 가지고 있기 때문에 사형제도가 주마다 다르고 주지사가 사면권을 행사한다. 선거 관리의 책임 역시 각 주에 분권화되어 있어 대통령 선거에서 선거인단을 최종 결정하는 책임도 주에 있다. 우리나라처럼 국가 차원에서 선거를 관리하는 중앙선거관리위원회가 존재하지 않는다. 또한 주지사 관할의 주 방위군(national guard)이 있을 정도로 강한 자치권의 전통을 가지고 있다. 그래서 미국의 주는 '지방자치단체'가 아니라 '지방정부'인 것이다. 많은 권한이 주 정부에 있고 주 정부의 자율과 책임이 중요하다. 단방제의 단일국가 형태인 우리나라와 근본적인 차이가 나는 이유이다.

미국의 연방제를 가족에 비유한다면, 자식들이 각각 분가하여 독립적으로 잘살고 있다가 가족 차원에서 힘을 합쳐 대응할 필요성을 인식하고 가족 대표를 뽑아 권한을 부여하는 것과 같다. 이때 가족 구성원들은 기존과 같이 각자의 방식대로 살아가는 권한을 유지하되 가족 전체가 규모의 한 목소리로 대응하는 것이 유리하다고 생각하는 일만 가족 대표에게 넘길 것이다.

우리나라처럼 단일 중앙집권 국가가 시도의 분권 요구에 대응하여 일부 자치권을 이양하는 경우와 반대이다. 한국의 분권은 마치 부모가 보유한 재산으로 대가족 살림을 하다가 자식이 성장하여 재산을 조금씩 나누어주면서 분가시키는 모양새다. 부모가 이미 가진 재산이나 권한을 넘기는 것이고 또 자식이 아직 미덥지 않은 등등의 이유로 분가에 소극적일 수밖에 없다. 우리나라에서 지방분권을 바라보는 중앙정부(국가)의 시각이다.

〈표 8.1〉은 지금까지의 논의를 표로 요약 정리한 것이다.

[표 8.1] 대통령 견제 장치: 미국과 한국의 비교

견제		미국	한국
입법부의 견제	헌법적 권한	• 입법권 의회 독점	• 행정부 입법 발의권 • 대통령 개헌 발의권
		• 예산 편성권(예산법률주의)	• 예산 편성권은 행정부 소관
		• 광범위한 인사청문(2천 명 이상) 　- 높은 통과율	• 인사청문대상: 54명 　- 낮은 통과율
	기관 역량	• 의회예산처: 석박사 학위를 가진 전문가 265명	• 예산정책처: 138명
		• 의회 소속의 감사원(회계감사)	• 대통령 소속의 감사원(회계감사 및 직무감찰)
		• 의회조사처: 600여 명(400명 이상이 전문가)	• 입법조사처: 126명
	의원실 역량	• 하원: 보좌진 인건비 연간 10억여 원, 정규직 최대 18명까지 허용, 직책이나 보수 결정의 재량	• 경직적이고 통제 중심: 4급 2명, 5급 2명, 6~9급 각 1명, 유급 인턴 1명 포함 총 9명
		• 상원: 30~50억 원 규모, 보좌진 수, 직책, 보수 결정의 재량, 수석보좌관의 평균 연봉은 의원과 비슷한 2억 원 수준	
사법부의 견제	사법 심사권	• 대통령의 행정명령에 대한 사법심사: 실제로 행정명령의 집행을 중지·지연시키는 판결 다수	• 행정부의 명령, 규칙, 처분에 대한 심사권
	독립성 (법관 임기)	• 종신임기제: 대법관뿐만 아니라 연방법원 판사까지 종신 임기 보장 • 강력한 정치적 독립성	• 대법관 임기 6년 • 대통령의 대법관 임명 영향력 • 법원 판사: 정년 65세 • 대법원장의 법관 인사권
정부 구성		• 연방제: 주 정부의 강력한 자치권 (입법권, 사법권) 행사 • 지방분권	• 단방제(중앙정부): 시도는 자치권이 약한 자치단체의 지위 • 대통령에 권한 집중(중앙집권)

한국의 제왕적 대통령: 미국의 대통령제 '+α' 권력

대통령제의 원조국 미국에서는 건국 초기 3부 간의 견제와 균형이 가능하도록 권한을 나누었다. 특히 세계대전과 경제 대공황을 거치면서 대통령의 권한이 강해지자 의회의 견제 권한도 함께 강화시켜 현재의 견제와 균형 상태에 이르고 있다. 이에 비해 한국은 앞에 비교한 것처럼 대통령의 권력을 견제할 입법부와 사법부의 법적 장치가 미국보다 훨씬 약하다. 여기에 우리나라 대통령은 제도화되어 있지 않은 비공식적인 '플러스 알파(+α)' 권력이 막강하다.

대통령과 당의 관계: 운명공동체

한국에서 대통령과 여당의 특수 관계를 이해하면 국회의 대통령 견제는 실효성이 없다는 것을 알 수 있다. 대통령과 여당은 임기 말 레임덕이 오기 전까지 운명공동체의 관계이다. 당은 국회에서 대통령의 국정과제 추진을 법적으로 정치적으로 뒷받침하는 "행동대장" 역할을 한다. 갈등을 줄이기 위해 당·정·청 회의를 열어 사전에 조율하기도 하지만 핵심은 대통령의 입장을 설명하고 당이 협조하는 전략회의이다. 역대 어느 정권의 어느 당 지도부도 대통령과 대립하기보다는 협조해야 국정운영의 동력을 잃지 않는다는 것을 학습해왔다. 국회에서 여당은 정부의 견제자가 아니라 정부를 비판하는 야당으로부터 정부를 옹호하는 방패막이 역할에 치중한다. 대통령이나 청와대를 직접 겨냥해서 비판의 목소리를 내는 여당 의원은 찾아보기 힘들다. 여기에는 대통령이 인사권이라는 중요한 자원을 가지고 있기 때문에, 장관에 대해 관심을 가지거나 보좌진 및 측근 인사들의 자리를 신경쓰는 의원의 경우에는 더욱 그렇다.

대통령은 여당 내에서도 대통령과 정치 인생을 함께하고 당선에 특별히 기여한 정치적 동지, 핵심 지지 세력을 가지고 있다. 동교동계, 상도동계, 친노, 친이, 친박, 친문 등이 여기에 해당한다. 이들은 당내에 가장 강력한 계파를 형성한다. 대통령을 만들어낸 지분(持分)도 있고 집권 이후에는 정당과 국회에서 성공한 대통령을 만들기 위해 헌신하며 대통령 친위대 역할을 한다. 충분히 있을 수 있는 일이다. 문제는 여당 내에서도 권력이 이들에게만 집중되고 이 헌신이 건전한 권력의 견제를 차단하는 데 있다. 국회에서의 개혁 법안 통과, 예산안 통과, 인사청문회 통과, 선거 후보자 공천 등 중요한 권력 행위를 주도하고 심지어 공공기관의 인사에도 영향력을 행사한다. 대통령에게는 강력한 우군이고 국정운영의 동력이 된다. 하지만 국민의 눈높이인 상식에서 벗어나기 쉽다. 대통령과 이들의 관계는 끈끈하다. 충성도로 맺어진 특수 관계이다. 기꺼이 주인의 이가 시리지 않도록 입술이 되어줄 준비가 되어 있다. 서로 입술이 되겠다고 충성 경쟁을 벌이기도 한다. 몸이 아니라 마음까지 챙겨 심리 경호를 한다. 다수의 국민, 보통 사람들 상식으로는 이해할 수 없는 일이 일어난다.

문재인 정권에서 계파 차원을 넘어 새롭게 등장한 정치세력 기반이 있다. 온라인에서 활동하는 대통령의 적극 지지나 극렬 지지 팬덤(fandom) 층이다. 이들에게 비호감인 사람들이 부르는 소위 "문빠" 세력이다. 이들은 여당의 지도부와 대선 후보 선출, 그리고 대통령 관련 여론 형성에 막대한 힘을 발휘한다. 정치인에게 팬덤은 대단한 자산이다. 문제는 주인을 우상시한 나머지 법에 보장되고 다수가 공감하는 비판이나 지적을 용납하지 않는 데 있다. 특히 문제를 제기한 사람들에 대해 신상 털기를 하는 등 이들에게 두려움과 위협을 느끼게 함으로써 정상적 여론 형성을 방해한다는 점이다. 대통령에 대한 국회나 법원의 공식적 견제 장치를 보완하는 일반 국민의 비공식적 권력 견제를 약화시킴으로써 정치발전을 저해할 수 있다. 추미애 전 법무부 장관이 주도한 검찰 개혁에 대해 공개적으로 비판의 목소리를 낸 검사들이 있었는데, 정권 지지자들이 이들의 사표를 받으라는 청와대 국민청원을 하였다. 박동원 폴리컴 대표는 여기에 동의한 45만 명 정도를 문대통령의 팬덤 규모로 추정하였다. 엄청난 세력이다. 일반 사회에서 나타나는 최고 중심의 위계적 집단주의보다 훨씬 강력한 대통령 중심의 위계적 집단주의가 이들을 통해 나타나고 있다.

청와대(대통령 비서실) 파워

당과 국회보다도 대통령의 더 큰 친위대 파워를 행사하는 기관이 있다. 대통령 비서실, 소위 청와대이다. 공간적으로 대통령을 가장 가까이에서 보좌하기 때문에 가지는 근원적 파워가 있다. 청와대는 여당의 지도부 및 대통령 계파와 긴밀한 관계를 유지하면서 국정운영의 실질적 중심 역할을 한다. 국정 '컨트롤 타워'라는 말에서부터 그 위상이 느껴진다. 차관급인 수석 한 사람이 2개 이상의 행정부처 업무에 관여하여 대통령의 결심을 조언할 수 있는 위치이기 때문에 장관 이상의 실질적인 영향력을 행사한다.

특히 장관이 여권과 정치 활동을 함께한 동지가 아닌 직업공무원이거나 학자 등 전문가 출신인 경우 대통령의 국정철학이나 국정운영 스타일에 대한 사전 지식이 없기 때문에 이들의 청와대 의존도는 더욱 커진다. 장관보다 국정운영에 더 막강한 권력을 행사하지만 장관과는 다르게 청와대 참모는 비서실장을 포함하여 누구도 인사청문회 등의 절차를 거치지 않는다. 국민이 아니고 대통령에게만 책임을 지는 참모가 장관 이상의 막강한 권력 행사를 한다는 문제점을 지적할 수 있다.[8]

청와대의 규모 또한 작지 않다. 경호실을 제외한 비서실과 안보실의 정원은 노무현 정부 이후 400~500명 규모를 유지하고 있다.[9] 정원 이외에 부처에서 별도 파견되는 인력을 운용하는 경우 그 규모는 커진다. 여기에 대통령이 특별히 관심을 가지고 추진하는 국정과제의 경우에 정원 50~100명 규모의 별도 정원을 가진 대통령 직속 자문위원회를 두고 있다.[10] 비서실과 대통령 직속 자문위원회는 대통령을 가장 가까이에서 보좌하고 대통령의 핵심 국정과제를 다룬 다는 점에서 행정부처 위에서 권한을 행사하는 경우가 많고 제왕적 대통령 권력을 강화시키고 있는 것이다.

이외에도 제왕적 대통령이 나오는 원인으로 미국의 백악관 구조와 비교하면서 청와대 공간 구조가 지적되기도 한다. 대통령 집무실과 참모가 일하는 비서동이 500m 정도 떨어져 있고 참모가 대통령 집무실을 들어가기 위해서는 검문 및 검색 절차를 거쳐야 한다. 대통령이 참모와 같은 건물에서 편리하게 만나고 소통할 수 있는 구조가 아니다. 대통령은 같은 높이에서 같이 일하는 사람이 아니라 더 높은 곳(실제로 집무실과 관저가 비서동보다 높은 곳에 위치)에서 보고 받고 지시하는 사람이 되기 쉽다. 대통령의 개인적 캐릭터에 따라 차이는 있겠지만 현재의 건물 구조에서는 대통령과 참모의 사무실이 실제 떨어진 거리만큼 권력거리도 클 수밖에 없다.

그러다 보니 대통령 집무실은 참모들과 소통하고 정책을 토론하는 공간이 라기보다는 일주일에 한두 번 열리는 수석·보좌관회의나 국무회의가 열리는 회의 장소로서의 기능이 더 크다. 물론 이 회의에서도 미리 준비된 자료를 보고 하고 미리 정리된 내용을 지시하는 자리이지 자유토론의 자리는 아니다.[11] 청와 대의 공간 구조, 회의와 일하는 방식, 그리고 경호에 이르기까지 대통령이 되기 이전의 신분(당대표이든 국회의원이든 광역단체장이든)과는 차원이 다르게 대통령의 권위를 강화시키는 구조이다.[12]

국가원수: 타 헌법기관에 대한 우월적 지위

대통령은 여당을 중심으로 한 국회와의 우월적 특수 관계뿐만 아니라 대법원, 헌법재판소, 중앙선거관리위원회 등의 헌법기관과의 관계에서도 우월적 지위에 있다. 대통령은 사법부의 수장인 대법원장을 지명하고 국회의 동의를 얻어 임명한다. 대법관은 대법원장의 제청을 받아 임명한다. 그런데 대법관을 추천하는 대법관후보추천위원회 위원 10명의 구성이 당연직 법무부장관과 법원행정처장, 그리고 대법원장이 영향력을 행사할 수 있는 '대법관 아닌 법관 1인'과 '변호사 자격을 갖지 않은 각계 전문가 3인'이 포함된다. 대통령의 의지에 따라 사법부를 자신의 영향권 안에 둘 수 있는 상황이다. 사법부의 정치적 중립성에 대한 논란이 계속 제기되는 이유이다.

헌법재판소의 재판관 구성에 대한 대통령의 권한은 대법원보다 더 강력하다. 재판관 임명권 이외에 대통령은 9인의 재판관 중 3인을 지명한다. 남은 6인은 대법원장이 3인을 그리고 국회가 3인을 지명하는데 이 중 한 자리는 여당 몫이다. 재판관 임명권은 대통령에게 있고, 헌법재판소장은 재판관 중에서 대통령이 국회의 동의를 얻어 임명한다.

대법관 및 헌재 재판관의 임기가 6년이기 때문에 대통령이 바뀔 때마다 사법부의 정치적 중립성은 취약할 수밖에 없다.[13] 중앙선거관리위원회도 대통령이 임명하는 3인, 국회에서 선출하는 3인, 그리고 대법원장이 지명하는 3인의 위원으로 구성하기 때문에 대통령과 여당이 지배적인 영향력을 행사할 수 있다.

헌법기관의 구성에서 법적으로 부여된 대통령의 우월적 지위는 각종 의전 행사에서 상징적으로 재확인된다. 1년에 몇 번 국회의장, 대법원장, 헌법재판소장, 중앙선거관리위원장, 국무총리(소위 5부 요인)가 모두 참석하는 행사에서 대통령이 맨 마지막에 입장하면 모두가 일어나 박수를 치는 장면에서 대통령과 입법부, 사법부는 동등한 지위가 아님을 국민 모두가 눈으로 확인한다. 특히 해외 순방이나 국정의 주요 이슈에 대해 공감할 일이 있으면 5부 요인을 청와대로 불러 오찬을 하는 모습에서 국회의장과 대법원장은 국무총리와 격이 동일하고 대통령은 행정부 수반을 넘어 국가 원수임이 확실해진다. 대한민국의 대통령은 그렇게 국민의 머릿속에 권력의 왕좌에 앉아 있는 것이다. 최고 중심의 위계적 집단주의 문화이기 때문에 어색하지 않게 받아들여지고, 대통령을 지지하는 국민에게는 그 모습이 든든하게 받아들여지기까지 한다.

의원내각제: 유럽의 정당정치를 통해 한국을 본다

　　제왕적 대통령제의 대안으로 의원내각제가 거론되어 왔다. 대통령이 가지는 최고의 제왕적 자리를 없애는 것이기 때문에 권력 집중을 막는 가장 확실한 해법이라고 생각할 수 있다. 하지만 의원내각제에서는 의회가 행정권까지 갖기 때문에 견제가 가능한 대통령제보다 더 많은 권력이 집권당에 집중된다. 중요한 것은 권력이 정당의 어느 한 사람(당 대표나 총리)이 아니라 정당이라는 단체(집단)에 집중되는 것이다. 국가 차원에서 권력은 집권당에 집중되지만 당내에서는 권력이 의원들 간에 분산되고 공유된다. 이렇게 의원내각제는 정당 거버넌스가 민주적으로 갖추어져 정당 내에서 어느 한 사람이나 소수에게 권력이 집중되지 않아야 가능한 제도이다.[14] 정치인 개인이 아니라 정당의 신뢰가 이 정도 수준으로 축적되었을 때 의원내각제는 집권－분권의 차원을 넘어 자율과 책임의 진정한 의미가 살아나고 대통령제보다 제도의 우월성을 가질 수 있다.

　　한국의 위계적 집단주의 문화에서, 그리고 인물 중심의 정당에서 쉽지 않은 일이다. 1인자 없이 수평적이고 민주적인 절차에 따라 원만한 타협과 합의를 만들어내는 정당 민주화의 경험이 부족하고 학습도 부족하다. 의원내각제는 제2공화국의 정부형태인데 여론조사에서 지지율이 10% 내외에 지나지 않는 것을 보면 첫째는 정당을 신뢰하지 못하기 때문에 정당에 자율과 책임을 줄 수 없고, 둘째는 의원내각제에서의 정국불안에 대한 기억이 국민의 머릿속에 아직 남아 있는 것으로 해석할 수 있다. 이러한 현실에서 의원내각제의 도입은 중장기적인 옵션이 될 것이다. 하지만 의원내각제가 작동하고 있는 원리를 잘 이해하고 준비하면 대통령제의 대안으로 충분히 고려할 수 있다는 점도 분명하다.

영국 의원내각제의 탄생[15]

의원내각제는 말 그대로 대통령이 아니라 의원이 행정부인 내각을 구성하는 정부형태이다. 의원내각제는 의회민주주의를 출발시킨 영국이 원조국이다. 고대부터 왕의 국사를 조언하는 원로나 지도자의 자문회의가 있었지만, 의원내각제로서의 내각(cabinet)은 영국 국왕에게 중요한 결정의 자문 역할을 한 추밀원(Privy Council)에서 시작한 것으로 본다. 특히 조지 1세(재위 기간 1714~1727) 국왕이 회의에 직접 참여하지

[그림 8.1] 영국 총리 각료회의 장면

않고 총리(prime minister)에게 권한을 위임하면서, 국왕의 비공식 자문 기구로서의 추밀원은 조세와 재정 지출 등을 결정하는 공적인 독립 기구로서의 내각으로 바뀌었다.

1832년에 내각은 의회(하원)의 다수당 의원으로 구성하며, 국정운영의 결과에 대해서 내각 전체가 하원에 대하여 책임을 지도록 법으로 규정함으로써 제도적 기반이 마련되었다. 1916년 데이비드 로이드 조지(David Lloyd George) 총리 재임 때부터 공식 의제를 가지고 회의를 열고 회의록을 정리하기 시작하였다.

영국의 의원내각제를 전형으로 프랑스, 이탈리아, 독일 등 유럽의 대부분 국가에서 그들의 정치적 역사와 특성을 반영하여 다양한 형태의 의원내각제로 진화되어 현재에 이르고 있다.

권력 융합

의원내각제는 의회의 다수당이 행정권을 직접 행사하여 법 제정을 포함한 국정운영의 효율성과 성과를 강조한다. 입법권과 행정권이 융합된 형태로서 권력의 견제를 제도화한 대통령제와 근본적인 차이가 있다. 권력의 집중으로 보면 대통령제보다 더 강하다. 과반 의석을 확보한 집권당은 원하는 법을 의회에서 통과시켜 직접 집행할 수 있다. 제왕적 대통령이 아니라 의회 독재가 가능한 구조이다. 다만 의회가 내각을 불신임하는 권한과 내각이 의회를 해산하는 권한에 따라 제한적인 견제가 이루어진다. 중요한 것은 권력을 대통령 개인이 아니라 집권 '당'에 집중시킨 점이다.

의원내각제는 의회의 다수당에게 국정운영의 자율권을 확실히 부여하되 결과에 책임을 묻는 자율과 책임의 전형이다. 즉 내각은 주요 국정이슈에 대하여 의회의 과반 지지를 얻지 못하면 임기에 상관없이 의회를 해산하고 총선을 통해 국민의 지지를 재확인하거나, 또는 의회의 내각 불신임에 의해 권력을 내려놓아야 한다. 정국이 불안해질 수 있는 이유이다. 그래서 정국의 불안이 국가의 위기로 확산되는 것을 막는 제도적 장치가 매우 중요했고 그 중심에 정당이 있다.

정당의 책임정치: 집단 책임

의원내각제를 채택하는 유럽 국가들은 개인주의 문화가 강하기 때문에 분열의 위험성은 집단주의 국가보다 더 크다 할 수 있다. 그런데 의원내각제 국가들은 개인 차원의 분열을 차단하고 공동체로서의 연대와 통합을 강화하기 위해 정당의 집단 책임을 제도화하였다. 즉, 정책 실패 등 내각에 책임을 물을 때 내각에 참여한 의원의 개별 책임이 아니라 내각 전체가 집단 책임을 지도록 한 것이다. 의원내각제에서 당론에 따르도록 한 것도 개별 행동을 차단한 것이다. 의원내각제 국가에서 정치는 개인이 아니라 정당을 통해서 가능하도록 제도화한 것이다. 집권당 또는 내각이 집단으로 의회에 책임을 지도록 한 장치가 오늘날 의원내각제 국가에서 정당 중심의 책임정치가 정착될 수 있었던 출발점이었다.

의원내각제를 채택한 이들 유럽 국가들은 개인주의 문화의 약점을 이해하고 집단주의 특성을 제도화하여 보완하였다. 우리나라에서 의원내각제에 대해 호의적이지 않은 이유는 정국불안의 제도적 우려도 있지만 실질적 국가원수인 총리 선출을 다수당의 의원들에게만 맡기는 것에 대한 불신이다. 현재 대한민국에서 두 거대 정당의 당대표 선출 과정을 보면 당원 투표와 일반 여론조사를 합하는 민주적 절차를 거친다. 하지만 그렇게 선출된 당대표는 그 당의 대표일 뿐이다. 나수당에서 선출한 당대표가 총리로서 국가를 대표하기에는 아직 국민적 공감대가 부족하다. 정당 및 국회가 집단으로서의 신뢰를 얻지 못하고 있기 때문이다.

한국 정당의 당론

우리나라 정당도 주요 법안 표결에서 당론을 정할 때가 있다. 헌법기관인 의원의 자유로운 주권행사를 막는 전근대적 행태로 언론의 비판을 받을 때가 많다. 맞는 말이다. 대통령제의 미국에는 없는 제도이다. 다만 대한민국의 정부형태가 대통령제에 국무총리를 두고 장관 겸임을 허용하는 등 의원내각제의 요소를 포함하고 있듯이 당론은 의원내각제의 요소를 채택한 것이다. 당론은 국민의 정당신뢰가 어느 정도 쌓이고 나면 의원내각제의 정당 책임정치를 위해서 필요한 제도이다. 문제는 현재 한국의 정당이 '집단'으로서 국민신뢰를 받지 못하면서 국민의 눈높이에서 소신껏 행동한 의원에게 공천을 주지 않는 등의 가혹한 '괘씸죄'를 적용하는 당의 행태이다.

정당의 정체성: 이념과 가치

의원내각제가 정착된 영국이나 독일 등의 국가를 보면 정당이 이념과 가치에 의해서 결집하고 민주적 절차에 의해 운영되는 시스템을 갖추고 있다. 정당의 신뢰를 확보하는 데 핵심 요소라 할 수 있다. 서양의 개인주의 문화에서는 집단을 구성하더라도 개인의 개체성과 독립성을 강조하기 때문에 구성원 전체의 통일성을 확보하기가 쉽지 않다. 이러한 한계를 극복하고 당의 방향성과 집단성을 확보하기 위해서 이들 국가에서는 이념 및 가치를 중심으로 정당의 정체성을 분명히 하는 전략을 취하고 있다. 정당의 출발 자체가 이념을 중심으로 한 역사도 무시할 수 없다. 정당의 존립 기반이 이념과 가치이기 때문에 개인주의가 강하지만 보스 중심의 인간관계로 결집된 집단주의 국가에 비해 정당이보다 안정적이고 생명력을 가질 수 있다.

이에 비해 한국의 정당들은 이념과 가치의 정체성이 모호하다. 이념과 가치를 공감하고 동의해서 정당에 참여하는 것이 아니기 때문이다. 최근 10년 사이에 기존 정당이 분열되고 새로운 당이 만들어진 '국민의당, 바른정당, 민주평화당' 등의 사례를 보면 대중적 인지도를 가진 개인을 중심으로 '정치적 이해'를 같이하는 사람들이 모여 창당을 결심하고, 몇 사람이 참여하여 당의 이념과 가치를 담은 당헌과 강령 등을 만들고 의결기구를 통과시켜 선관위에 제출하는 형식이다. 당명을 몇 번 바꾼 국민의힘도 그때마다 당의 이념과 가치를 다시 쓰지만 당원이나 당내 의원과 공유하는 기회가 거의 없다. 또한 선거 때마다 거대 양당의 중요한 선거전략이 중도층과 무당층의 지지를 확보하는 것이기 때문에 여든 야든, 보수든 진보든 당의 정체성보다는 선거 유불리를 먼저 계산하여 공약을 내놓는 것이 한국 정당의 현실이다.

당의 이념적 정체성이나 가치 지향성이 약함에도 불구하고, 정당에도 한국사회의 집단주의 문화적 특성이 있어 당원들 간의 정서적 유대와 '우리' 의식이 나타나고 소속 의원의 행동을 통일하고 단일 목소리를 내는 것이 어렵지 않다. 다만 정당의 집단성을 확보하는 방식이 당대표 1인의 인기나 내부 구성원들 간의 인간관계에 의존하기 때문에 국민들로부터 집단 차원의 정당 신뢰를 확보하는 데는 실패하였다.

정당의 안정성: 지도부와 당원

정당의 신뢰는 정당의 안정성이 선행되어야 한다. 정당의 이합집산과 당명의 변경, 지도부의 교체가 잦을수록 신뢰를 얻기 어렵다. 유럽 특히 영국과 독일의 주요 정당들의 생명력은 대단하다. 영국은 보수당이 180년 이상, 노동당이 100년 이상의 역사를 이어가고 있다. 당의 정체성을 지키는 이념과 가치가 중요한 역할을 했다. 독일은 150년 이상의 역사를 가진 사회민주당과 제2차 세계대전 직후 창당한 기독민주당, 기독사회당, 자유민주당이 정당의 안정성을 대표하고 있다.

영국과 다르게 독일은 사회의 다양성이 정치에 반영되는 역동성을 신생 정당을 통해 확인할 수 있다.[16] 양당제가 확고하게 정립된 영국보다는 정당의 역동성 속에서 안정성을 유지하는 독일이 우리에게 시사하는 바가 크다. 독일에서 정당의 다양성을 수용하면서 안정성을 확보하는 중요한 장치는 지도부와 당원의 안정성이다.

당 지도부의 안정 없이 정당의 안정은 불가능하다. 독일이 지도부의 안정을 유지하기 위해 채택한 방식은 지도부가 원내에 진입할 수 있는 기회, 즉 당선 가능성을 높이는 것이다. 이를 위해서 당의 주요 인사는 물론 지역구에 출마한 다수의 후보가 동시에 비례대표 후보로도 명단을 올리는 이중등록을 허용한다. 지역구에서 낙선하였다 하더라도 비례 후보의 상위 순번을 받아 구제되는 방식이다. 콜 전 총리도 지역에서 낙선하고 이중등록제 도움으로 비례로 당선된 적이 있다.

우리나라에서도 논란 끝에 통과된 준연동형 비례대표제를 채택하는 과정에서 이중등록제가 거론되기도 하였지만 특혜 시비가 일며 없었던 일이 되었다. 지역구 후보든 비례대표 후보든 하나만 공천받아도 혜택을 받았다는 시각이 강하기 때문에 중복 입후보에 대한 특혜라는 주장도 무리가 아니다. 심지어 한국에서는 총선 공천 때마다 각 당은 다선의 공천 물갈이 또는 세대교체론이 당의 득표 전략이 되는 현실이다. 다선 의원을 통한 정당 안정성보다는 다수 의석을 확보하는 것이 당의 우선 목표라 할 수 있다.

정당의 안정성 확보에 또 하나 중요한 것이 당의 이념과 가치를 공유하고 확신하는 충성 당원의 확보와 멤버십 유지이다. 의원내각제를 채택하는 많은 국가의 정당은 선거 연령보다 낮은 나이에 정당 가입을 허용하고 이들에게 당원교육을 실시하고 당의 이념과 가치뿐만 아니라 현실 정치를 학습하고 참여할 기회를 제공한다. 40대 전후의 총리가 나왔다는 언론 보도에 놀라는 경우가 많지만 이들은 갑자기 정치신인으로 발탁된 깜짝 스타가 아니라 이미 20대 전후부터 정치에 입문해서 경험을 쌓은 경력 정치인들이다.

한국의 정당도 청년 당원을 확보하기 위해 많은 노력을 기울이지만 참여와 활동이 매우 불확실하고 그 폭도 넓지 않다. 당원으로 당 활동에 열심히 참여했다 하더라도 공천할 때는 유권자의 관심을 끌 수 있는 전국적 인지도와 스토리를 가진 명망가 중심의 정치신인을 발탁하는 경우가 많은 것도 청년 당원의 유입과 충성도 확보가 어려운 이유이다. 일반 당원의 경우에도 이념과 가치, 또는 정체성을 공감해서 가입하기보다는 지구당의 당협위원장이나 정치 지망생들의 개인적 인간관계에 끌려 가입한 경우가 많다. 권유에 이끌려 당원이 되지만 어느 시점부터 당원 명부에만 이름이 올라 있는 거품 당원이다. 그만큼 한국 정당은 당원의 멤버십이 불안하고 정당의 안정성이 취약한 구조이다. 유권자의 지지와 신뢰를 얻을 수 있는 정당의 자산이 축적되지 않고 있다. 그러니 국회의 다수당이 선출한 총리가 국가원수가 되는 의원내각제를 지지할 가능성이 낮은 것이다.

의원내각제를 채택한 다수의 유럽 국가들은 개인의 독립성과 자율이 특징인 개인주의 문화를 가지고 있지만 정당의 집단책임성, 이념 및 가치 정체성, 그리고 안정성을 통해 정치지도자 개인의 신뢰가 아니라 먼저 전체 집단으로서의 정당 신뢰를 축적시켜 왔다. 정치지도자는 정당 안에서 개인 간의 경쟁을 통해 발탁된다. 국민이 직접 국가원수를 뽑지 않고 국정을 책임질 다수당에 선출을 맡겨도 될 정도로 정당을 신뢰하고 있는 것이다.

국가원수: 국가 위기시 국가 영속성을 보장

한국에서는 선거에 참패하면 정당 지도부가 책임지고 물러나고 당의 위기가 오며 위기 돌파를 위해 당명을 바꾸기도 한다. 심지어 정당의 해산과 합당 그리고 신당 창당도 자주 발생한다. 이러한 한국의 현실과 비교하여 보면, 의원내각제를 채택하고 있는 유럽 국가의 정당들은 매우 안정적인 생명력을 가지고 있다.

하지만 총리 임기가 보장된 것은 아니기 때문에 정당의 안정성은 유지되더라도 대통령제보다 내각의 안정성이 떨어지고 정국 불안으로 인한 국가 위기의 가능성은 높다. 특히 양당제의 오랜 역사를 가진 영국을 제외하면 의원내각제 국가들은 기본적으로 다당제 정당 구조로 되어 있다. 또한 대표성과 비례성을 높이기 위해 선거제도에서 비례대표제를 채택하는 경우 1당이 의회에서 과반 의석을 확보하기가 매우 어렵다. 당연히 연정을 통해 내각을 구성해야 한다. 그만큼 내각의 해체 가능성과 국정 혼란의 위기가 높다. 이러한 위기 상황을 극복하기 위해서 프랑스는 드골 대통령(제5공화국) 때부터 대통령 권한을 강화하였고, 독일의 경우에는 의회가 내각을 불신임할 수 있는 조건을 후임 총리가 의회

(하원)에서 과반으로 선출되는 경우로 독일 기본법(헌법)에 규정하여 불신임의 남용으로 인한 국정 혼란을 차단시켰다.[17]

이들 제도에 추가하여 의회 해산 또는 내각불신임으로 발생할 수 있는 국가위기를 관리하고 국가의 영속성을 담보할 수 있는 장치를 두고 있다. 바로 상징적, 의전적, 형식적 기능을 수행하는 국가원수이다. 영국처럼 군주제로부터 의회민주주의로 전환한 영연방 국가에서는 비록 상징적 존재이지만 국왕이 국가원수의 지위를 갖는다. 군주제를 무너트리고 공화제로 전환한 독일과 오스트리아 같은 다수의 국가에서는 국민이 직접 또는 간접 선거를 통해 선출한 대통령에게 형식적 국가원수의 권한을 부여한다.

우리나라도 제2공화국의 의원내각제 하에서 의회(참의원, 민의원 상하원 체제)에서 선출한 윤보선 대통령이 있었지만 형식적 의미의 국가원수였고 실질적인 권력은 장면 총리에게 있었다. 하지만 민주당 구파가 지지하는 윤보선 대통령과 신파의 지지를 받는 장면 총리 간 인사권에 대한 갈등이 심했다. 또한 국군통수권에 대한 헌법 규정 및 법률의 미비로 오히려 대통령과 총리 간의 당내 권력 다툼이 당시 정국의 불안을 가중시켰다. 유럽 의원내각제 국가에 정착되어 있는 정당의 안정성이 확보되지 않은 상태에서 의원내각제를 채택한 것이 실패의 한 요인이었다.

정당제도와 선거제도: 권력구조와의 정합성

정당은 정치권력의 획득을 목적으로 뜻을 함께하는 사람들의 집단으로서 자유민주국가에서는 권력구조에 상관없이 역동적인 정치 과정의 핵심 주체이다. 정당제도는 일반적으로 양당제와 다당제로 구분되는데 양당제라 하여 두 정당만 허용되는 것은 아니고 다수의 정당이 있지만 실질적으로 두 거대 정당에서 대통령 또는 의회의 다수 의석을 차지하는 경우를 말한다. 양당제와 다당제의 정당제도는 권력구조와 밀접한 관련이 있다. 권력의 배분 차원에서 보면 양당제에서는 의회 의석의 과반을 차지하는 다수당이 나올 가능성이 커 권력이 집중된다. 반면, 다당제에서는 과반의 정당이 나오기 어려워 권력이 분산되는 분권의 효과가 나타난다. 선거제도는 의도한 정당제도와 권력구조를 구현하는 핵심이다. 정당제도와 권력구조를 고려하지 않고 선거제도만 분리시켜 선거개혁이라고 추진하는 경우 정치제도 전체가 어그러질 수 있다. 선거제도−정당제도−권력구조 간의 제도적 정합성이 중요한 이유이다.

양당제와 대통령제: 미국

의회의 의석을 여러 당이 분점하는 다당제는 대통령제와의 제도적 정합성이 약하다. 의회에서 과반의 다수당이 나오기 어려운 구조이기 때문에 어느 정당에서 대통령이 나오든 여소야대의 상황이 발생하기 쉽다. 그 결과 의회와 대통령 간의 권력 갈등이나 의회 내에서의 여야 대립으로 국정운영의 어려움이 초래된다. 반면 양당제의 경우 여대야소가 보장되는 것은 아니지만 대통령 선거와 동시에 실시되는 의원 선거가 대선과 동조 현상을 일으켜 대통령이 속한 정당이 의회의 다수당이 될 가능성이 높고 국정운영의 효율성을 기할 수 있다.

제2차 세계대전 이후 독립한 신생국가의 당면 과제는 건국 초기의 신속한 국가 건설(nation building)과 발전이었기 때문에 대통령제를 도입하면서 입법부의 견제보다는 협력의 역할이 강조되었다. 결과적으로 대통령과 여당이 동일체로서 국가권력을 독점하고 남용하는 사례가 많이 발생하였고, 이에 효과적으로 대항하기 위해 야당도 분열보다는 연대하고 결집하면서 결국 양당 구조로 진화되는 경우가 많았다. 우리나라의 양당 구조도 그런 역사적 역동의 산물이라 할 수 있다.

한편 미국은 정당제도에서도 권력의 중앙 집중보다는 지역 분산을 중시하고 있다. 정당 자체가 조직화되고 권력 집단화되는 것은 민주주의 원리에 어긋난다고 본 것 같다. 주권은 오로지 대통령과 의회에 위임한 것이지 정당이 아니기 때문이다. 이 점에서 정당을 보는 미국의 시각은 정당이 정치의 중심에 서 있는 유럽의 의원내각제 국가와는 확실히 다르다. 미국에서는 정당이 조직화되어 권력 브로커처럼 대통령이나 의원 선출에 과도한 영향을 미치지 못하도록 한 것이다. 대표적으로 당의 권력이 집중되지 않도록 상설 중앙당 조직을 두지 않았다. 분권국가인 미국은 각 주가 독자적으로 공직 선거를 관리하듯이, 공화당이든 민주당이든 당내 후보 선출의 중요한 결정이 주 단위에서 이루어진다. 50개 주의 당원 및 당조직을 총괄하는 상설 중앙당이 없고 대신 50개 주의 당 리더(위원회 의장 등)들로 구성된 전국위원회(National Committee)가 있다. 전국위원회는 당의 정강정책 개발, 당 후보를 위한 전국 및 지역 차원의 선거전략 지원, 선거자금 모금, 그리고 4년마다 열리는 대통령 후보 지명 전당대회를 주관하는 정도이다. 특히 전국위원회나 주(州)위원회는 선출직 후보의 공천권이 없다. 선출직 당 후보는 당원 투표에 의한 당내경선(caucus)이나 일반 유권자가 참여하는 개방경선(open primary)으로 결정한다.

미국의 정당은 주 단위로 분권화된 느슨한 조직구조를 가지고 있다. 하지만 전국 단위로 4년마다 열리는 대통령 후보 지명 전당대회에서 100쪽 내외의 정강정책을 발표하고, 주마다 약간씩 차별화된 당의 정강정책을 가지고 있다. 즉 조직은 느슨하지만 공유하는 이념과 가치, 그리고 집권(執權)을 목적으로 당의 조직력이 유지된다고 볼 수 있다.

미국 전당대회

2016년 7월 29일 미국 필라델피아시에서 열린 민주당 힐러리 클린턴 대통령 후보 지명 전당대회에 참석하여 찍은 현장 사진이다. 3일간 진행되었으며 마지막 날 지명 수락 연설이 있기까지 분야별 정책 공약 발표가 이어지고, 미디어 부스에서는 상하원 의원이 자신의 정책을 토론이나 기자회견 형태로 발표한다. 우리나라 전당대회가 당 대표 선거를 위한 투표장이라면 미국은 이미 대통령 후보가 실질적으로 결정된 상태에서 전당대회를 열어 당의 정강정책, 후보의 주요 공약과 비전을 발표하는 축제의 장이자 대통령 선거의 동력을 응축 발산시키는 대선 출정식이라 할 수 있다.

따라서 대통령과 당의 관계도 수직적이거나 동일체로서의 특성이 약하다. 대통령 후보가 정당의 전국 조직에서 리더십을 발휘한 것이 아니라 주지사, 상원의원, 또는 기업가로 능력을 인정받은 사람이 각 주의 예비경선을 거치면서 대통령 후보가 되고 대통령에 당선되는 구조이기 때문이다.

또한 의회 권력도 상하원으로 분산되어 있고, 하원의원의 임기는 2년이고 상원의원의 임기는 6년이지만 2년마다 의석의 1/3 정도가 바뀐다. 즉, 대통령 임기 중간에 반드시 선거가 있어서 여당 의원이라 해서 대통령의 잘못된 정책을 무조건 방어할 수 없고 특히 중간선거에서는 상하 양원의 다수당이 되는 것이 쉽지 않다. 대통령과 여당이 하나가 되고 권력을 집중시켜 문제를 해결하는 것이 아니라, 분권화된 기관 간에 타협과 조정에 의한 문제해결을 유도하는 시스템이라 할 수 있다.[18]

다당제와 의원내각제: 유럽연합(EU)

EU회원국에 영국을 합쳐 27개 유럽 국가 중에서 의원내각제를 채택하는 국가가 21개국이다.[19] 이 중에서 오랜 정당 역사 속에 보수당과 노동당의 양당제가 정착된 영국[20]을 제외한 EU의 의원내각제 국가가 다당제의 정당구조를 가지고 있다. 다당제는 산업화, 정보화 등 급변하는 현대사회의 다양한 유권자의 이익을 신속하게 정치에 반영하는 장점이 있다. 국왕의 국정 자문 역할을 하던 내각이 국왕으로부터 분리되어 의원으로 구성되면서 자연스럽게 의원내각제로 진화된 유럽 국가들은 의원을 배출하는 정당이 정치의 중심 역할을 하게 되었다. 정당이 국민의 변화된 요구를 대표하지 못하는 순간 정당은 소멸하고 정치는 실종되기 마련이다.

문제는 영국처럼 지지 세력의 이념성이 강한 거대 정당일수록 정체성과 안정성이라는 자산(장점)을 가지고 있지만 변화 적응력이 약한 단점이 있다.[21] 영국을 제외한 대륙의 의원내각제 국가들은 사회의 다양한 요구를 반영하지 못하는 기존 정당의 한계를 신생 정당이 의회 내에 들어와 이들 이익을 대변하도록 함으로써 의회민주주의가 갖추어야 할 국민대표성을 제도적으로 구현하고 있다. 특히 영국과 미국을 제외한 유럽 국가들은 제2차 세계대전 이후 어떤 형태로든 권력구조의 변화를 경험하였기 때문에 제도의 경로의존성이 강하지 않아보다 적극적이고 선제적으로 새로운 변화를 받아들이는 데 유연하다 할 수 있다. 결과적으로 군주제에 대한 저항을 통해 점진적으로 진화되어온 의원내각제와, 개인주의 사회의 다양성을 대의정치 안으로 수용하고 반영하는 데 유리한 다당제가 역사적으로나 제도적으로 정합성을 가지면서 발전되어 왔다.

물론 의원내각제 국가라 하더라도 제1당이 과반 의석을 확보하여 독자적으로 내각을 구성하는 때도 있지만, 2021년 6월 기준으로 이에 해당하는 유럽 국가는 영국, 그리스, 헝가리, 몰타 4개국에 불과하다. 즉 의원내각제는 사회의 다양한 이익을 신속하게 제도권 안으로 받아들여 반영하는 대의민주주의의 원형으로서 현실에서도 다당제가 일반적인 현상이다.

대통령제에서 다당제는 구조적으로 여소야대의 가능성이 높고, 여야 대치 및 입법부와 행정부의 갈등을 초래할 위험이 있다. 반면 의원내각제에서 다당제는 의석의 과반을 차지한 정당이 없더라도 제1당이 중심이 되어 연합정부(연정)를 구성하고 상호 간에 국정운영의 방향과 정책을 사전에 협약한다. 1당 체제보다는 불안하지만 의회 내에서 범여대야소(汎與大野小)의 의석구조를 만들어 입법 생산성을 높이고 국정의 혼란을 막을 수 있다. 의원내각제와 다당제 구조에서는 연정의 상황이 자주 발생하기 때문에 이념이나 가치가 비슷한 정당 간에 수평적 견제와 협력의 신뢰 기반이 중요하다. 그래서 권력거리가 큰 위계적·수직적 문화보다 권력거리가 작은 수평적 문화에서 더 적합하고 생산적일 수 있다.

한국의 정당

천막정당-세우고 부수고 옮기고 바꾸고

이제 한국의 정당을 보자. 한국의 정당을 한 마디로 요약하면 '천막정당'이다. 언제 천막이 걷히고 쳐질지 모른다. 불안정하다. 〈그림 8.2〉는 국회 본회의장 3층에 걸려 있는 광복 이후 한국 정당의 변천사를 그린 그림이다. 폭이 너무 길어 자세한 내용을 보여줄 수는 없지만 분당과 합당, 창당과 해산이 수없이

[그림 8.2] 한국 정당 변천사

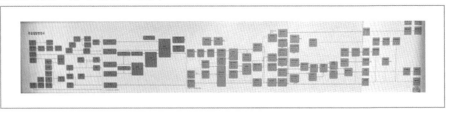

이루어졌음을 짐작할 수 있다. 세우고 부수고 옮기는 게르(Ger, 몽골 유목민 이동식 천막집)와 비슷한 천막정당이라 할 만하다. 더구나 이 천막 저 천막의 사람들이 오가고, 부품들(정강정책)이 뒤섞이고, 수시로 간판까지 바꾸어 최초의 천막은 형태도 찾아볼 수 없게 된 형국이다.

구체적으로 1987년 제5공화국 출범 이후만 거대 양당의 정당 변천사를 요약해보자. 현재 여당인 더불어민주당의 경우 평화민주당(1987년)→민주당(1991년)→새정치국민회의(1995년, 통합민주당 분리)→새천년민주당(2000년)→새천년민주당(2003년, 열린우리당 분리)→민주당(2005년)→통합민주당(2008년, 열린우리당[22] 합당)→민주당(2008년)→민주통합당(2011년)→민주당(2013년)→새정치민주연합(2014)에서 국민의당이 분리되면서 2015년 당명을 바꿔 현재에 이르고 있다.

한편 제1야당인 국민의힘은 민주정의당(1980년) 이후 민자당(1990년)→신한국당(1996년, 자민련 분리)→한나라당(1997년)→새누리당(2012년, 친박연대 및 자유선진당 통합)→자유한국당(2017년, 바른정당 분당)→미래통합당(2020년, 바른정당[23] 재합당)의 이합집산 및 당명 변경의 과정을 거쳤다.

정당(party)은 '파티'의 특성을 가졌다

이런 생각을 한 적이 있다. 정당을 영어로 party라고 하는데 내가 관찰한 한국의 정당은 말 그대로 친구들 불러 여는 '파티'와 비슷한 점이 많다. 파티가 사람들로 북적댈지 사람이 없어 한산할지는 파티를 여는 사람이 누구냐에 따라 다르다. 평소 인간관계가 좋고 먹을 것을 많이 차리는 주인이어야 많은 사람이 모인다. 그런 파티는 초대받지 못한 사람이 섭섭해 한다. 하지만 파티는 파티일 뿐 파티가 끝나면 모두 자기 집으로 돌아간다. 아주 친한 몇 사람을 제외하고는 다시 만나는 기회도 드물다.

계파 보스, 대선 후보, 또는 단체장이나 국회의원 후보 중심으로 사람이 모이고 흩어지는 모습이 그렇다. 그래서 정부나 기업의 '조직'과 비교하여 정당을 생각하면 이해가 되지 않는다. 무엇보다도 정당 구성원의 신분이 현역 국회의원과 단체장에서부터, 당원과 사무처 직원 등으로 다양하고 진입과 탈퇴가 자유롭다.

한국의 정당이 더 이상 파티를 여는 호스트(host)에 의해 사람이 모이는 수준에 머물러서는 안 된다. 선진국의 정당처럼 이념과 가치로 사람이 모이고 이들이 안정적으로 정당활동에 참여하고 활동할 수 있는 시스템을 마련하는 것이 한국 정당발전의 선결 조건이다.

시스템 부재 – 사람(보스) 중심

한국 정당사를 대표하는 두 정당의 공통점이라면 야당일 때 분당, 합당, 당명 변경의 횟수가 많다는 것이다. 즉, 한국의 정당은 집권 여당일 때는 대통령을 중심으로 당의 질서가 유지되지만, 대선에서 패하고 야당이 되면 선거 패배에 대한 책임을 지고 당대표는 사퇴하며 지도부는 공백 사태에 직면해 당분간 차기 대선후보의 부재 또는 난립으로 당이 구심점을 잃고 위기에 처한다. 그때마다 비상대책위원회라는 위기관리형 지도부를 구성하여 당의 생명을 연장한다. 야당으로서는 다행스럽게도 집권 세력(대통령과 여당)의 오만과 측근 비리 그리고 정책실패가 드러나면서 다시 집권의 기회가 생기고 당의 생명력이 살아나는 패턴이 반복되고 있는 것이다.

왜 이런 현상이 나타날까? 한국의 정당들은 유럽 의원내각제 국가의 정당 특성인 당의 정체성과 안정성을 모두 결여하고 있기 때문이다. 첫째, 한국의 정당은 정의당 등 몇몇 군소 정당을 제외하고는 이념 또는 가치 차원에서 당의 정체성이 불분명하다. 여든 야든 정체성을 가지고 지지층을 확보하기보다는 유권자의 이익을 좇아 표를 구하는 포퓰리즘적 행태를 보이기 때문이다. 둘째, 한국의 정당은 지도부가 불안정하다. 대선, 총선, 지방선거 등 모든 선거에서 패한 정당의 지도부는 책임을 지고 물러나는 것이 불문율처럼 되어 있다. 정상적으로 원내대표나 당대표 임기를 채우더라도 1~2년에 불과하다. 당을 안정적으로 관리할 충분한 임기가 못 된다. 당이 추진하는 정책의 정체성이 불분명하고 정책의 연속성이 없다. 한국의 정당은 시스템을 갖춘 조직이 아니라 사람에 의해 흔들리는 매우 불확실하고 불안정한 단체이다.

사람은 자주 바뀌더라도 당의 공천과 조직 운영의 시스템이 갖추어져 있으면 당의 안정성을 보장할 수 있다. 하지만 한국의 정당은 최고 중심의 위계적 집단주의 문화적 특성을 복제 재생산하고 있다. 강력한 대선 후보가 있으면 최고 정점이 생기면서 그 밑에 사람들이 모여든다. 하지만 대선 후보나 당의 리더가 부재한 상태에서는 당이 혼란스럽다. 각자의 길을 간다. 결국 당은 없고 개인만이 존재한다.

혼란 시기에 그래도 질서 있는 행동을 하는 경우는 작은 집단(계파)이라도 보스가 있을 때이다. 기존 정당에서 탈당하여 신당을 창당한 그동안의 사례를 보면 소대장(小隊長)이 깃발을 들었을 때이다. 보스의 결단을 따라 집단행동을 결행하는 경우이다. 각자 헌법기관이라는 의원조차도 헌법적 지위는 사라지고 각자의 살길을 모색한다. 당적을 옮겨서라도 공천과 당선의 가능성이 조금이라도 있으면 그 길을 선택한다.

한국의 정당들은 아직 국민의 지지를 기반으로 한 정당 신뢰나 견고한 브랜드 파워를 형성하지 못하였기 때문에 당을 대표하는 인물에 의해서 정당이 지탱되는 구조이다. 그런데 야당의 경우 중심을 지켜주는 강력한 대선 후보군이 없으면 조직의 집단 파워는 사라진다. 소속 의원, 당협위원장, 당원의 사기는 떨어지고 구심력이 급속히 와해된다. 2016년 박근혜 대통령 탄핵 이후 5년간 '새누리당—자유한국당—미래통합당—국민의힘'에 몸담고 있으면서 경험한 일이다. 이런 현상은 민주당 역시 2007년 말 대선 패배 이후 2017년에 재집권하기까지의 야당 시절에 비슷하게 나타났다.

그리고 선거 때마다 등장하는 공천 잡음은 한국 정당의 후진성을 그대로 보여준다. 특히 야당의 경우 평소 당 지도부는 불안정하지만 선출직 후보를 공천하는 시기가 되면 공천권을 행사할 수 있는 제왕적 지위에 오른다. 공천 관리를 책임지는 공천관리위원회 구성의 주도권을 행사한다. 공천관리위원장과 위원의 선임에 직·간접으로 관여하고 당연직으로 참여하는 사무총장24을 통해 공천심사에 영향력을 미칠 수 있다. 사천(私薦)이 아닌 시스템에 의한 공천(公薦)을 약속하지만 청년·여성·신인에 대한 가점 부여, 당의 공천이 바로 당선인 지역구 특성, 세대교체 등 당 차원에서 전략적으로 판단하는 요소가 있다 보니 공정성 시비가 늘 따라 다닌다. 당의 구심력이 강화되는 것이 아니라 공천 후유증으로 원심력이 커지는 상황이 자주 발생한다.

대한민국에서 문화적으로 나타나는 현상이 한국의 정당에서 그대로 나타나고 있다. 리더가 없으면 당이 혼란스럽고, 리더가 강력할수록 권력이 집중되고 당을 독선적으로 운영한다. 규칙, 시스템, 원칙이 정착되지 않고 사람 간의 관계가 지배하기 때문이다. 그러다 보니 당의 지도부 구성(거버넌스)도 시계추처럼 당대표 체제와 집단지도 체제를 왔다갔다 한다. 집단지도 체제에서 당대표는 결정 권한에 있어 다른 최고위원과 동등한 지위에 있기 때문에 최고위원을 "제어"

할 수 없는 구조이다. 당대표 체제에서는 어떤가? 당대표가 최종결정권자로서 최고위원들의 다수 의견이라 하더라도 수용할 의무가 없다. 의원총회에서 다수 의원이 의견을 내더라도 마찬가지이다. 의사결정 구조가 경직적이고 의원은 소통 부재에 대한 불만을 토로한다. 시간이 지나면서 의원들은 무기력해지거나 새로운 지도부가 들어서기를 은근히 기대하면서 침묵하고, 일부 의원들은 각을 세워 대립하는데 그 과정에서 비호감의 언사로 당의 이미지를 떨어트린다. 당의 시스템보다 돌출적 행태를 보이는 의원들이 언론에 더 노출된다. 일반 국민의 눈에 비치는 야당 그리고 대통령 레임덕(lame duck) 시기의 여당 모습이다.

대통령의 리더십이 영향력을 발휘하는 시기의 여당의 모습은 어떤가? 안정과 질서를 넘어 일사불란하다. 청와대 정부, 청와대 여의도출장소라는 소리를 들을 정도로 여당의 존재감은 대통령을 견제하는 것이 아니라 입법을 통해 대통령을 강력히 뒷받침할 때 확인된다. 대통령(청와대) – 여당 당대표/원내대표로 이어지는 특수관계로 당이 운영된다. 시스템은 보이지 않고 사람만 보이는 것은 여당과 야당 모두 마찬가지이다.

중앙 집권 – 중앙당 중심

미국이나 유럽 정당 조직의 특성은 분권이다. 미국은 상설 중앙당 조직이 없고 독일의 경우 중앙당 조직이 있지만 선거 때의 공천이나 평상시 당 운영이 지역 중심으로 이루어지는 분권 구조이다. 정당의 가장 중요한 권한인 공천권 행사를 보면 미국과 독일의 분권적 구조를 이해할 수 있다.

미국은 24개 주에서 연방 의원을 포함한 주의 선출직 공직자 당내 후보를 결정할 때 모든 유권자 또는 무당층 유권자에게 투표를 허용하고 있다. 미국에서 개방형 또는 준개방형 예비선거(국민경선)가 가능한 것은 당비를 내는 책임당원 중심의 정당이 아니라 자발적으로 후원금을 내거나 자원봉사를 하는 활동가 중심으로 당이 운영되기 때문이다. 반면 독일은 미국과 대조적으로 책임당원 중심의 전국적 당조직을 가지고 있음에도 불구하고 후보 공천에 중앙당의 영향이 거의 미치지 못하고 지역의 당조직 리더들 간에 협상을 통해 결정되는 폐쇄적 구조가 지배적이다. 미국과 독일의 현재 공천 방식을 보면 역사적 산물임을 알 수 있다. 연방제를 채택한 분권국가로서 후보 결정 방식이 모두 분권화되어 있다. 다음 글상자를 살펴보자.

미국과 독일의 당내 후보 공천 방식

미국: 의회 의원의 경우 주에 따라 경선(예비선거, primary election)의 방식이 다양하다. 크게는 유권자 누구에게나 당 후보 선출 예비선거에 참여하도록 허용하는 개방형, 당원 및 해당 정당에 대한 지지 성향을 밝힌 유권자에게만 투표를 허용하는 폐쇄형, 그리고 지지 정당이 없는 무당층 유권자라면 투표를 허용하는 준개방형(semi-open primary) 제도가 있다. 미국은 주정부에서 선거를 관리하기 때문에 각 당의 후보 공천도 분권화되어 있다. 그리고 당비를 의무적으로 내야 당원 자격을 유지하는 시스템이 아니므로 개방형 예비선거에 대한 저항이 적다. 2021년 기준으로 24개 주에서 대통령 후보를 제외한 당의 공직자 후보를 선출할 때 유권자나 지지 정당이 없는 유권자에게 후보 결정을 맡기는 상향식 공천을 하고 있다.

독일: 독일은 전국 정당의 체계적인 조직을 유지하지만, 연방제 국가로서 의회 의원의 당내 공천은 분권화되어 있어 중앙에서 영향을 미치는 데 한계가 있다. 심지어 중앙에서 여성 할당 등에 대한 당의 지침을 정해도 이를 강제하지 못한다. 연동형 비례제를 채택하고 있는 독일은 당의 지역구 후보 결정은 현직 의원의 경우 본인이 불출마를 선언하지 않는 한 재공천이 관례이며, 현직이 없어 다수 후보가 출마에 관심을 갖는 경우에는 당의 지역위원회 유력인사들의 막후 협상을 통해 단수 후보를 추천하고 대의원회의에서 결정되는 것이 일반적이다. 2009년 연방 의회 당내경선을 보면 사민당 후보의 85.6%, 기민당 후보의

47.5%, 기사당 후보의 100%가 대의원회의 방식에 의해 결정되었다. 기민당 후보의 52.5% 그리고 사민당 후보의 14.4%가 당원 투표에 의한 후보 결정이었지만 대부분이 당원이 많지 않은 구 동독지역이었다.

비례대표 후보 결정은 권역(주)별로 후보자 명부를 만드는데, 주 집행위원회에서 명부를 작성하고 각 지역위원회를 대표하는 권역 대의원회의에서 결정하는 방식이다. 지역 후보이든 비례 후보든 철저히 분권화되어 있고, 지역이나 권역의 당조직에서 중심 역할을 해온 지도층에 의해 결정되는 특징을 가지고 있다.

독일의 이러한 분권적이고 지역의 당 유력인사가 절대적인 영향을 미치는 후보 공천에 대해서 근래 개방성을 높여야 한다는 개혁의 목소리도 있다. 완전 국민경선제 도입이나 여성 할당제가 대표적이다. 사민당의 경우 2010년 초에 비당원에게도 당 예비후보 선거에 참여할 수 있도록 하는 경선 개혁을 시도했으나 실패하였다. 현 제도에서 혜택을 보는 현직 의원 등 당 엘리트의 반대 때문이었다. 또한 지역 유력 인사에 의한 계파 형성과 동원에 의한 선거 왜곡을 우려하는 목소리가 아직은 큰 편이다. 특히 거대 기득권 정당을 중심으로 다수의 참여에 의한 혼란보다 소수 엘리트에 의한 안정을 선호하고 있는 것으로 해석할 수 있다. 여성 할당제의 경우 중앙당의 지침을 통해 지구당에 요구하였지만 정당마다 차이가 있고 준수율도 높지 않았다. 2013년 총선 예비후보 중 여성은 25.8%였다.

이에 비해 한국은 절대적으로 당 운영 권한이 중앙당에 집중되어 있다. 현행 정당법상 지역에는 광역시도 단위까지만 당원협의회 사무실과 직원을 둘 수 있고, 시군구 단위에는 허용되지 않는다. 현역 국회의원이 아닌 원외 당협위원장은 지역구에서 평상시에 지역의 당원과 당 조직을 안정적으로 관리하기가 어렵다. 또한 후원회도 둘 수 없어 경제적 문제 때문에 기초 의회 의원이 합동으로 개설한 사무실에 나가거나 사비로 연구소 간판을 걸고 개인 사무실을 내는 정도이다.

국회의원의 후보 공천권은 당연히 중앙당에 있다. 국민경선이든 당원투표든 경선 룰을 결정하고 관리하는 책임은 중앙당의 몫이기 때문이다. 특히 지역구에서 경선을 통해 후보를 결정하더라도 해당 지역구의 경선 후보를 공천관리위원회에서 전략적으로 결정하는 경우가 많다. 지역구에서 생활하고 지역민과 교류한 적이 없는 사람이거나 현역 의원조차 지역구를 옮겨 경선에 참여시키는 결정을 하기 때문이다.[25]

더불어민주당과 국민의힘은 실제로 선거 전략상 필요한 경우 '전략공천' 또는 '우선추천'이라는 이름으로 선거구 전체의 20%까지 공천에 직접 영향력을 행사할 수 있다. 여기에 여성, 신인, 청년의 경우 단순히 가산점을 부여할 뿐만 아니라 경선 지역을 전략적으로 정해주고 있다. 선거판 전체를 바둑판처럼 보고 종합적으로 경선 후보를 정하는 중앙집권적 하향식 공천이다. 이 역시 최고 중심의 위계적 집단주의 문화에 익숙한 방식이다. 문제점은 알지만 쉽게 고쳐지지 않는다. 문화의 관성이고 역사의 경로이기 때문이다.

단체장 등 지방선거 후보자 결정은 광역 시도당에서 결정하지만 이 경우에도 당원의 참여에 의한 상향식 결정이라기보다는 지역구 당협위원장 개인의 영향력이 절대적이다. 총선이든 지방선거이든 후보 공천과정에서의 잡음은 한국 정당의 가장 후진적 모습을 보여준다. 분권, 자율과 책임으로의 길은 아직 멀어 보인다.

선거제도

정당제도 및 권력구조와의 정합성

문화, 권력구조, 정당제도 간의 정합성만큼이나 중요한 것이 선거제도와의 정합성이다. 정당제도와 의원을 선출하는 선거제도 간의 관계에 대해서는 뒤베르제 법칙(Duverger's law)이 잘 설명해준다. 선거구에서 가장 많이 득표한 1명의 후보를 선출하는 단순다수대표제[26]는 양당제, 그리고 권역이나 전국을 범위로 정당에 투표하는 비례대표제는 다당제와 깊은 관련성이 있다는 것이다. 처음에는 둘 간의 관계를 "그런 경향이 있다"는 정도로 이해했지만 후속 연구를 통해 지배적인 관계임을 확인하고 법칙이라는 이름까지 붙인 것이다.

단순다수대표제는 소선거구에서 주로 채택되는데 득표율에 상관없이 최고 득표자 1인을 뽑기 때문에 군소정당 후보의 당선 가능성이 희박하다. 개별 선거구에서 주요 정당 후보 중심으로 당선이 되고 전국적으로 양당 구조가 고착된다. 그러다 보니 전체 유권자의 득표율과 의회의 의석 점유율과 괴리가 발생한다. 〈표 8.2〉는 영국의 2019년의 총선 결과이다. 지역에 출마한 후보의 득표를

[표 8.2] 영국의 정당별 득표율과 의석 비율(2019년 총선 결과)

정당	지역대표			비례대표	
	당선 (명)	득표율 (%)	의석 비율(%)	당선 (명)	정당 득표율
보수당	365	43.6	56.2		
노동당	202	32.1	31.1		
스코틀랜드민족당	48	3.9	7.4	비례대표 없음	
자유민주당	11	11.6	1.7		
기타 군소 정당	24	8.8	3.6		
합계	650	100	100		

정당별로 모두 합산한 비율에서 보수당의 경우 43.6%에 불과하지만 실제 의석은 56.2%를 확보하였다. 반면 자유민주당의 득표율은 전국적으로 11.6%이지만 의회에서의 의석 비율은 1.7%에 불과하다. 자유민주당의 경우 650개 선거구 중 611개 지역에 후보자를 냈지만 최다 득표로 당선된 후보는 11명에 불과했기 때문이다.

우리나라의 경우 전체 의석(300개) 중에서 지역구 의석은 253석이다. 〈표 8.3〉을 보면 지난 2020년 제21대 총선에서 더불어민주당의 지역구 당선자들의 득표 총합은 전체 유효표의 1/2인 49.9%이었지만 의석 비율로는 64.4%로 그보다 훨씬 높았다. 미래통합당은 그 반대로 득표율은 41.5%였지만 의석은 33.2%

[표 8.3] 한국의 정당별 득표율과 의석 비율(2020년 제21대 총선 결과)

정당	지역대표			비례대표		전체	
	당선(명)	득표율(%)	의석 비율(%)	당선(명)**	정당 득표율(%)	당선(명)	의석 비율(%)
더불어민주당	163	49.9	64.4			180	60.0
(더불어시민당)*				17[11/6]	33.4		
미래통합당(현 국민의힘)	84	41.5	33.2			103	34.3
(미래한국당)				19[12/7]	33.8		
정의당	1	1.7	0.4	5[3/2]	9.7	6	2.0
국민의당	0	0	0	3[2/1]	6.8	3	1.0
열린시민당	0	0	0	3[2/1]	5.4	3	1.0
민생당	0	1.5	0	0	2.7	0	0
무소속	5	3.9	2.0	0	0	5	1.7
기타 군소 정당	0	1.5	0	0	8.2	0	0
합계	253	100	100	47	100	300	100

* 더불어시민당과 미래한국당은 선거 후 각각 더불어민주당과 미래통합당으로 합당.
** [ ] 안의 '/' 앞의 숫자는 연동형 비례 의석이고 뒤의 숫자는 병립형 비례 의석임.

로 낮았다. 이처럼 소선거구제 단순다수대표제는 양당제의 안정적 정당구조에는 도움이 되지만 득표율과 의석 비율 간의 비례도(상관관계의 정도)가 낮은 것이 문제이다.

비례도를 100% 달성하는 방법은 개인 후보가 아니라 정당에 투표하고, 정당 득표율에 따라 의석을 배분하는 것이다. 100% 비례대표제이다. 하지만 주권을 위임할 대표자를 유권자가 직접 선택하지 않고 정당에 위임하는 것이기 때문에 국민주권 원리에 부합하지 않고 비례 후보를 정하는 과정에 공정성의 논란이 있기 마련이다.

그래서 지역 선거구에서 후보를 직접 선출하는 인물투표 방식과 전국 또는 광역 단위에서 정당별 비례대표를 선출하는 정당투표 방식을 혼합하는 선거제도가 등장한다. 우리나라가 그 예로서 국회의원 300명을 지역 선거구에서 253명, 전국 단위의 비례대표로 47명을 선출하고 있다. 〈표 8.3〉에서 지역대표에 비례대표를 더하면 전체 의석의 비율이 더불어민주당은 64.4%에서 60.0%로 4.4%P 낮아지고 미래통합당은 1.1%P, 정의당은 1.6%P 올라간다. 지역구에 후보를 내지 않은 국민의당과 열린시민당은 비례대표 의원만 3명(1.0%)씩 배출하였다. 비례대표제를 혼합함으로써 비례도가 약간 개선된 것을 확인할 수 있다.

2016년 제20대 총선에서는 당시 제1당이었던 새누리당(국민의힘 전신)이 지역구에서의 득표율보다 국회의원 의석 비율이 높았다. 즉, 지역 선거에서 다수의 후보가 경쟁할수록 당선자의 득표율이 낮아지기 때문에 제1당의 국회 과다 대표성은 항상 발생하는 구조이다. 그래서 국회 의석의 비례성을 강조하는 군소 정당들은 지역대표와 비례대표의 253:47 배분 비율은 물론, 정당 득표율에 따라 47석의 비례의석을 단순 배분하는 병립형 비례제로는 비례도를 높이는 데 한계가 있다고 비판하면서 선거제도의 개혁을 주장하게 된다. 군소 정당의 원내 진입을 보다 수월하게 하여 비례성을 높이는 방법에는 선거구의 범위를 중대선거구로 확장하여 한 선거구에서 2명 이상의 의원을 선출하는 방식이 있다.[27] 현재

지방의회의 비례대표를 선출할 때 적용하는 방식이다.

준연동형 비례제 도입의 실패

비례성을 보다 확실하게 보장하는 방법은 연동형 비례제이다. 20대 국회에서 도입한 "준연동형 비례제"는 연동형 비례제를 원형으로 한 것이다. 하지만 준연동형 비례제 도입(〈표 8.4〉)은 선거법을 개정하는 과정의 문제뿐만 아니라[28] 비례성 하나만을 보았지 권력구조 및 정당제도와의 정합성을 고려하지 않았고, 준연동형 비례제의 제도 설계 자체가 잘못된 문제가 있다. 현실에서 전혀 작동할 수 없는 불량 제도로서 우리나라 선거법 개정사에 가장 큰 오점이 될 것이다. 설계가 잘못되었다는 것은 개정 선거법으로 치른 21대 총선에서 비례정당이 출현했다가 선거 후 모당(母黨)과 합당하고 소멸된 것으로 증명된 것이다.

준연동형 비례제 도입은 다음 두 가지 측면에서 문제가 있다. 첫째, 비례성 강화만 생각했지 제도 간 정합성을 고려하지 않았다. 선거제도는 뒤베르제가 주장하였듯이 정당제도와 불가분의 관계에 있고, 또한 정당제도는 권력구조 및 문화와 밀접하게 연관되어 있다. 즉 이들 간의 관계가 정합성이 높아야 제도의 실효성이 높다. 그래서 선거제도의 개혁은 권력구조의 현재 또는 앞으로 지향해야 할 모습부터 정한 다음 연역식으로 선거제도를 설계해야 한다. 권력구조와 정합성이 높은 정당제도와 선거제도를 설계해야 현실에서의 작동 가능성이 크고, 그렇지 않으면 꼬리가 몸통을 흔드는 결과를 초래한다.

[표 8.4] 준연동형 비례제 선거법 개전 전과 후

구분	개정 전	개정 후
핵심 내용	− 지역구 의석: 253석 − 비례대표 의석: 47석 　정당투표 비율에 따라 배분	− 지역구 의석: 253석 − 비례대표 의석: 47석 　(병립형: 17석, 연동형: 30석) * 병립형은 기존 배분방식과 동일 　연동형은 연동형 비례제 원리 적용

즉, 국회의원의 정당별 의석 비율이 선거 당시의 정당 지지율과 차이가 있다는 이유 하나만으로 비례성을 높여야 한다는 결론은 너무 단선적이다. 비례성의 비율을 높일수록 어느 1당도 과반 의석을 차지하기 힘든 다당제로의 전환 가능성이 높아진다. 대통령제에서 여소야대의 상황이 더욱 빈번하게 발생하고, 대통령이나 여당은 다수의 야당과 협상해야 한다. 과거 한국이나 신생국가의 사례를 보면 여소야대의 구조에서는 여야 간 대치로 국정운영의 혼란 상황이 자주 발생했다. 비례성의 문제만 보고 개정한 선거제도가 권력구조와의 정합성이 떨어져 국정운영의 효율성을 떨어뜨리는 것이다.

임기 4년 동안 정당 지지율이 계속 변하는 상황에서 선거가 실시된 시점에서만 비례성을 주장하는 것도 한계가 있다. 더불어민주당과 국민의힘이 2020년 4.15 총선에서 지역 후보자가 얻은 득표율은 각각 49.9%와 41.5%이지만〈표 8.3〉, 리얼미터가 조사한 2021년 8월 4주차 정당 지지율에서는 국민의힘이 36.9%, 더불어민주당이 31.9%로 나타났다. 이 지지율은 앞으로도 계속 변동될 것이다. 총선일을 기준으로 의석 비율과 정당 득표율을 일치시켰다 하더라도 다시 괴리가 발생하는 것은 시간의 문제이다. 선거법 개정은 비례성 개선이라는 단면적 해법이 아니라 정당구조 및 권력구조와의 정합성을 종합적으로 검토해서 접근해야 한다.

둘째, 비례성 강화에 동의한다고 하더라도 2021년 도입한 준연동형 비례제는 현실에서 작동할 수 없는 불량 제도이다. 그 결과 21대 총선에서 더불어시민당과 미래한국당이라는 비례정당이 출현하였던 것이다. 당시 선거용으로 창당된 비례정당은 선거 직후 각각 모당인 더불어민주당과 미래통합당으로 다시 합당하였다. 더불어민주당은 제도 도입의 취지를 왜곡하고 악용한 미래통합당의 비례정당 창당이 잘못이라고 책임을 돌리지만, 제도를 악용했다는 말은 제도 설계가 잘못되었음을 인정하는 말이다. 그래서 제도를 만들 때는 악용할 사람들이 있다는 "불신"을 전제로 치밀하게 검토하고 설계하여야 한다. 더구나 선거법 개정에 대한 국회 논의 과정에서 연동형 비례제의 문제점을 수없이 지적하고 제1야당이 강력하게 반대했던 상황이다.

가장 큰 문제점은 지역구 의석과 비례 의석을 연동시키기 때문에 지역구에서 많은 당선자를 낼수록 비례 의석을 얻지 못하는 페널티 구조에 있다. 지역구에서 당선자를 많이 내는 거대 양당이 가장 피해를 본다. 양당은 페널티를 피하는 방법을 찾게 되고 그것이 비례정당을 창당하는 것이다. 유권자는 모당과 비례정당의 관계를 알고 비례후보만 낸 정당과 지역구에 출마한 인물을 분리 투표하는 전략적 선택을 한다. 결과적으로 비례정당은 지역구에 후보를 내지 않았기 때문에 정당 지지율만큼 비례의석을 가져올 수 있다. 모당과 의석을 합치면 분리하지 않았을 때와 비교하여 더 많은 의석을 확보하게 된다.

이런 사례가 한국에서 처음 있었던 것이 아니다. 부끄럽게도 우리보다 정치발전이 뒤처진 아프리카의 레소토, 동남유럽의 알바니아, 남미의 베네수엘라에서 이미 시도되었으나 작동되지 않아 결국 폐기된 제도이다. 국회 입법과정에서 문제점을 많이 지적했음에도 강행 처리된 것은 지금도 이해할 수 없다. 위키피디아(Wikipedia)의 연동형 비례제 설명을 보면, 한국의 비례정당 창당 후 모당과 합당한 사실이 이들 실패 국가들과 함께 소개되고 있다. 앞으로 연동형 비례제 실패 사례로 레소토, 베네수엘라 등의 국가와 함께 대한민국의 사례가 추가되는 불명예를 안게 되었다.

위키피디아에 불명예의 사례를 남기다

다음은 위키피디아의 Mixed-member proportional representation(연동형 비례제) 설명에서 한국의 사례로 소개된 글이다:

"2020년 대한민국은 총선을 앞두고 기존의 병립형 비례대표제에 연동형 비례대표제를 혼합하여 30석을 연동형으로 배정하였다. 야당인 자유한국당은 추가 비례 의석을 확보하기 위해 미래한국당이라는 모조품(decoy) 정당을 만들었다. 여당인 더불어민주당은 선거법을 악용하였다고 야당을 비난하면서 결국 자체 모조품 정당(더불어시민당)을 만들었다. 모조품 정당은 성공적이었는데 미래한국당은 12석, 더불어시민당은 11석을 얻었다. 선거 후 두 비례정당은 모당(母黨, mother party)과 합당하였다."

자료: https://en.wikipedia.org/wiki/Mixed-member_proportional_ representation, 2021. 8. 23.

미주

1 1789년은 프랑스에서 군주제를 무너트리는 시민혁명이 일어난 해이기도 하다. 프랑스 시민혁명은 미국의 독립선언서와 헌법에 담긴 자유 사상의 영향을 받았다.

2 국민이 직접 선출하여 주권을 위임한 국회의원과 대통령에게 개헌발의권을 부여할 수는 있으나, 국회의 경우에는 재적의원 과반수라는 합의를 거치도록 한 것에 비해 1인 기관인 대통령에게 국무회의 심의만 거쳐 개헌발의를 할 수 있도록 한 것은 문제가 있다는 지적도 가능하다(정종섭, 헌법학원론, 박영사, 2018, p. 98).

3 각 정부별 임명 동의를 얻지 못했거나 청문보고서가 채택되지 못한 비율은 노무현 정부 6.2%, 이명박 정부 23.0%, 박근혜 정부 14.9%, 그리고 문재인 정부 28.7%(2021. 3. 1. 기준)이다(전진영, 공직 후보자에 대한 국회 인사청문 결과: 역대 정부별 비교와 함의, 현안분석 제190호, 국회입법조사처, 2021. 3. 22). 특히 문재인 정부 들어 청문보고서 없이 임명이 강행된 사례가 급격히 증가하면서 인사청문회 제도의 개선에 대한 목소리가 높다.

4 Congressional Budget Office, An Introduction to the Congressional Budget Office, 2021. 1, p. 7. 행정부 예산편성을 담당하는 관리예산처(OMB)의 조직 규모는 649명이다(FedScope, https://www.fedscope.opm.gov/employment.asp, 2021. 3. 기준).

5 우리나라 감사원법에는 회계검사와 직무감찰을 합쳐 회계감사라고 하는데 직무감찰을 제외한 회계검사(auditing)에 대해서도 민간분야에서는 회계감사로 통용되고 있다.

6 Congressional Research Service, Staff Pay Levels for Selected Positions in Senators' Offices, FY2001−FY2020, 2021. 4. 20, p. 9. 범위는 최저 161,196달러에서 최고 172,790달러이다. 참고로 미국의 상하원 의원의 연간 보수는 174,000달러

이니 최고 보수를 받는 수석 보좌관과 비슷한 수준이다.

7 전문직 취업비자(H1−B), 계절 임시노동자 비자(H−2A), 체험학습 학생 방문비자(J) 등을 잠정적으로 모두 중단시키는 행정명령(2020. 6. 22)에 대해 연방 지방법원 판사(Jeffrey S. White)가 중단 판결을 내렸다. 그는 판결문에서 "이민 관련 문제에서 대통령에게 군주의 권력(monarchical power)이 부여되지 않도록 대통령 권한을 제한하는 어떤 조치가 있어야 한다"는 점을 지적하였다(NY Times, 2020. 10. 1). 또 다른 예는 이민 신청자에게 건강보험 가입 의사와 보험료 납입 능력이 있는지를 확인하도록 한 행정명령인데 오리건주 연방 지방법원 판사(Michael Simon)가 중지 판결을 내렸다(Reuters, 2019. 11. 2). 한편 이슬람권 6개국 출신의 국민에 대한 입국을 90일간 제한하는 내용의 '반(反)이민 행정명령'의 경우 연방 지방법원과 항소법원에 의해 효력이 정지되었으나 대법원은 최종적으로 효력을 일부 인정하는 판결을 내렸다(중앙일보, 2017. 6. 27).

8 대법원 대법관, 헌법재판소 재판관, 중앙선거관리위원회 위원, 국무위원(장관)은 국민 대표기관인 국회의 인사청문회를 거치고 대통령의 임명 절차를 거침으로써 주권을 간접적으로라도 위임받는다.

9 노무현 대통령 시기에 531명으로 이전 정부보다 규모가 확대되었다. 이명박 대통령 때 456명, 박근혜 대통령 때 443명이었다. 문재인 대통령 때는 비서실 443명에 국가안보실 43명이다(대통령 비서실 직제, 2021. 1. 5; 대통령 국가안보실 직제, 2019. 3. 6).

10 노무현 정부 당시 이들 위원회가 행정 각 부처의 업무를 결정하는 등의 문제로 옥상옥, 위원회 공화국이라는 별명이 붙을 정도였다. 문재인 대통령은 저출산고령사회위원회, 국가균형발전위원회, 자치분권위원회, 농어업농어촌특별위원회 등의 국정과제위원회 외에 북방경제협력위원회, 4차산업혁명위원회, 일자리위원회 등을 대통령 직속 자문위원회로 운영하고 있다.

11 박근혜 정부 국무회의에 참석한 고 박원순 시장이 국무회의 참석 후 토론이 거의 없었다고 언론에 비판적 코멘트를 한 적이 있다. 하지만 그것은 모든 정부에서 동일하다. 국무회의는 거친 아이디어를 브레인스토밍하는 자리가 아니다. 이미 국무총리실 국무조정실장이 주재하는 차관회의에서 각 부처의 이견을 조율하여 정리된 안건이 국무회의에 올라온다. 자유토론보다는 부처 간 합의된 내용을 심의 통과시

키는 자리이다.

　마치 국회에서 법안에 관한 토론은 각 상임위 차원에서 이루어지고 본회의에 올라오는 안건은 여야 간 안건의 내용뿐만 아니라 본회의에 올린 안건의 순서까지 합의를 마친 것으로 마지막 투표 절차가 진행되는 것과 같다. 안건에 이의가 있는 경우 반대 토론을 하지만 그것은 실제로 안건을 부결시키는 효과보다는 반대 토론을 통해 기록을 남기고 지지층을 향한 정치적 메시지에 불과하다. 국무회의에서도 심의 안건에 반대하는 부처 장관의 경우 반대 의사를 발표하여 기록에 남기지만 일반적으로 부처 장관의 입장이 아니라 '국무위원'의 지위에서 다수 의견에 동의하는 것으로 정리된다.

12 2013년 당시 새누리당 중진의원이 나에게 한 말이다. "대통령 선거 기간 중에는 상황이 긴박하니까 급하면 전화하거나 사무실로 찾아가 직접 이야기를 하고 그랬는데, 당선인 신분이 되고부터는 물리적으로 만나기도 힘들고 만나도 옛날같이 대하기가 쉽지 않더라. 대통령 취임 이후에는 정말 옛날의 당대표나 동료 의원으로 대할 수가 없더라. 어떤 기회에 이야기를 나누게 되었는데 말하는 것을 정말 조심하게 되더라. 한국에서 대통령이라는 자리가 참 묘하더라."

13 헌법기관은 아니지만 정치적 중립성이 생명인 방송통신위원회나 방송심의위원회 위원 구성에서도 대통령의 영향력은 절대적이다. 방송통신위원회의 경우 위원장 포함 4인의 상임위원(차관급)으로 구성되는데, 대통령은 위원장과 상임위원 1명을 지명하고, 여당이 1명의 상임위원을 지명한다. 5인 위원회에서 위원장을 포함하여 3인은 대통령의 영향권 안에 둘 수 있다.

14 일본은 집단주의 문화 성향이 강하기 때문에 정당 거버넌스의 민주화가 약하다. 결국 일본의 의원내각제는 유럽과는 다르게 정당의 계파 보스들이 존재하고 특히 집권 자민당 내에서 계파 간 권력 경쟁과 견제에 의해 부분적으로 권력 분산의 효과가 나타난다고 볼 수 있을 것이다.

15 내각(캐비닛)의 의미는 물건을 넣어두는 작은 보관함을 말한다. 우리가 일반적으로 부르는 캐비닛 개념이다. 정치적 의미로는 군주에게 국정을 자문하는 위원들이 모여 은밀하게 회의하던 작은 방에서 출발하여 대통령이나 총리에게 정책 조언을 하고 집합적으로 국정에 책임을 지는 기관으로 진화하였다(이승엽, 「상식타파 세계사 1」, 좋은땅, 2020; Wikipedia, Cabinet (Government), 2021. 6. 12). 우리나라에서

내각은 통상 국무총리 및 행정 각 부의 장관 전체를 의미한다. 장관이 부처 조직의 장이라는 개별적 지위를 의미한다면, 부처의 기관 경계를 넘어 국정을 통합적으로 책임지는 지위에서는 국무위원으로 지칭한다. 우리나라에서는 내각회의 대신 국무회의라고 부르며 대통령제의 특성이 반영되어 의원내각제와는 다르게 국무회의 결정에 대통령이 귀속되지 않는다. 순수 대통령제인 미국에서는 헌법에 각료회의 자체를 규정하고 있지 않다.

16 최근 1980년에 창당한 녹색당 그리고 창당 10년 내외지만 2017년 총선에서 각각 94석과 69석을 차지한 독일대안당과 좌파당이 대표적이다.

17 후임 선출에 상관없이 현 내각을 불신임하는 악의적 불신임에 대응하여 건설적 불신임제도라 부른다.

18 지금까지 미국을 지탱해온 힘이고, 많은 국가들이 미국을 정치적 선진국으로 인정해온 이유이기도 하다. 그런데 트럼프 대통령에 의해 기존의 질서, 시스템이 무너지는 것을 목격하였고 시스템이 갖추어진 미국조차도 대통령의 개인적 캐릭터가 정치적 위험 요소가 될 수 있다는 것을 자각하였다. 바이든 대통령의 "미국이 돌아왔다(America is back)"는 구호는 바로 권력 분산과 견제를 바탕으로 한 시스템으로의 복귀를 의미하는 것으로 이해된다.

19 의원내각제가 아닌 이원집정부제는 프랑스를 포함한 5개국이고, 대통령제는 키프로스 1개국이다.

20 미국과 마찬가지로 양당제의 영국도 군소 정당과 새로운 이익을 대변하는 신생 정당들이 있지만 의회에서 보수당이나 노동당의 양당제를 위협할 의미 있는 의석을 확보하지 못하고 있다. 2019년 총선 결과, 하원 650석 중에서 보수당(365석)과 노동당(202석)이 전체 의석의 87.3%를 차지하였다. 독립주의 성향이 강하고 상당한 자치권을 보장받는 스코틀랜드에서 절대다수 의석(7.4%인 47석)을 차지한 스코틀랜드 독립당(nationalist party)을 제외하면 8개 군소 정당은 모두 합쳐 35석을 차지했을 뿐이다(Wikipedia, 2019 United Kingdom general election).

21 이러한 보수적 특성에도 불구하고, 박지향 서울대 명예교수는 저서 「정당의 생명력: 영국 보수당」에서 영국 보수당이 지금까지 생명력을 가지고 있는 것은 시대의 요구를 받아들이는 변화를 통해 가능했다고 강조한다.

22 새천년민주당을 나와 2003년에 창당한 열린우리당은 2008년 통합민주당으로 합당

하기 전까지 중도개혁통합신당, 중도통합민주당, 대통합민주신당의 잦은 당명 변경 과정을 거친다.

23 2017년 자유한국당을 탈당한 의원들로 구성한 바른정당은 이후 국민의당과 통합하여 바른미래당(2018년)으로 2년 가까이 활동하다가 다시 새로운보수당(2019년 12월)을 거쳐 미래통합당으로 합당한다.

24 공천심사에 가장 중요한 기초 자료인 당무감사 및 인물 세평을 할 수 있는 위치이다.

25 21대 국회의원 선거에서 더불어민주당은 경기도 김포의 김두관 의원을 경남 양산으로, 미래통합당(국민의힘)은 경북 상주·군위·의성·청송의 김재원 의원을 서울 중랑에 공천하였다.

26 과반에 상관없이 다른 후보에 비해 상대적으로 더 많이 득표한 사람이 당선되는 방식이다. 단순 또는 상대 다수제와 다르게 절대다수대표제는 최다 득표율이 50% 미만일 때 상위 득표자(보통 2인)를 대상으로 결선 투표를 다시 하여 유효투표의 과반수를 얻은 후보가 최종 당선되는 방식이다.

27 소선거구제와 중대선거구제의 이해

| 지역구의 범위 | 투표(선택)의 대상(단위) | |
	사람	정당
소선거구	1인(다수대표제)	–
중대선거구	2인 이상	비례(권역, 전국)

28 선거법은 경기룰과 같아서 선수에 해당하는 정당 간의 합의에 따라서 바꾸는 것이 관행으로 지켜져왔는데 20대 국회에서 패스트 트랙(신속안건처리)의 방식으로 제1야당(미래통합당)이 불참한 가운데 2019년 12월 27일에 처리되었다.

9

분권, 자율과 책임 : 처방

09

분권, 자율과 책임: 처방

　　그동안 한국의 권력구조, 정당제도, 선거제도는 모두 위계적 집단주의 문화와 어느 정도 균형을 맞추면서 현재까지 진화했나. 하지만 실제의 문화 현상이 아니라 바람직한 가치나 믿음 차원에서 국민은 집권이 아니라 분권, 규제와 순응이 아니라 자율과 책임을 원하고 있다. 현재가 아니라 미래를 생각하면 분권, 자율과 책임이 시대정신과 개혁의 방향으로서 더욱 설득력을 가진다.

　　어려움은 권력구조, 정당제도, 선거제도의 개혁은 법과 제도를 구체적으로 바꾸고 대한민국의 권력 지형을 바꾸는 문제라는 데 있다. 학생, 취업준비생, 학부모, 근로자 등 정책 대상 집단이 분명한 교육이나 취업의 이슈와는 문제의 성격이 다르다. 한편으로는 전 국민의 관심사이지만 직접적으로 자신과 이해관계가 적고 상식 이상의 전문적 이해를 요구하는 무거운 주제이다 보니 지속적인 관심의 대상이 아니다. 하지만 식사나 술자리에서, 그리고 직장이나 가정에서 항상 정치 문제를 가지고 많은 시간을 시끄럽게 논쟁하고 화를 내지만 변하지 않는 현실을 생각하면 이 문제를 제대로 이해하고 개혁하는 것이야말로 대한민국의 질적인 성숙과 양적인 성장을 이루는 데 가장 중요한 이슈임은 분명하다.

그러면 어떻게 권력구조, 정당제도, 선거제도에 대한 개혁을 접근해야 할까? 나의 결론은 분권, 자율과 책임의 큰 개혁의 방향성으로 나아가되 현실과의 균형을 맞추는 것이다. 즉, '한국문화의 현실'과 '개혁의 이상' 사이에 괴리가 너무 크지 않도록 균형을 맞추는 것이다. 괴리가 크다면 개혁이 성공할 수 있도록 시간을 가지고 단계적으로 준비를 하는 속도의 균형이 필요하다. 사람은 분권과 자율·책임을 받아들이는데 제도가 집권과 규제의 틀에 머물러 있어도 안 되고, 사람은 집권과 순응의 단계에 머물러 있는데 분권과 자율·책임 중심의 제도로 개혁해도 원하는 효과를 거둘 수 없다. 이제 미국과 유럽의 정치제도에서 배울 수 있는 교훈, 그리고 문화와 시대정신의 균형 차원에서 권력구조(대통령제·의원내각제), 정당제도, 선거제도에 대한 개혁 방안을 제시하도록 한다.

미국 정치제도의 교훈: 견제 – 질과 양을 모두 주지 않는다

권력거리가 작은 수평적 사회이고 개인주의 문화를 가진 미국에서 권력이 한 곳에 집중되는 것에 대한 경계심은 강했다. 건국의 아버지들이 쓴 「연방주의자(The Federalist)」에서 인간은 천사가 아니다라는 그들의 인간관에서 단적으로 읽을 수 있다. 연방주의자 논설을 보면 건국 초기에는 대통령 권력보다도 의회 권력에 대한 견제의 필요성이 강하게 나타난다. 공화정의 속성에서 의회가 지배적인 지위에 있었기 때문에 의회를 상하 양원으로 나누어 임기와 선출 방식을 다르게 하고 기능도 나누어 서로 결탁하지 못하도록 한 것이다. 취약한 행정권(the weakness of the executive)과 균형을 맞추기 위해 의회 권력을 양원제로 나누었던 건국 초기의 구상은 세계대전과 경제공황을 거치면서 바뀌었다. 즉, 대통령의 권력이 제왕적으로 확대되기 시작했고 이제 대통령의 권력을 견제하기 위한 입법부의 권능도 강화되기 시작한 것이다.

미국은 연방정부 수립 이전에 이미 13개 주 모두 독자적인 자치권을 행사하는 분권 상태였고 의회가 중심이 되어 정부형태를 설계하고, 이후 200여 년의 진화를 거쳐 현재의 미국 대통령제가 유지되고 있다. 대통령제를 역사상 처음으로 구상하고 오늘날까지 생명력을 유지하고 있는 미국의 독특한 역사적 배경에 대한 이해 없이 대통령제를 이야기하기 어려운 이유이다. 그러면 무엇이 미국 정부형태의 생명력일까? 미국의 시스템이 현재 상태로 진화되면서 계속 생명력을 갖게 된 근저에는 공정의 조건 "질과 양을 모두 주지 않는다"는 보이지 않는 코드를 읽을 수 있다. 정치에서 가장 큰 질적 파워는 권력이다. 권력기관일수록 규모에 의한 양적 파워를 동시에 갖지 못하도록 한 것이다.

미국 대통령의 경우, 우리나라 대통령이 갖는 운명공동체로서의 여당의 전적인 지지를 기대할 수 없다. 오히려 입법부와 사법부에 의해 강력하게 견제를 받는다. 여당이라고 대통령을 무조건 따르는 것이 아니라 의회에서 양당의 타협과 협상이 존중된다. 최근의 대표적인 사례로 미국 민주당은 상원의 다수당으로 예산조정권을 활용해 바이든 대통령이 취임 직후 제안한 2조 2,500억 달러 규모의 인프라 투자 예산을 단독 처리할 수도 있었지만, 상원에서 계획보다 50% 이상 낮춘 1조(1trillion) 달러 규모의 초당적 예산을 69:30으로 통과시켰다.[1]

대통령과 여당이 함께 집권세력을 형성하고 규모의 권력을 행사하기가 어렵다. 여기에는 미국이 권력거리(권위주의)가 낮은 수평주의 문화라는 요인과, 정당이 전국 조직을 관장하는 중앙당 체제가 아니라는 시스템적 요인이 작용하고 있다. 문화적으로나 제도적으로 당에서 동고동락하면서 '의리'로 맺어진 계파를 만들기가 어려울 뿐만 아니라 공천과 같이 개인적 도움을 통한 자기 사람 만들기도 쉽지 않기 때문이다. 대통령 후보나 당선자는 선거운동에서도 당 조직보다는 개인 캠프와 상향식(bottom-up)으로 국민적 지지를 키워나가는 개인의 역량에 의존하기 때문에 규모의 권력을 형성하기 어렵다. 미국 대통령이 가지는 가장 중요한 규모의 권력은 국정수행 지지도이다. 대통령이 의회를 압박할 수 있는 강력한 수단이다. 하지만 우리나라에서 볼 수 있는 규모와 응집력을 가진 집권세력의 지원은 불가능하고, 여당이 대통령과 종속관계가 아니라 대등한 관계에서 국정운영에 협조하는 구조이다.

대통령에게 양적 파워를 주지 않았다는 것은 대통령을 직접 보좌하는 대통령 비서실, 소위 백악관 규모에서 확인할 수 있다. 비서실장을 장으로 하여 대통령과 같은 공간에서 일하는 참모의 규모는 377명이다. 우리나라 총무비서관실에 해당하는 행정 서비스(직원 봉급, 건물 관리 등) 인력 225명을 추가하면 약 600명 규모라 할 수 있다. 미국 연방 행정부 공무원(우정공무원 약 57만 명 제외)은 218만 명이고, 우리나라 국가공무원은 미국의 지방정부 공무원에 해당하는 교육, 경찰, 소방 공무원을 제외하면 18만 명 수준이다. 우리나라 대통령 비서실 정원이 443명인 점을 고려하면 국가(연방)공무원 규모 대비 미국의 비서실 규모가 한국보다 훨씬 작다는 것을 확인할 수 있다.

다만 미국 대통령은 비서실 외에 직속 기관으로 우리에게도 익숙한 무역대표부(Office of the United States Trade Representative, USTR), 국가안보회의, 국토안전회의, 경제자문위원회 등을 두고 있다. 이들은 국내 문제보다는 미국의 대외 글로벌 전략과 직접 관련된 기관들로 지방정부의 분산적 대응보다 연방정부의 종합적·거시적·통일적 대응이 필요한 기능들이다. 국내 정책과 관련해서는 직원 500여 명이 일하는 관리예산처(Office of Management and Budget, 우리나라 기획재정부 예산실)를 대통령 직속으로 두어 예산으로 행정 각 부의 업무를 직접 통합·조율한다. 관리예산처는 대통령 직속 기관 중에서 가장 규모가 크지만 실질적인 예산편성권이 없으므로 대통령에게 질적 파워를 준 것은 아니다. 이처럼 미국 대통령은 대외 글로벌 정책은 직접 관장하되 국내 정책에 대해서는 예산을 통해 조정·통합하고 구체적인 정책 개발과 집행은 각 부에 위임하고 장관에게 개별 책임을 지도록 하는 자율과 책임의 역할 분담을 통해 백악관에 권력이 집중되는 것을 막고 있는 것이다.

입법부의 권력도 상원과 하원으로 분산시켰다. 하원은 영어로, House of Representatives가 의미하듯 미국 국민을 대표하는(represent) 대의기관이다. 따라서 인구 비례성이 선거구에 반영된다. 반면 상원은 50개 주에서 2명씩 선출되기 때문에 주를 대표하는 기관적 성격이 강하다. 의회의 권력을 국민대표 기관과 주대표 기관으로 나누었다. 하원만 있는 단원제의 경우 중앙 정치에서 인구가 많은 몇 개의 거대 주 영향력이 강할 수밖에 없다. "규모(양)＝권력(질)"의 등식이 성립하는 것이다. 상원을 두어 규모가 권력이 되는 것을 견제하였다.

규모가 권력이 되지 못하도록 한 것은 대통령 선거에서 전국 득표수로 하지 않고 주마다 정해진 선거인단(electoral college) 이상을 가져갈 수 없도록 한 선거제도에서도 나타난다. 어느 주에서 아무리 높은 득표율을 올렸다 하더라도 정해진 선거인단 수 이상을 가져가지 못하도록 한 것이다. 미국 전체의 유권자 득표율(popular vote)에서 앞섰는데도 불구하고 선거인단 선거에서 패한 고어 후보나 힐러리 클린턴 후보의 사례가 생기는 이유이다. 캘리포니아, 텍사스, 플로리다, 뉴욕 등에서 70~80% 정도의 몰표를 받으면 작은 주의 선거는 무의미하다는 점을 생각해보면 미국의 선거인단 제도에 담긴 건국 초기 헌법 제정자들의 지혜가 읽힌다.

또한 선거인단 규모도 각 주의 상하원 수를 합한 숫자이기 때문에 인구가 적은 주에 유리하다. 예를 들어 미국에서 인구가 가장 적은 와이오밍주와 버몬트주는 주 인구가 각각 60만 명 내외로 선거인단 수가 3명인데, 플로리다주는 인구에서 30배가 훨씬 넘는 2,100여만 명이지만 선거인단 수는 10배인 30명이다. 인구가 작은 주가 선거운동에서 배제되거나 중앙 정치의 자원 배분 과정에서 대표성이 약화되지 않도록 제도화한 것이다. 자치권이 강한 초기 13개 주 모두를 연방 국가의 틀로 묶어내기 위한 미국 고유의 선거제도라 할 수 있다.[2]

당연히 규모가 큰 연방정부의 권력은 주 차원에서 분권적으로 행사하는 것보다 연방정부에서 통일적으로 행사하는 것이 효과적인 경우로 한정하고 있다. 연방정부는 입법권과 사법권도 주 정부와 나누고 있고, 한국에서 대표적 질적 파워인 검찰권과 경찰권도 지방정부에 분권화되어 있다. 미국의 영토 크기, 주 정부에서 연방정부로의 진화, 의회 주도의 권력구조 설계 등이 복합적으로 작용하여 현재와 같은 권력의 견제와 균형 시스템으로 진화되어온 것이지만 그 저변에는 "질과 양을 모두 주지 않는다"라는 대원칙을 발견할 수 있다.

질과 양의 시각에서 본 독점기업

시장에서 양과 질을 모두 가져가는 대표적인 예가 독점기업이다. 시장 점유율(양)이 높아지면서 가격 결정력(질)이 높아지고 수요와 공급에 의한 시장가격(균형가격)을 파괴하고 시장의 질서를 지배할 위험성이 있다. 이런 이유 때문에 미국에서는 반독점법이 있어 독점기업을 강력히 규제한다. 대표적으로 1911년에 미국 석유 시장의 88%를 독점했던 스탠더드 오일은 34개 회사로, 담배 시장의 90%를 지배했던 아메리칸 토바코는 18개 기업으로, 그리고 1984년에는 통신기업 AT&T를 8개 기업으로 강제 분할시켰다. 근래에는 마이크로소프트, 구글, 애플, 페이스북 등 인터넷 기업에 대한 반독점법 위반 소송이 이슈가 되고 있다.

한국에서도 최근 플랫폼 기업 카카오와 네이버의 문어발식 기업 확장에 대한 정치권의 경계 목소리가 나오고 있다. 양과 질의 시각, 즉 규모에 의한 가격 결정력과 브랜드 파워를 이용한 중소 영세업자와의 월등한 경쟁력 우위를 고려할 때 경쟁업체의 불공정 호소를 이해할 수 있다.

EU 정치제도의 교훈: 정당의 자율과 책임

　의원내각제를 채택하고 있는 유럽연합(EU) 국가와 영연방 국가에서 공통으로 확인할 수 있는 것은 권력구조의 중심에 정당이 있다는 것이다. 후보를 내고 총리(국가원수)를 선출하는 자율을 정당에 주되 결과에 대한 책임을 확실히 지도록 제도화하였다. 유권자는 인물(지역 후보)은 물론 정당(비례 후보)에 투표를 한다. 특히 비례대표의 후보 공천은 당이 주도하기 때문에 정당에 대한 국민의 신뢰가 없으면 성공하기 어려운 제도이다. 그렇게 해서 의회에서 제1당이 되면 의회 권력뿐만 아니라 행정권력까지 차지한다. 제1당에서 의원들에 의해 선출된 총리는 실질적인 국가 원수의 지위에서 국정을 책임지고 운영한다.

　이처럼 의원내각제의 성패는 정당이 제대로 정착되고 작동하느냐에 달려 있다고 해도 과언이 아니다. 특히 병립형이든 연동형이든 비례대표제를 도입하는 경우 국민의 대표자를 선출하는 과정에서 정당이 정한 명부 안에서 대표자를 선출해야 한다. 비례대표제에서는 국민이 직접 자신이 원하는 인물을 선택하는 것이 아니라 정당을 선택하고 비례대표 후보 중에서 득표율에 따라 당선되는 구조이다. 정당명부에 후보의 순번 없이 유권자가 직접 인물을 선택하는 개방형 방법도 있으나 누구를 정당명부에 등록할 것인가는 정당의 재량이다. 따라서 정당의 신뢰도가 낮은 국가에서는 정당성을 확보하기 어려운 것이다.[3]

　유럽에서 정당이 국민의 신뢰를 얻고 정치의 중심 역할을 하게 되기까지는 정당의 오랜 역사도 있지만, 초기 정치지도자들이 정당을 권력구조 및 선거제도와 정합성을 갖도록 제도를 설계하여 정당이 안정적으로 정착할 수 있는 토대를 만든 공로가 크다. 의원내각제에서 내각이 주요 정책에 대한 의회의 지지를 얻지 못하는 경우 해당 장관만이 아니라 내각 전체가 함께 책임을 지도록 함으로써 정당의 일체성을 강화시켰다. 특히 비례성을 헌법가치로 받아들이는 독일의 경우 연동형 비례대표제에 중복 입후보를 허용함으로써, 정당의 비례정당 쪼개기 수법이나 유권자의 분리투표 유혹을 차단하였을 뿐만 아니라 당의 지도부가 원내에 진입할 기회를 확대시켜 당의 안정에 기여하였다. 중복 입후보는 군소 정당에도 당 지도부의 당선 가능성을 높여 다당제의 정착을 도왔다.

내각책임제를 채택하는 유럽 국가들은 권력거리가 작고 개인주의 문화 성향이 강하기 때문에 정당 간에 수평적인 연정이나 정책 공조 등의 협력을 끌어내는 문화적 정합성도 가지고 있다. 정당 간의 협치 역량이 국민 신뢰에 크게 영향을 미쳤다고 볼 수 있다.

그럼에도 불구하고 2021년 6월 스웨덴 연정이 붕괴되고 총리가 사임한 사례를 보듯이[4] 연정은 1당 단독정부에 비교하면 안정성이 취약하다. 무엇보다도 임기가 보장되는 대통령제에 비해 내각책임제는 내각 불신임이나 의회해산의 불확실성이 높은 것이 사실이다. 역설적으로 내각책임제 국가들은 정부형태의 이런 약점을 보완하기 위해 정당의 안정성을 강화하고 유권자의 다양한 이해와 역동적 변화를 제도권 정당으로 흡수하는 노력을 많이 하였다. 의회의 다수당이 바뀌고 정권이 교체되더라도 정국이 어느 정도 안정을 유지하는 것은 선거에 패하더라도 정당이 흔들리지 않기 때문이다. 그 핵심은 정당의 지도부뿐만 아니라 책임감을 가진 당원이 당을 지키는 데 있다.

가장 모범적인 국가가 독일로 보인다. 독일의 정당 안정에는 당원의 당에 대한 기여와 참여, 그리고 전국적 당 조직 운영이 중요한 역할을 하고 있다. 당원은 소득에 따라 당비를 차등 납부하는데 봉급의 0.5%~4.0% 범위일 정도로 당에 대한 기여와 당원의 권리를 분명히 행사한다.

특히 젊은 청년 조직의 활동도 주목할 만하다. 독일의 대표적인 보수 정당인 기독민주당(CDU)과 기독사회당(CSU)의 부설 조직에 해당하는 독일 청년연합(Youth Union)은 14~35세 연령대 약 10만 명이 당원으로 활동하는 유럽 최대의 청년 정치 단체이다. 독일의 선거 연령이 18세인 점을 고려하면 그보다 훨씬 어린 청소년 때부터 정치단체에 가입(정당 가입 연령은 16세)해서 전국적 정치 조직의 작동을 경험하고 정치 이슈에 관한 토론 등의 학습을 통해 정치역량을 키우는 것이다.

독일의 두 거대 정당인 기독민주당과 사회민주당(SDU)은 각각 전국에 걸쳐 가장 작은 단위의 정당 조직인 기초지역위원회를 1만 개 이상 조직화하고 있고, 그보다 상위의 지역위원회, 그리고 연방 주 차원의 주위원회가 체계적으로 조직화되어 있다. 연방 차원에서는 의사결정기구로 연방전당대회와 연방위원회가 있고 이들 기구의 결정사항을 집행하는 연방지도부가 있다. 풀뿌리 민주주의가 가능하도록 전국에 당조직이 분권화되어 활동하고 있고 이들의 의견이 상향식으로 연방위원회 및 연방전당대회까지 올라와 당의 강령과 정책을 결정하는 시스템을 갖추고 있다. 정부 이상의 안정적이고 체계적인 당 조직이 유지되고 운영되는 것이다.

중앙당 조직을 갖지 않고 시장원리에 따라 사회 각 분야에서 능력을 인정받아 정치에 입문하는 미국 시스템과는 매우 대조적이다. 또한 정당의 집단성을 유지하면서도 문화적으로 수평적 권력관계가 강하기 때문에 보스를 중심으로 뭉치고 추종하는 한국의 계파적 집단성과도 대조적이라 할 수 있다.

의원내각제는 사회 각계의 다양하고 변화하는 이해를 적시에 흡수하고 국정에 반영함으로써 의회민주주의의 대표성을 구현하는 데 유리한 제도이다. 이런 의원내각제의 장점을 살리기 위해서는 독일의 예에서 보듯이 국민의 신뢰를 받고 안정적인 전국 정당의 존재가 필수적이다. 연동형 비례의 선거제도가 이를 뒷받침하고 있다. 다당제임에도 불구하고 난립하지 않고 정당의 안정성을 유지하며, 권력구조 및 선거제도와 정합성을 이루고 있다. 이러한 제도적 기반에 메르켈 전 총리와 같은 통합과 솔선수범의 리더십이 접목되면서 의원내각제이지만 대통령제보다 안정적인 16년의 집권이 가능했다.

한국의 정치제도 개혁

2021년 동아일보의 신년 여론조사 결과, 28.8%가 대통령 중임제, 23.8%가 현행 대통령 단임제, 15.8%가 분권형 대통령제였고, 의원내각제는 13.6%로 조사되었다. MBN과 매일경제가 공동 실시한 2021년 신년 여론조사에서는 4년 중임제가 39.2%, 현행 유지가 36.8%, 의원내각제가 6.6%, 이원집정부제(분권형 대통령제)가 2.3%로 나타났다. 5년 단임이든 4년 중임이든 국민의 과반이 대통령제를 선호하고 있음을 확인할 수 있다.

대통령의 제왕적 권력 행사를 계속 경험하면서도 대통령제에 대한 관용적인 인식은 혼란보다는 그래도 힘에 의한 질서를 선호하기 때문으로 해석할 수 있다. 남북이 대치하고 있는 상황에서 혼란·불안보다는 안정을 담보할 수 있는 리더십을 선호하는 것이다. 1987년 당시 현재의 권력구조를 설계하면서 우선순위를 둔 것은 대통령의 장기 집권을 막는 것이었지 대통령의 권력행사를 견제하는 것은 아니었던 것이다. 당시는 대통령이 여당 총재를 겸임하고 있어 당·청 일체에 대한 문제 인식이 없었던 때이다.[5] 물론 국민이 대통령제를 선호하는 데에는 최고 중심의 위계적 집단주의 문화에 살고 있고, 또 하나는 착한 대통령 선군(善君)이 나타나 선정(善政)을 베풀 것에 대한 메시아적 기대를 버리지 않고 있기 때문일 것이다.

그러면 5년 단임제보다는 지지율이 약간 높게 나온 4년 중임제로 개헌할 것인가? 우선 4년 중임으로 하는 경우, 5년 임기 안에 성과를 내야 한다는 국정 운영의 조급성을 줄일 수 있어 국정의 시계(視界)를 넓힐 수 있다. 또한, 4년 중임의 경우 대선을 지방선거와 동시에 실시하고 총선은 2년 차 중간에 실시함으로써 선거 주기도 2년에 1번으로 줄이고 총선 때 대통령 중간평가의 효과도 낼 수 있다.[6] 2년 주기로 전국적 선거가 실시되는 미국과 유사한 형태이다. 5년 단임제보다 긍정적인 측면이다. 4년 중임의 임기는 대선과 지선이 동시에 실시되는 2022년이 최적기이다. 2026년부터는 선거일도 같은 날로 조정하는 것이 필요하다. 하지만 2022년 대선까지의 정치 일정을 고려하면 개헌을 추진하기가 쉽지 않다.

4년 중임제도 그동안 경험한 대통령에의 권력 집중과 오남용의 문제를 근원적으로 해소하지는 못한다. 무엇보다도 국민, 특히 미래세대가 요구하는 분권과 자율, 공정, 다양성 등의 시대정신을 담아내기에는 제도적 유연성이 취약하다. 새로운 시대정신을 담기에는 대통령제 또는 일본의 안전·안정을 중시하는 경직된 의원내각제가 아닌 유럽의 포용적 의원내각제가 바람직하다. 다만 현재의 한국 현실로 본다면 미래의 이상적인 모습일 뿐이다.

그래서 우리는 준비해야 한다. 청년 세대가 미래에 국가의 주인으로서 그리고 주권자로서 자유를 누리고 더 공정한 사회에서 기회를 마음껏 펼치기에 더 좋은 정부형태를 설계하고 지금부터 기초공사를 시작해야 한다. 개념적으로 시대정신에 더 부합하는 정부형태는 대통령제(5년 단임이든 4년 중임이든)보다는 의원내각제라 할 수 있다. 하지만 한국의 문화와 한국인이 걸어온 역사의 경로가 가진 관성을 고려하면 의원내각제로의 방향 전환에는 시간이 필요하다.

유럽의 의원내각제가 작동하는데 필요한 조건이 무엇인가? 이념과 가치를 차별화하는 정당 정체성, 이념과 가치를 공유하는 책임(진성) 당원, 지도부의 안정성과 이를 뒷받침하는 선거제도(비례대표제), 그리고 정부 혼란이 국가위기로 이어지지 않도록 하는 상징적 국가원수(대통령)의 제도적 장치들이다. 그 조건이 어느 정도 갖추어지지 않은 상태에서 의원내각제, 다당제, 연동형 비례대표제의 급격한 도입은 기존의 제도적 기반마저 무너트릴 위험이 있다.

그래서 투트랙 접근을 제안한다. 단기적으로 현재의 대통령제에서 대통령 권력의 집중을 완화시키는 작업이고, 중·장기적으로 의원내각제, 다당제, 비례성이 강화된 선거제도를 도입할 수 있는 여건을 만들어나가는 것이다.

대통령: 분권 이전에 권력 공유

한국의 대통령은 막강한 공식적 권력을 가지고 있다. 여기에 비공식적인 권력이 추가되어 제왕적 권력을 행사하고 있다. 대통령의 권력을 다이어트하는 것이 헌법 개정을 기다리기 전에 시도할 일이다. 분권을 위한 헌법 개정 이전에 대통령이 가지고 있는 권력을 자율적으로 나누는 권력 공유를 먼저 시작할 필요가 있다. 1차적으로 권력 공유의 대상은 국무총리와 집권 여당이다.[7]

국무총리와 권력 공유

현재 대통령의 인사권 행사에서 헌법에 정한 절차를 무시하거나 형식적으로 거치는 대표적인 사례가 장관 임명이다. 헌법 제87조는 국무총리로 하여금 국무위원을 대통령에게 제청하도록 규정하고 있다. 제청의 사전적 의미로 보면 국무위원 후보를 제안하고 결정을 요청하는 것이다. 장관을 포함한 국무위원 후보를 물색하고 인사 검증하여 대통령에게 임명을 요청하는 것은 헌법에 보장된 국무총리의 권한이자 의무이다. 현재는 이 모든 기능을 청와대에서 수행하고 최종 후보가 내정되고 언론에 발표하기 직전에 총리에게 통보하여 제청의 법적 요건을 충족시키는 것이 관행이다. 총리에게 국무위원 제청권을 부여하면 현재의 청와대 비서실 기능도 일부 총리실로 이관하고 규모를 줄일 수 있다.

대통령이 내려놓고 싶지 않은 인사 관행이고, 국무총리를 대통령이 지명하고 임명하는 현실에서 총리가 먼저 헌법에 보장된 제청권을 행사하겠다고 대통령에게 말을 꺼내기 힘들 것이다. 그래서 대통령의 결심이 필요하다. 대통령에 당선되고 난 후에는 어렵다. 대통령 후보일 때 공약으로 현실 가능한 권력을 내려놓는 권력 줄이기, 권력 공유를 공약하고 당선 후에 이를 지키는 것이 현실적이다.

대통령이 국정 전부의 전문가도 아니고 비서실 참모의 보좌로 전문성을 보완하는 것도 한계가 있다. 대통령의 전문성이 떨어지는 분야일수록 국무총리와 부처 장관에게 자율을 주고 결과에 책임을 묻는 방식이어야 한다. 대통령은 국가원수로서 외교·국방·통일 등 국가안보 관련 기관에 대해서는 인사권과 주요 정책에 대한 리더십을 직접 발휘해야 할 것이다. 하지만 그 외 경제·일자리 분야, 복지·교육·질서·안전·노동 등의 사회 분야에 대해서는 대통령이 전문성과 경험을 가진 분야가 아니면 국무총리에게 국무위원 제청권을 보장하여 인선(人選)에서부터 총리가 주도하도록 총리와 권력을 공유하는 것이 필요하다.

이것은 대통령 계파를 중심으로 한 집권세력의 권력 축소와도 직결되는 문제이다. 지금까지 대통령에 당선되면 가신그룹, 측근세력이 형성되어 대통령의 내집단(inner circle)을 형성하고 여당 내에서도 권력을 주도적으로 행사해왔다. 2022년 대통령 출마자는 집권세력의 힘을 줄이기 위해서 당내 경선 후보자와 권력 공유를 공개적으로 약속할 필요가 있다. 대통령 당선인은 경쟁 후보 또는 캠프 인사를 국무총리나 당대표 등의 핵심 자리에 임명하는 공약이다. 대통령과 여당의 운명공동체성은 유지하되 당내에서만이라도 협력적 경쟁 관계를 유지하는 것이다. 유사한 사례를 2021년 4월 서울특별시장 재보궐 선거에서 찾아볼 수 있다. 오세훈 후보와 안철수 후보 간에 누가 시장이 되더라도 상대 캠프의 인사를 시정에 참여시키겠다고 공약했고, 실제로 오세훈 시장은 안철수 후보 캠프 인사를 부시장에 임명하였다.

청와대 비서실 축소도 공약을 통해 확실히 추진할 필요가 있다. 권력 공유를 통해 총리에게 일부 국무위원의 제청권을 실질적으로 보장한다면 후보 발굴 및 검증 기능을 수행하는 인사수석실과 민정수석실, 그리고 정책실 기능 일부를 총리실로 이관하거나 폐지할 수 있다. 총리와 역할을 분담한 정책 분야는 대통령 자문위원회를 두어 옥상옥의 간섭이나 지시가 아니라 외부인의 관점에서 객관적이고 합리적으로 정책자문을 받아 국정의 방향성을 결심하는 데 참고하는 것이다.

집권 여당과 권력 공유

여기에서 더 혁신적인 권력 공유는 여당에서 총리 후보를 추천하도록 하는 것이다. 대통령이 직접 지명하고 임명하지 않기 때문에 총리의 독립적 지위가 어느 정도 보장되고 국무위원에 대한 제청권 행사도 권위를 가질 수 있다. 의원내각제로 가는 과정에서 분권형 대통령제를 점진적으로 경험하는 것이다. 정당과 국회의 신뢰가 쌓이면 장관 겸직의 자리를 늘려가는 것도 의원내각제를 준비하는 중요한 과정이다. 국회의원도 여러 상임위를 오가지 않고 하나의 상임위에서 전문성을 키운다면, 그리고 3선 의원으로 국회 상임위원회 위원장을 경험했다면 내각의 장관 자격을 충분히 갖출 수 있다. 더구나 국회의원은 국민이 직접 선출한 대표자이기 때문에 인사청문회만 거친 장관과 비교하여 민주적 정당성이 더 큰 것이다.[8]

또한 대통령 스스로 집권 여당의 의존도를 줄여주어야 한다. 집권 여당을 청와대 2중대로 만들지 말아야 한다. 오랜만에 집권할수록 더욱 조바심을 가지고 개혁의 속도를 낸다. 기득권층의 단단한 기반을 깨기 위해서는 가용한 자원을 총동원하는 집중의 법칙을 활용한다. 청와대와 여당이 따로따로가 아니고 하나가 되어야 한다. 이것이 현실이고 딜레마다. 하지만 대통령과 여당이 '어느 정도' 대등한 관계에서 생산적인 대화를 통해 협력하는 관계로 변해야 한다.

여권의 공동체성은 유지하되 국무총리, 당대표와 권력을 공유하고 내부의 건전한 견제와 협력을 이끌어내는 리더십이 필요하다. 국회와 정당이 대한민국

정치발전을 저해한다는 사실을 모르는 국민이 없다. 역대 어느 대통령도 이를 모를 리 없다. 그렇다고 대통령이 국회를 불신하고 멀리하는 순간 국정은 더욱 경직되고 성과 내기가 어렵다. 국회는 분명히 대한민국 국정운영의 중요한 축이기 때문이다. 국회의원의 행태, 정당의 행태가 비호감이긴 해도, 나의 경험으로 국정운영에서 정부나 청와대 공무원보다 민심을 먼저 감지하고 이해해서 목소리를 내는 것은 국회이다. 국회, 여당, 야당은 대통령의 중요한 국정 파트너이다.

정당의 자발적 변화, 상향식 변화가 정석이고 지향하는 바이지만 현재의 권력 역학으로 볼 때 어렵다. 최고 중심의 위계문화에서 권력 집중의 문제를 극복하는 방법은 대통령의 권위를 이용하는 것이다. 권력의 정점에 있는 대통령이 주도하여 마중물을 만들고 지속적으로 펌프질을 해서 변화의 동력을 얻는 것이 가장 실현 가능한 일이다. 그런 통 큰 생각을 하는 대통령이 나오기를 기대한다.

국회와 정당: 자율과 책임

대통령의 권력을 축소시키는 가장 확실한 방법은 미국과 같이 견제와 균형의 원리에 따라 대통령을 견제하는 국회의 권한을 강화하는 것이다. 하지만 우리나라는 대통령보다 국회가 더 불신의 대상이다. 국회에 더 큰 권한을 주는 방식은 국민 정서에 반한다.

현실: 국회·정당 불신

보건사회연구원이 2019년에 조사한 결과에 의하면 입법부(정당, 국회)에 대해 '신뢰한다'라는 응답은 23.8%로 조사 대상 기관 중 가장 낮았다.[9] 한국행정연구원의 2020년 사회통합실태조사에서도 국회는 응답자의 21.2%만이 '믿는다'고 답변하여 조사 대상 기관 중에서 최하위를 기록하였다.[10] 대통령 신뢰를 간접적으로 추정할 수 있는 중앙정부 신뢰도는 한국행정연구원 조사에서 49.4%였다. 같은 시기(2020년 9월과 10월)에 한국갤럽 및 리얼미터의 대통령 국정수행 지지도는 40% 중반이었다. 국회의원보다 대통령에 대한 국민신뢰가 큰 상황에서 국회의 대통령 견제 권한을 강화시키는 개혁은 쉽지 않다는 것을 짐작할 수 있다.

그래서 필요한 것이 국회의 신뢰를 높이는 것이고, 그보다 선행해야 하는 것이 정당이 국민의 신뢰를 얻는 것이다. 정당이 신뢰를 얻지 못하는 한 정당 중심으로 역동이 일어나는 국회의 변화를 기대할 수 없다. 그러면 국회를 통한 대통령 견제도 불가능하고 의원내각제로의 전환은 더욱 멀어질 것이다.

한국 정당은 최고 중심의 위계적 집단주의의 가장 전근대적인 행태를 보이고 있다. 사람 중심, 권력 중심, 이익 중심으로 모이고 흩어진다. 조직(organization)으로서의 안정적인 시스템은 없고 그때그때 상황에 따라 모이고 흩어지는 무리, 단체(party, clutch)에 가깝다. 선거철이 되면 정당마다 큰 장마당이 선다. 여기저기 자판(선거 캠프)을 펼치고 많은 사람이 몰려든다. 장이 마감되고 나면 장사 잘한 가게와 못한 가게 차이가 극명하다. 장사 못 한 가게는 손님은 물론이고 주인과 종업원들조차 모두 정신 못 차리고 뿔뿔이 흩어진다. 정당의 조직을 유지하는 곳이 있다면 당 사무처 한 곳이다. 사무처 직원은 신분이 보장되고 노조를 결성해서 권익도 지킨다. 하지만 사무처 직원은 당과 국회의원의 정치 활동을 지원하는 백오피스 기능을 담당한다. 이들도 때로는 국회의원이나 당협위원장에 대해 냉소적인 태도를 보인다. 정치의 전선(프런트 오피스)에 있는 국회의원들은 관료화된 사무처 직원의 태도와 역량을 탓한다. 2016년 총선과 2017년 대선에 패한 이후 제1야당 국민의힘(전 새누리당, 미래통합당)의 당시 모습이다.

벌써 5년 전의 일이다. 5년이 지났지만 야당(국민의힘)의 시스템은 생산적인 방향으로 크게 발전하지 못했다. 비대위원회 체제가 4번 있었고 당대표가 3번 바뀌었다. 우물쭈물하는 사이 5년 동안 시간만 흐른 것이다. 다시 10년, 20년 지나고 지금 청년 세대가 중년이 되어도 현재의 이런 정치에 대한 분노와 불신이 반복된다면 그것은 정말 불행한 일이다. 나를 위해서, 다음 세대의 우리 자녀를 위해서, 대한민국을 위해서 그런 일은 막아야 한다.

집권 시기 더불어민주당은?[11]

이 기간 더불어민주당은 안정적이었지만 그것은 대통령의 역할이 크다. 지금까지 모든 집권 여당이 그렇지만 대통령 재임 중 당이 안정된 것은 대통령이 정점의 중심에 자리를 잡고 있었기 때문이다. 역설적으로 당과 상하관계를 분명히 했기 때문이다. 안정적이었지만 실제로는 종속적 지위의 의미가 크다. 따라서 당의 시스템이 나아졌다고 말하기는 어렵다.

　실제로 국회에서 더불어민주당의 의총이나 당 최고회의를 보면 당의 자율적이고 민주적인 의사결정 과정은 찾아보기 힘들었다. 청와대의 입장이 결정되는 순간 당은 바로 순응했고, 여당 지도부와 국회의장은 국회에서 야당의 존재를 인정하지 않고 일방적으로 법안을 통과시켜 성과를 보여주는 데 주저하지 않았다. 선거법과 공수처법안 통과가 대표적이다. 당의 단일 대오에서 이탈하여 자기 목소리를 낸 금태섭 의원 같은 경우 당내 친문 핵심 의원들과 대통령 팬덤 세력에 의해 무차별 공격을 받고 21대 국회의원 공천에서도 탈락했다.

　상식과 이해할 수 없는 부도덕한 일들이 수없이 반복되어도 진영 사람들에 대해서는 눈감아주고 끝까지 동지애를 잃지 않고 옹호했다. 모든 사람이 가지고 있는 자기 통제 기제로서의 염치, 부끄러움을 모르는 의원들의 모습에서 그런 파렴치한 용기가 어디서 나오는지 의심할 뿐이다. 전쟁을 치르듯 진영을 나누고 상대를 적대시하고 아군은 내 몸을 던져 구하고 지키는 이들의 전우애가 놀랍다.

연동형 비례제 성공 조건: 정당 신뢰

　연동형 비례제를 주장하는 사람들은 독일과 뉴질랜드 사례를 많이 인용한다. 이들 국가에서는 비례정당이 생기지 않았고 연동형 비례제를 통해 의회의 비례성을 확보하고 있기 때문이다. 그러면 독일과 뉴질랜드의 정당이나 유권자가 착해서 비례정당을 창당하지 않고 분리투표를 하지 않는 것일까? 그렇지 않다. 비례정당을 창당할 필요가 없도록 제도를 설계한 것이다. 그 중심에 이중등록제도가 있다. 지역구 후보와 비례 후보 양쪽에 중복 입후보를 허용하는 것이다.

　독일의 경우 지명도가 높은 콜 전 총리, 메르켈 전 총리도 모두 이중등록을 한 정치인이다. 〈표 9.1〉은 2005년과 2009년 독일 총선에서 지역구 후보자의 중복입후보 비율을 보여준다. 사회민주당이 95% 내외, 기독민주당이 82%, 자

[표 9.1] 독일 정당별 중복입후보(이중등록) 현황

구분		2005			2009		
		지역구 후보자수	정당명부 후보자수	중복입후보자 수(%)	지역구 후보자수	정당명부 후보자수	중복입후보자 수(%)
정당	사회민주당	299	479	288(96.3)	299	438	280(93.6)
	기독민주당	254	465	208(81.9)	254	397	207(81.5)
	기독사회당	45	59	17(37.8)	45	63	22(48.9)
	자유민주당	299	369	264(88.3)	299	346	267(89.3)
	좌파당	290	302	104(35.9)	297	227	151(50.8)
	녹색당	297	238	169(56.9)	296	198	155(52.4)
	기타	578	994	270(46.7)	705	1,036	262(37.2)
합계		2,062	2,906	1,320(64.0)	2,195	2,705	1,344(61.2)

유민주당이 89% 내외이다. 연동형 비례제를 유지하고 있는 뉴질랜드도 중복입후보제를 채택하고 있다. 뉴질랜드의 경우 지역 의석은 70석인데 국민당과 노동당의 경우 지역 출마자 61명이 비례대표에 중복 입후보하였다(연동형 비례제에 대한 상세한 설명은 〈부록 11〉 참고).

　이중등록은 동일 정당 내에서만 허용되기 때문에 출마자 본인의 당선 가능성을 높이기 위하여 비례정당의 창당이나 유권자의 분리투표를 반대할 수밖에 없는 구조이다. 오히려 메르켈 전 총리와 같이 거물 정치인을 비례후보 명단 제일 앞 순위에 배치하여 유권자의 관심을 유도하는 선거전략을 쓸 정도이다. 이중등록은 정당 지도부의 원내 진입 가능성을 높여 정당의 안정성을 확보하는 데도 도움이 된다.

　이중등록을 허용하지 않는 한 비례정당 창당의 유혹은 뿌리치기 힘들다. 한국에서는 앞에 설명한 대로 이중등록은 이중 특혜로 인식된다. 특히 다선 의원의 원내 진입 장치라는 고정관념이 강하다. 정치신인 등 제한된 대상과 인원

만 이중등록을 허용하더라도 비례정당을 차단하는 데에는 역부족이다. 독일과 뉴질랜드의 경우를 보면 거대 정당의 경우 80% 이상이 중복으로 입후보를 하고 있다.

그리고 300석의 10%(30석)를 연동형 비례의석으로 배정하는 정도로는 이중 등록을 허용하더라도 극히 일부 후보만 구제될 수 있으므로 연동형 비례제의 성공을 장담할 수 없다. 독일은 연동형 비례의석이 지역구 의석과 동일한 299 석이고, 뉴질랜드는 지역과 비례 의석이 각각 70석과 50석이다. 이중등록의 허 용과 함께 비례의석의 충분한 확보가 연동형 비례제의 성공 조건이다. 국민의 정당에 대한 신뢰 없이는 이중등록이나 비례의석 확대가 불가능하다. 결론은 연동형 비례제의 가장 중요한 성공 조건은 정당 신뢰에 있다. 우리나라가 정당 의 신뢰를 얻는 것부터 선행하여야 하고 이를 위한 개혁을 지금 시작해야 하는 이유이다.

정당 개혁의 첫걸음: 공천 신뢰

정당이 신뢰를 얻는 첫걸음은 정당 불신의 가장 큰 요인인 공천개혁이다. 특히 문제가 되는 것은 당의 국회의원 후보자 공천이다. 다수의 후보자 중에 1명을 공천하는 당내 경선의 경우 정당별로 경선룰을 정하도록 하고 있다. 각 정당은 공정한 경선 관리와 후보자 추천을 위해 공천관리위원회를 두고 있다. 지금까지 공천 불신의 가장 큰 요인은 청와대, 당대표, 계파 보스, 그리고 당내 유력 인사의 사적인 인간관계가 공천에 영향을 미치는 문제였다. 이러한 사적 인 압력이 작용할 수 있는 공간은 당내 경선을 통과하면 당선이 확실시되는 지 역구의 전략공천, 그리고 여성·신인·청년의 가산점 부여 및 당원투표와 국민 여론조사 반영 비율에 관한 경선룰 결정에서 생긴다.

공천 과정에서 외부 입김을 차단하고 공정성을 확보하는 극단적이지만 가장 확실한 방법은 후보 결정을 100% 일반 유권자에게 맡기는 완전 국민경선제(open primary)이다. 극단적이라고 표현한 이유는 국민의 대표자가 아니라 당내의 후보를 결정하는데 당원의 참여를 배제하고 일반 유권자에게 맡기는 것은 당의 존재가치나 당원의 의미가 없어지기 때문이다. 당원 확보 및 당 조직을 유지·강화해서 정당정치로 가는 길과 멀어진다. 그동안 공천의 불공정 시비가 워낙 심했기 때문에 "우리는 이렇게 당원의 권리와 당의 기득권까지 포기했다"는 개혁 메시지를 유권자에게 보여줌으로써 선거에 이기기 위한 전략적 선택이라는 의미가 크다. 또한 당원만의 폐쇄적 결정보다는 일반 유권자의 참여를 통해 무당층이나 중도층의 지지를 확보하는 데 유리하다는 장점은 있다.

100% 국민경선과 100% 당원 투표에 의한 방법의 중간 형태가 국민경선과 당원 투표(모바일 투표)를 혼합하는 것이다. 제21대 국회의원 후보 경선을 보면 더불어민주당의 경우 당비를 내는 권리 당원과 일반 시민의 비율을 50:50으로 하였고, 국민의힘(당시 미래통합당)은 100% 일반 국민여론조사로 결정하였다. 더불어민주당도 야당이었던 2012년에는 100% 국민경선의 방법을 택했다. 일반적으로 야당으로 당의 지지율이 저조할 때 당심과 민심의 괴리가 크기 때문에 민심을 더 반영하기 위한 국민경선을 선호하는 경향이 있다.[12] 즉, 100% 국민경선은 당의 지지율이 낮은 비상 상황에서 설득력을 얻는다. 당이 안정적인 시기에는, 특히 우리나라나 독일과 같이 당비를 납부하는 책임(권리)당원 체제인 경우 비록 일부 당비 대납 등의 논란이 있음에도 불구하고 당의 지도부 및 선출직 후보 선거에 투표권을 부여하는 것은 논리적으로 타당하다. 각 당의 현재 경선률은 나름 시간의 축적과 다수 의견이 수렴한 균형점이라 할 수 있다.

오히려 공천개혁에서 더 중요한 것은 당원투표와 국민경선 중에서 하나를 선택하거나 결합하는 경선률보다는 공천을 관리하는 당의 거버넌스에 있다. 비록 100% 국민경선이라 하더라도 미국이나 독일과 다르게 지역구에서 선거를 관리하고 공천하는 상향식 공천은 아니기 때문이다. 절대 권한이 중앙당에 집중되어 있다. 중앙당의 신뢰를 확보하지 못한 상태에서 지역으로의 분권은 시기상조라 할 수 있다. 따라서 우선 중앙당의 신뢰 확보가 우선이고 그것은 경선 룰보다 공천과정에서 당대표 등 당의 지도부나 권력자의 사적 영향력을 축소시키는 것이다.

공천관리위원장의 역할이 가장 중요하다. 당대표의 영향에서 독립적이기 어려운 구조이다. 그래서 당대표의 결단이 필요하다. 공정하게 공천을 관리할 인물을 발탁해서 맡겨야 한다. 정치를 모르는 외부인의 위원장 영입으로는 성과를 내기가 쉽지 않다. 그렇다고 공천위원장이 너무 정치적인 인물도 곤란하다. 공천 시스템이 정립되지 않은 상태에서 당원으로부터 어떠한 권한도 위임받지 않은 외부인에게 당의 운명을 맡기는 것이기 때문이다. 당과 정치를 이해하고, 당의 존경을 받는 공평무사한 인물이어야 한다. 사실은 그런 존경받는 당의 원로를 만들어내는 것이 먼저 이루어져야 한다. 일단 권력 욕심을 내려놓은 사람을 의지해서 시스템을 정비한 다음, 시스템 공천을 기대할 수밖에 없다.

자율과 책임 정당으로의 여정: 하나하나 차곡차곡

이제 정당은 신뢰를 얻고 자율과 책임 정당의 모습을 갖추기 위한 10년, 20년 미래 비전을 세우고 전략 로드맵을 짜서 실행에 옮겨야 한다. 집권 플랜이 아니라 정당의 신뢰를 쌓기 위한 프로젝트이다. 의원내각제를 채택하는 EU 국가들에서 답은 나와 있다.

첫째, 청년 당원을 확보하여 연수하고 정치 경험의 기회를 부여하는 것이 필요하다. 당원 가입 연령을 선거 연령과 같은 18세로 낮추어 정치에 관한 관심을 높인다. 고등학교 교실 현장이 정치판 된다는 우려를 해소하기 위해 당원에 가입한 학생의 정치교육은 학교가 아니라 정당에서 담당한다. 한국 사회의 다양한 문제를 진단하고 해결 방안에 관한 토론 중심의 학습을 하되 정당의 이념과 가치 정체성에서 접근한다. 내년부터 바로 시행할 수는 없다. 하지만 언젠가는 그런 시기가 올 것이고, 정당은 미리 준비하고 있어야 한다. 콘텐츠를 개발하고 강사를 확보하고 온라인 교육 플랫폼과 오프라인 연수원도 미리 준비해야 한다.

　　대입시와 취업 준비에 바쁜 청년 세대를 정당에 가입하고 정치에 참여하도록 유도하는 일은 결코 쉽지 않다. 실제 현실이 그렇다. 2021년 1~2월에 실시한 갤럽 조사에 따르면 18~29세의 정치 무관심층은 42%로 30~60대 이상 연령대의 23~28%보다 훨씬 높다.[13] 이 비율은 2021년 1월에 조사한 무당층 비율에서도 유사하게 나타난다. 18~29세가 지지하는 정당이 없다는 비율은 응답자의 51%였고, 30대에서 60대 이상의 연령층은 모두 20% 중반대였다.[14] 그럼에도 불구하고 한국의 정치를 바꾸어보겠다면, 그리고 그것이 청년 세대와 대한민국의 지속 가능한 발전을 위해 필요한 것이라면 정당이 앞장서야 하고 그것이 국민 세금으로 선거 보조금은 물론 정당의 경상경비까지 보조받는 정당의 의무이기도 하다.

　　둘째, 당 조직 및 활동에 대한 전반적인 제도 개혁도 필요하다. 현재의 정당법으로는 조직 정당이 아니라 인물 정당의 틀을 벗어날 수가 없다. 그것도 현역에 절대적으로 유리한 기울어진 운동장이다. 원외 당협위원장은 공식적인 간판을 단 사무실 하나 낼 수가 없다. 독일은 우리나라 읍면동보다도 작은 단위에서 정당 지역위원회가 상시 운영되고 지역문제 및 정국 현안을 논의하고 중앙당에 전달하는 시스템이다. 우리나라는 정당법을 제·개정할 때 정당이나 정치인의 구태에 대한 불신이 워낙 컸기 때문에 오히려 지역 단위의 정치활동을 통제했던 것이다. 이제는 정치활동의 규제를 풀어야 한다는 인식이 확산되고 있지만 현 제도가 유리한 현역 의원들이 제도를 바꾸는데 적극적이지 않는 측면이 있다.

　　인식의 전환이 필요하다. 지금의 제도와 관행이 지속된다면 한국의 정치는

20~30년 후의 미래에도 지금의 문제가 반복되고 권력구조나 정당 개혁을 지금과 똑같이 외치고 있을 것이다. 그것이 다음 세대에 넘겨줄 유산이어서는 안 된다. 물론 우려도 크다. 집단주의 문화에서, 지역에서 여기저기 정치 지망생 중심으로 금전에 의한 정치 패거리가 형성되고 이들 간 대립하는 정치 퇴행적 현상도 배제할 수 없다. 하지만 나이가 어리다고 다칠 것을 무서워해서 놀이터에 내보내지 않고 집에서만 키운다면 아이는 튼튼해지기 어렵다. 자유로운 정당 활동도 우려되는 부분이 있지만 그렇다고 규제만 할 것이 아니라 자율을 부여하되 위법 부당한 행위는 확실하게 책임을 묻는 방식이 튼튼한 정당을 만드는 데 필수적이다.

셋째, 존경받는 당의 어른이 나와야 한다. 다선 의원에 대해서는 일반적으로 비호감, 누리기만 하고 헌신하지 않는 모습, 말만 하고 솔선수범하지 않는 모습, 자리 욕심, 다선의 무게감이 아니라 거만함 등의 이미지가 국민의 뇌리에 강하게 남아있다. 지역구에서는 다른 모습으로 유권자에게 다가가고 지역 현안이나 민원을 해결하는 탁월한 역량을 발휘하는지 모르지만 국회 의정활동을 통해 국민에게 각인된 모습은 그렇지 않다. 해당 지역구의 유권자는 우호적인데 당 전체의 이미지 쇄신 차원에서 늘 다선 의원의 물갈이, 세대교체가 정당의 득표 전략이 되는 이유이기도 하다. 경륜이 쌓인 다선 의원에게서 선거에 능한 정치꾼(politician)의 모습이 아니라 국가의 비전을 말하는 나라 어른으로서의 정치인(statesman)이 나와야 한다.

그것은 다선 의원의 코스처럼 되어 있는 상임위원회 위원장, 원내대표, 당대표, 국회의장 등의 '자리'가 만드는 것이 아니다. 헤르만 헤세의 「동방여정(Journey to the East)」에 나오는 순례단의 도우미 레오(Leo)처럼 뒤에서 당과 다른 의원들의 의정활동을 도와주는 헌신에서 나온다. 5선 의원이 원내대표, 당대표 한번 출마하지 않고 상임위원회에서 자기 자리 지키고 질문하는 의원에게 국민은 더 큰 성원을 보낼 것이다. 그렇게 자리를 탐하지 않고 의정활동에 헌신하는 다선 의원이 나오고 다선 의원의 신뢰가 확인되기 시작할 때 연동형 비례제에서 이야기한 중복 입후보도 저항 없이 받아들여질 수 있을 것이다. 여의도 의정 활동과 당 활동에 집중하면서 지역 관리가 좀 소홀하여 낙선하더라도 비례로 당선되어 계속 일하도록 하는 것에 거부감이 없을 것이다.

다선 의원이 떠밀려 여의도를 떠나는 것이 아니라 스스로 고향에 내려가 후배 정치인을 키우기 위해 헌신하는 데서 당의 신뢰는 쌓인다. 지역에서는 자신이 직접 의원이 되어 국정에 참여하는 것이 아니라 유능한 정치 리더의 후견인으로 국가발전에 기여하는 지역의 정치 어른이 나와야 한다. 모두가 선수가 될 수는 없다. 누군가는 캐디백을 메야 하고, 누군가는 코치가 되어야 한다. 구단주도 필요하다. 정당이 하나의 구단이라면 선수를 발굴·양성하고 경기에서 이기는 코치와 감독이 필요하다. 그런 시스템을 갖춘 정당으로 진화되어야 한다. 대한민국 정치인은 모두 자신이 직접 선수로 뛰려고 한다. 이제 선수를 발굴하고 기르는데 헌신하는 사람이 나와야 한다. 선거에서 패배하고 정치에서 떠밀려 나온 것이 아니라 스스로 물러나는 정치인이 그런 역할을 하는데 적합하다. 선수로 뛰다가 그만두고 코치가 되는 것이 아니라 처음부터 코치의 경력을 밟는 사람도 나와야 한다. 자생적으로 나오지 않으면 중앙당에서 지역의 당 리더 육성 프로그램을 만들어 배출해야 한다. 그들이 중심이 되어 당의 지역 조직을 안정적으로 조직화하면 공천권 등 중앙당 중심의 당 운영을 분권화하는 출발점이 될 것이다.

마지막으로 긴 안목을 가지고 하나하나 차곡차곡 나아가야 한다. 이 모든 정당의 변화는 하루아침에 이루어지지 않는다. 신뢰의 기본 속성이다. 신뢰는 신용과 마찬가지로 조금씩 오랜 시간을 두고 쌓여야 가능하다. 480만 원짜리 제품을 일시불로 구매한 사람보다 10만 원씩 48개월 할부로 날짜를 어기지 않고 낸 소비자의 금융신용도가 높아야 하는 것과 같다.

이런 방식으로 미래를 준비하는 정당이 국민의 신뢰를 얻고 더 많은 의원을 배출하여 국정운영의 주체가 되어야 한다. 정당이 질적으로 성숙해야 대통령제를 유지하더라도 제왕적 권력의 폐해를 막을 수 있다. 정당의 신뢰가 높아질수록 대통령 견제를 위해 국회에 더 많은 권한을 부여하는 것에 대한 국민의 지지도 높아질 것이다. 장관을 겸임하는 국회의원이 더 많이 나와도 지지할 것이다. 비례후보 정수를 늘리고 전체 국회의원 정수를 늘리더라도 동의할 것이다. 의원내각제로의 개헌에 대해서도 지금처럼 지지율이 10% 전후에 그치지는 않을 것이다. 현재 선거제도, 권력구조 등의 많은 개혁과제가 신뢰받는 정당을 만드느냐 못 만드느냐에 달려 있다. 정당의 자율과 책임은 누가 부여하는 것이 아니라 정당 스스로 확보하여야 한다.

미주

1 The New York Times, Senate Passes $1 Trillion Infrastructure Bill, Handing Biden a Bipartisan Win, 2021. 8. 12. 참고로 민주당 상원의원은 48명이지만 민주당 성향 무소속 2명과 당연직 상원의장인 부통령을 포함해 51명으로 상원의 다수당 지위를 확보하고 있다.

2 미국은 규모로 인한 힘의 불균형을 보완하는 과정에서 인구 비례성보다는 주 단위의 할당(상원 의원, 선거인단)이 중시되었다. 주에 할당된 선거인단 수가 인구비례로 정해진 것이 아니기 때문에 와이오밍주의 선거인단 1표와 플로리다주의 선거인단 1표가 등가가 아니다. 선거인단 확보를 계산할 때 사람이 아니라 주별 선거인 '집합'이 하나의 단위이다. 그래서 선거인단을 비율에 따라 나누는 것이 아니라 승자가 선거인단 전체를 독식하는 "winner takes all"의 원칙이 적용된다. 1표라도 이긴 후보가 선거인단 배분에서 그 주의 선거인단 모두를 가져가는 방식이다. 의회에서도 상임위원회 위원장 배분에서 1석이라도 많은 다수당이 모든 위원장을 독식하는 구조이다. 승자를 인정하고 승자에게 모든 권한과 자율을 주되 결과에 대한 책임을 묻는 방식이다. 역사적 산물이고 현재까지 경로의존성이 강하게 남아있다. 그러다 보니 미국에서는 전국 또는 주 안에서 소수자 집단이나 새로운 가치를 추구하는 집단 등의 다양성을 담아낼 정당이나 선거제도의 유연성이 떨어지는 문제점이 나타나고 있다.

3 우리나라는 국민의 정당에 대한 신뢰도가 낮은 상황에서 비례대표뿐만 아니라 일부 '공천=당선'이 적용되는 지역구의 경우 출마 후보까지 당원이나 일반 유권자가 아닌 공천위원회에서 결정하기 때문에 국민의 국회의원에 대한 불신이 지속되고

있다고 볼 수 있다.

4 스웨덴의 좌파당은 스테판 뢰벤(사회민주당) 총리가 주택난 해소를 위해 신축 아파트 임대료 상한제 완화를 시도하자 사회민주당과 녹색당의 연정 지지를 철회하였다. 이에 우파 정당 연합이 발의한 불신임안이 6월 21일 통과되고 총리는 6월 28일 사임하였다(Reuters, 2021. 6. 21, 26).

5 대통령의 당총재 겸임은 2001년 11월 김대중 대통령이 당 총재직을 사임할 때까지 지속되었다. 노무현 정부 들어서부터 당·청 관계를 어떻게 정립할 것인지에 대한 문제 인식이 강해지기 시작한 것으로 볼 수 있다(연합뉴스, 與 '당·청 관계' 새틀 짜기, 2004. 5. 31).

6 현재는 4년 주기의 총선과 지방선거가 2년 주기로 실시되기 때문에 대통령 재임 5년에 총선 2번, 지선 1번, 또는 총선 1번 지선 2번을 치르게 된다.

7 장성민(세계와 동북아 평화 포럼 이사장)은 2020년 9월 10일에 열린 마포포럼 강연에서 대통령의 권력 공유를 강조하였다.

8 의원내각제에서는 의원이 내각에 참여하는 것을 당연시한다. 영국의 경우 의원만이 내각에 들어갈 수 있고, 일본의 경우 장관(대신)의 1/2 이상을 의원으로 임명하도록 하고 있다.

9 한국보건사회연구원, 한국인의 행복과 삶의 질에 관한 종합 연구: 국제 비교 질적 연구를 중심으로, 협동연구총서 19−52−01, 2019. 12, p. 378. 2019년 5. 8 ~ 6. 13 기간에 19~80세의 성인 5,200명을 조사한 결과이다.

10 한국행정연구원, 「2020 사회통합실태조사」, 조사는 2020년 9월과 10월 2개월에 걸쳐 19~69세 성인 8,000명을 대상으로 실시되었다.

11 대표적으로 조국 전 법무부장관의 자녀 입학 문제, 추미애 전 법무부장관의 윤석열 당시 검찰총장 징계, 전직 광역단체장(박원순 서울특별시장, 오거돈 부산광역시장, 안희정 충청남도지사)의 성추행 사건, 윤미향 국회의원의 정의기억연대 기부금 사용 의혹, 그 외에 다수의 청와대 고위공무원의 부동산 투기 등의 사례를 들 수 있다.

12 2021년 대통령 후보 결정을 위한 경선룰을 보면, 더불어민주당의 경우 예비경선에서 당원여론조사와 국민여론조사 반영 비율을 50:50으로 하여 6명의 본경선 진출자를 정하였는데 국민여론조사에서 민주당을 지지하거나 지지 정당이 없는 유권자로 제한하는 준개방형 방식을 선택하여 역선택의 가능성을 배제시켰다. 본경선에서

는 대의원과 권리당원, 그리고 일반 당원과 국민을 대상으로 선거인단을 모집하여 이들의 투표(온라인, ARS, 현장 투표 병행)에 의해 최종 후보자를 결정하는 방식이다. 한편 국민의힘은 1차 예비경선의 경우 100% 여론조사로 결정하는데 책임당원과 국민의 비중이 각각 20%와 80%이고, 2차 예비경선은 당원으로 구성된 선거인단 투표 30%와 국민 여론조사 70%, 그리고 4명이 오른 본경선에서 선거인단 투표 50%와 국민 여론조사 50%로 하여 최종 후보를 결정한다.

13 한국갤럽, 정치 관심도와 여론조사, 2021. 3. 18. (가중)응답자는 7,000명이다.

14 한국갤럽, 평소 지지하는 정당이 없는 유권자, 무당층(無黨層) 분석, 2021. 2. 16. (가중)응답자는 4,000명이다.

10

정치권: 문화정합성과 정당개혁

국민: 나의 작은 변화가 쌓이고 쌓여

행정부(공무원): 시스템 설계 및 투명성

국가 지도자: 변혁적 리더십 – 솔선수범·진심·비전

개혁의 실행: 모두 함께

10

개혁의 실행: 모두 함께

정치권: 문화정합성과 정당개혁

　　문화는 사회 구성원의 절대다수가 공유하는 신념이고 몸에 밴 습속이다. 쉽게 바뀌지 않는 경로의존성을 가지고 있다. 지금 한국 사회에 가장 두드러진 문화적 현상은 최고 중심의 위계적 집단주의이다. 여기에서 파생된 타인의식이나 결과중시의 성향도 한국 사회의 많은 사회적 현상에서 확인할 수 있다.

　　그런데 역설적으로 다수의 한국 사람들은 이러한 문화적 특성이 한국의 발전을 저해하고 있다고 생각한다. 보다 분권적이고 수평적인 권위구조로의 변화를 바라고 있다. 그리고 사람들은 자기 개성과 원칙을 가지고 사는 삶에 관심이 있다. 국민은 그런 방향으로 정치와 국정운영의 방식을 개혁할 것을 요구하고 있다.

　　대통령과 중앙정부에 집중된 권력을 분산시키고, 선거제도의 비례성을 높이고 정당의 민주화를 강화시킬 것도 요구하고 있다. 국정운영과 사회 전반에 공정 그리고 다양성·포용의 가치를 강조한다. 분명히 바람직하고 앞으로 나아갈 방향이다.

문제는 개혁의 속도와 각도이다. 문화에는 관성이 있어서 그 힘을 벗어나 빠른 속도로 방향을 바꾸는 경우 자동차의 경우처럼 전복의 위험이 있다. 개혁을 완성하지 못하고 중도에 멈춰야 한다. 운전자가 바뀌면 원래로 돌아오기 위한 반작용으로 방향을 반대로 돌린다. 갈지(之)자 형으로 시행착오를 거듭하게 되고 굴곡의 역사를 남기게 된다.

문화정합성을 고려한 정치개혁과 국정운영이 중요한 이유이다. 권력구조-정당제도-선거제도는 상호 간의 정합성도 고려해야 한다. 연동형 비례제는 다당제 및 의원내각제와 시너지 효과를 낼 수 있다. 특히 연동형 비례제와 의원내각제를 도입하기 위해서는 정당의 책임성, 안정성, 그리고 정당에 대한 국민의 신뢰가 먼저 확보되어야 한다. 대선을 맞아 개인이나 정당의 정치적 이해를 가지고 권력구조를 졸속으로 처리해서는 안 되는 이유가 여기에 있다. 권력구조를 개혁하려면 가장 먼저 정당부터 바뀌어야 한다.

정당이 문제다. 나도 학교에 있을 때는 정당이 얼마나 중요한 것인지를 인식하지 못했다. 정당을 불신하다 보니 차라리 정당이 없어져 줬으면 하는 것이 국민의 마음일 것이다. 그런데 정당은 걷어차 버릴 수 있는 길거리의 돌멩이가 아니었다. 대한민국의 정치가, 대한민국의 미래가 이곳에서 잉태되고 태어난다. 대한민국 정치로 치면 정당은 엄마의 자궁 같은 곳이었다. 어떤 식으로든 대한민국의 위대한 미래를 탄생시키기 위해서는 정당을 살려야 한다.

두 거대 정당, 더불어민주당과 국민의힘을 구분하는 것은 무의미하다. 이들 정당의 당헌을 외국인에게 보여주고 비교하라고 하면 자매 정당 아니냐고 되물을 것이다. 그래도 당헌에는 약간의 이념과 가치 차이가 있겠지만 선거에 임박해서 무조건 이기는 선거전략이 작동하기 시작하면 구분은 사라진다. 득표에 도움이 되는 정책을 선점하기 위해 애쓸 뿐이다. 대한민국에는 여당과 야당이 존재할 뿐이다. 당명에 상관없이 여당일 때 주장하는 것과 야당일 때 반대하는 것이 똑같다.

새누리당(국민의힘 전신)일 때 여당으로 국회선진화법, 인사청문회법, 규제프리존법을 개정하려고 그렇게 애를 썼다. 예산안은 기일 안에 통과시키자고 야당에 간청했다. 야당의 방송법 개정안에 대해서는 끝까지 반대했다.

더불어민주당이 여당이 되고 난 후의 입장이 과거 새누리당 때와 똑같다. 새누리당이 야당이 된 후 반대하는 입장은 더불어민주당이 야당일 때와 똑같다. 방송법을 반대했던 새누리당이 방송법을 과거 더불어민주당 원안대로 개정하자고 하고, 과거 방송법 개정을 추진했던 더불어민주당이 이번에는 반대한다. 어느 정당이든 여당이 되면 국회선진화법과 인사청문회법을 개정하자고 주장할 것이고 야당이 되면 반대할 것이다.

더불어민주당과 국민의힘 문제가 아니다. 이런 무한 반복에 국민은 그때나 지금이나 피곤하다. 아무리 정권이 바뀌고 그래서 여당과 야당이 바뀌어도 당이 바뀌었을 뿐 여당과 야당의 입장은 바뀌지 않는다. 언제까지 이래야 하나?

누군가가 이 순환고리를 끊어야 한다. 당의 유불리를 내세우는 한 절대 문제는 풀리지 않는다. 정의론(Theory of Justice)을 쓴 롤스(Rawls) 교수는 왜 우리가 사회적으로 가장 약자를 우선하여 배려해야 하는지의 형평성 논리를 전개하면서 '무지의 베일(veil of ignorance)'이라는 개념을 도입하였다. 사람이 세상을 살아나가는데 유불리를 계산할 수 있는 자신의 재산, 건강, 능력 등의 정보를 전혀 알지 못한다고 가정해보자는 것이다.

그렇다. 여당과 야당이 도돌이표를 반복하는 것은 어느 정당이나 정치인이나 지금의 위치에서 유불리를 알기 때문이다. 자신들의 유리한 입장을 제도에 반영시키려고 한다. 그래서 헌법 개정이 필요하다는데 모두 공감하면서도 어느 정당이나 정치인이 헌법 개정 이야기를 꺼내는 시점부터 "왜 지금?"이라고 진정성을 의심하기 시작하는 것이다. 자신들에게 불리한 시기와 조건(의석 수)에서 제안할 리가 없기 때문이다.

그런데 당의 유불리를 떠난, 그래도 무지의 베일에 가까운 시점이 있다. 지금까지의 경험으로 집권 4년 차의 해이다. 정권을 잃을 수 있는 확률과 집권할 수 있는 확률이 대체로 반반이 되어 어느 제도가 유리할지 계산하기 힘든 시점이다. 바로 이때에 그동안 여야가 바뀌면 입장이 180도 바뀌고 그래서 하나도 해결되지 않은 채 국가발전의 발목만 잡고 있던 법안들에 대해 진지하게 토론하고 합의점을 찾아 나가야 한다.

또 하나의 방법은 쟁점이 되는 법안의 경우 법안 발효 시점을 적어도 다음 정부로 정하는 것이다. 여야가 유불리를 떠나 냉정하고 진지하게 문제 해결을 위해 노력할 가능성이 높아진다. 헌법 개정은 어떠한가? 특히 현행 대통령제의 권력구조를 개정하는 것이라면 그 발효 시점을 5~10년 후인 차기나 차차기 정권으로 하는 것이다. 당리당략으로 접근하기 어렵다. 대한민국의 발전을 위해 함께 고민할 가능성이 높아진다. 예측 가능성이 있어 준비할 시간을 갖는 것도 장점이다.

모든 정당이 지금부터 바로 시작해야 한다. 생각만 하고 걱정만 하고 성급하게 헌법을 개정하려다 하지 못하고 그러는 사이 10년은 금방 지나가게 된다. 지금 준비하지 않으면 지금까지 개혁한 것 하나 없이 허송세월 시간만 보낸 과거처럼, 10년 뒤에도 대한민국의 정치는 하나도 변한 것 없이 지금처럼 개혁의 필요성만을 반복해서 외칠 것이다.

단순한 집권이 아니라 대한민국의 바람직한 미래 비전을 세우고 단계별 계획을 철저히 세워 대한민국이 지속 가능한 경쟁력을 가지고 주권국의 당당함을 누릴 수 있도록 차곡차곡 준비해나가야 한다. 개혁의 속도가 만족스럽지 않을 수 있지만 실패하여 갈지(之)자 형으로 시행착오를 거듭하는 것보다 낫다.

국민: 나의 작은 변화가 쌓이고 쌓여

깨진 유리창 이론(broken windows theory)이 있다. 널리 소개되었지만 요약하면, 두 대의 승용차 중에서 한 대만 유리창을 깨 놓은 채 외진 곳에 두 대를 주차해놓았더니 유리창이 깨진 차의 경우 며칠 지나 타이어를 비롯해서 차 안의 라디오 등 각종 부품이 없어지고 폐차 수준이 되었지만 다른 한 대는 멀쩡하더라는 것이다. 이 실험을 출발점으로 사회의 무질서나 범죄는 아주 작은 것에서 시작한다는 깨진 유리창 이론이 발표되었다. 이 이론은 한때 범죄로 악명이 높았던 뉴욕 지하철의 안전을 되찾기 위한 정책으로 채택되었다. 그동안 범죄와의 전쟁에서 늘 경찰력으로 범죄를 해결하려던 방식에서 지하철 벽면의 낙서 지우기, 조명 밝게 하기 등의 부드러운 방식으로 전환하였고 범죄 건수를 급격히 줄이는 효과를 거두었다.

1:29:300의 법칙으로도 알려진 하인리히 법칙(Heinrich's law)도 있다. 각종 사고를 조사한 결과, 작업장에서 중상의 인명 사고가 나기까지에는 그동안 경상 정도의 가벼운 사고가 29번 발생하였고, 인명 피해로 이어지지는 않았지만 300번의 작은 사고가 있었다는 것을 통계적으로 확인한 것이다.

범죄나 사고의 발단이 아주 작은 것에서 출발한다는 주장인데 비슷한 맥락에서 아주 작지만 그것이 쌓이면 큰 긍정적인 변화를 가져올 수 있다는 주장도 가능하다. 대표적으로 나비효과(butterfly effect), 넛지(Nudge), 티핑 포인트 등의 개념들이 변화 전략의 시각을 거시적인 차원에서 사소하게 넘기기 쉽거나 작은 부분의 미시적 행태 변화로 전환시키는데 기여하였다. 이러한 심리학, 사회심리학, 행태경제학 등의 과학적 접근을 아주 문학적으로 나타낸 시가 있다.

나 하나 꽃피어

조동화

나 하나 꽃피어
풀밭이 달라지겠느냐고 말하지 말아라
네가 꽃피고 내가 꽃피면
결국 풀밭이 온통 꽃밭이 되는 것 아니겠느냐

나 하나 물들어
산이 달라지겠느냐고 말하지 말아라
내가 물들고 너도 물들면
결국 온 산이 활활 타오르는 것 아니겠느냐

　　대한민국의 개혁과 발전에 있어서 정치권이나 국가 리더의 큰 생각, 큰 그림, 공권력으로 접근하는 것이 일차적으로 중요하지만, 국민 한 사람 한 사람의 자발적 변화의 중요성도 결코 간과할 수 없다. 민주주의 국가에서 국민 한 사람 한 사람의 생각이 모여 다수를 이루면 그것이 정치를 바꾸는 원리이기 때문이다.

　　국민 한 사람 한 사람의 변화에서 다시 한번 시민의식이 가장 필요한 시점이다. 지금 한국 사회는 위계적 집단주의, 타인의식, 결과중시의 문화 속에서 개인화 현상이 급속도로 진행되고 있다. 1인 가구 비중이 전체 가구의 1/3 수준에 근접하는 숫자만으로도 짐작할 수 있다. 집단생활이 아니라 혼자 생활하는 시간이 많아지고 있다. 생활 여건이 개인화를 가속시키고 있다. 전통적 윤리규범에 의한 사회 질서유지가 어려워지고 있다. 새로운 규범에 대한 공감이 없는 상태에서 자기 이익만을 좇아가는 혼란이 초래되고 있다.

혼란을 최소화하려면 개인에게 최대한의 자유와 자율을 보장하되 행동의 결과에 책임이 따르는 시민의식이 내재화되어야 한다. 훈시적으로 인성만을 강조하는 것으로는 한계가 있다. 책임이 따르지 않는 자유나 자율은 결국 공동체를 무너트리고 자신의 자유조차도 파괴한다는 것을 사고실험(thought experiment)과 경험을 통해 체득해야 한다. 모든 사람이 자신의 욕망을 채우는 이기적인 행동을 할 때 발생할 수 있는 비극을 피하려면 책임 있게 행동하는 시민이 되어야 한다.

너무 추상적이고 큰 것을 생각하면 아무것도 시도하지 못한다. 작은 것부터 변화시켜 나가는 것이 필요하다. 깨진 유리창 이론, 하인리히 법칙, 나비효과, 넛지, 티핑 포인트 개념의 공통점은 사소한 변화가 쌓이고 쌓여 임계 질량(critical mass)을 넘는 순간 대변혁이 가능하다는 것을 암시한다.

한 사람 한 사람의 작은 변화이지만 대한민국을 바꿀 수 있는 가능성은 선(線)의 사고와 행동에서 찾을 수 있다. 대표적으로 횡단보도에서 정지선을 지키는 것, 운전하면서 차선을 지키는 것, 주차장에서 주차선을 지키는 것, 시위대가 경찰통제선(police line)을 지키는 것, 그리고 약속의 선(시간)을 지키는 것 등이다.

한국의 반상(飯床) 음식 차림이나 읍면동 주소에서 보았듯이 한국인은 선보다는 면의 사고에 익숙해 있다. 선으로 정확히 구분하고 지키기보다는 전후 완충(cushion)의 범위(폭)를 가지고 있다. 다시 한번 Yang Liu의 〈그림 10.1〉을 보면 시간 개념에서 중국 사람도 우리와 비슷했다는 것을 알 수 있다. 왼쪽은 독일인의 정확한 시간 개념을 보여주고, 오른쪽은 조금 빠르고 늦는 것에 대해서 관용적인 중국인의 인식을 압축적으로 보여준다.

선 지키는 것을 사소하게 생각할지도 모른다. 하지만 선을 지키는 것은 시민의 가장 기본적인 요건이다. 약속, 계약, 법을 지키는 질서에 직결되기 때문이다. 선을 지키는 것이 생활화되면 사회생활의 불확실성을 줄이고 개인 간의 충

[그림 10.1] 시간 개념: 서양인(독일)과 동양인(중국)의 차이

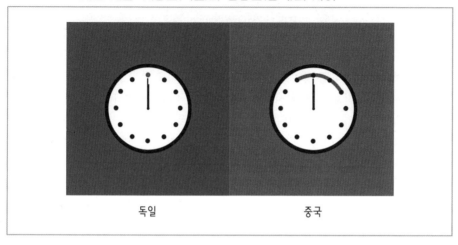

독일   중국

돌도 감소할 것이다. 정지선, 차선, 주차선, 약속 시각을 지키는 것이 한 개인에게는 작을지 몰라도 모두가 그것을 지키지 않거나 지키는 것의 차이는 엄청나게 크다. 그런 선을 지키는 것이 생활화되면 선진국의 지표이고 시민의 필요요건이라 할 수 있는 법치주의가 확립되는 큰 변화로 이어질 것이기 때문이다. 시민의식에서 중요한 개인의 이익과 공동체 이익의 균형도 개인이 자율적으로 판단하는 선의 문제이다. 이익의 균형을 가르는 내면의 경계선이 없다면 시민사회로의 길은 멀기 때문이다.

우리 한국인에게는 스스로 내면에서 선을 많이 긋는 노력이 요구된다. 집단주의, 연고주의 문화에서 나의 자아(정체성) 개념이 희박하다. 나와 다른 사람, 사적인 영역과 공적인 영역을 구분하는 선이 모호하다. 일례로 회사에 출근해서 신문도 보고, 필요하면 사무실에서 계좌 이체도 하고, 그러다 저녁에 일이 끝나지 않았으면 퇴근 시간을 넘겨 야근한다. 나의 시간과 회사 시간의 구분이 모호하다. 주 52시간, 초과근무 수당 등은 제도적으로 나의 시간과 회사 시간을

구분하는 선의 사고를 요구한다. 원칙도 선이다. 법에 따라 강요된 것이 아니라 개인의 가치관, 삶의 철학에 따라 정해지는 선이다.

이런 선의 사고 연장선에서 주권을 행사(투표)할 때 특정 후보나 정당과의 관계가 아니라 그들이 대한민국과 싸우는 사람인지 대한민국을 위해 싸우는 사람인지 선으로 구분하고, 대한민국을 위해 싸우는 사람이면 누가 더 대한민국을 위해 지금까지 피와 땀을 흘렸고 앞으로 그럴 것인지의 정도를 판단해야 할 것이다. 물론 투표장에 가서 주권을 행사해야 하는 것은 당연하다. 대한민국을 바꾸는 힘은 권력자에게 있는 것이 아니라 국민 한 사람 한 사람에게 있다. "나 혼자 무슨 힘이 있다고" 후퇴하고 모든 사람이 그런 마음을 가진다면 그 공백은 탐욕의 정치인들이 차지하게 될 것이다. 개인은 혼자이고 힘이 없지만 모든 사람이 깨어 있는 시민의식으로 주권을 행사할 때 대한민국의 정치에 대변혁이 올 것이다.

행정부(공무원): 시스템 설계 및 투명성

　행정부, 행정부 공무원은 분명히 지금의 대한민국이 있기까지 한 주역이었다. 대한민국에서 나름대로 확보된 시스템 역량은 직업공무원 중심의 행정시스템에서 찾아볼 수 있었다. 그런데 행정시스템이 점차 무너지고 있다. 그동안 정책개발은 행정부의 전문가 영역으로 존중되어 왔다. 그런데 선거 공약은 반드시 지켜야 한다는 정치적 책임과 공무원 조직에 개혁을 의존하는 순간 이들에 포획되어 개혁이 성공할 수 없다는 선입견에 의해 행정시스템이 국정운영에서 점차 소외되고 있다. 특히 당이나 대통령 후보의 선거 캠프에서 공약을 개발하는 과정을 보면 정책의 타당성이나 소요 재원을 정교하게 계산하기보다는 특정 지역이나 이해집단에 이익을 주어 표로 돌아올 수 있는지의 득표 전략에 많은 영향을 받는다. 또한, 다른 정당이나 다른 후보와의 차별성을 드러내 언론이나 유권자의 주목을 받고자 하기 때문에 실현 가능성보다는 유권자의 관심을 끄는 '튀는' 공약을 내놓는다.

　인수위원회나 정권 출범 후에는 공약을 철저히 이행하는 것이 정권 신뢰와 연결되기 때문에 국정과제로 전환하여 관리하는 시스템이다. 정부 부처는 국정운영의 재량권을 행사하기보다 국정과제를 관리하는 시스템으로 전환된다. 청와대는 콘트롤 타워이고 국무조정실은 국정과제 이행을 점검하고 평가하고 독촉하는 실무 조직이다. 장관은 부처에서 새로운 정책을 개발해서 추진할 권한이나 재원이 제한적이다. 국정과제를 확실하게 이행하는 추진력이 리더십의 핵심 역량이다. 부처의 직업공무원은 청와대에서 결심한 것을 집행하는 실무자 수준으로 업무 재량권이 제한된다. 스스로 정책을 발굴하고 추진하는 정책 오너십(ownership, 주인의식)이 없다. 현재 행정부의 시스템 역량은 국회와 청와대의 정치 권력에 의해 이렇게 축소되어가고 있다. 공무원이 재량은 없고 집행 성과에 대한 책임은 지는 '재미없는' 직업이 되었다.

이는 민주주의가 자리를 잡아가면서 나타나는 현상이기도 하다. 받아들여야 한다. 시험을 통해 공직에 들어온 공무원이 국민을 대표할 수는 없기 때문이다. 하지만 공무원은 전문성과 정파적 이해가 아니라 국익·공익을 지키는 파수꾼이다. 정치권의 포퓰리즘이 아니라 과학적이고 증거 기반(evidence based)의 사실과 논리로 생각하는 전문가로서의 역할을 담당해야 한다. 그런 차원에서 단순한 수사(레토릭)나 형식이 아니라 실체적 내용과 정책수단을 제시할 필요가 있다.

예를 들어, 차량 운전자에게 보행자 안전을 위해 정지선을 지켜야 한다고 말하는 것은 사회운동, 캠페인 이상일 수 없다. 정부는 보다 운전자가 정지선을 지키도록 하는 정책수단을 내놓아야 한다. 현재 도로교통법에 근거하여 정지선을 넘어 횡단보도에 차를 정차한 경우 벌금과 벌점이 부과된다. 심지어 녹색 신호에 정지선을 진입하여 횡단보도에서 갑자기 신호가 바뀌어 어쩔 수 없이 정차한 경우에도 보행자 횡단 방해가 된다. 정지선을 지키도록 아주 촘촘하게 규정을 만들었다. 하지만 현실적으로 그것이 지켜지는 경우는 보기 힘들다. 교통 경찰관이 옆에 있어도 단속하는 경우를 거의 볼 수 없다. 집중 단속이라고 사전에 공지해야 며칠간 실제 단속이 이루어진다. 개인의 행동을 규율하는 전통적인 통제 방식이고 공권력에 의존하는 행정이다. 이제 전문성을 발휘하여 과학적으로 문제를 보고 해법을 내놓아야 한다. 행정은 주장이 아니라 바람직한 결과를 만들어 낼 수 있는 구체적인 방법이나 시스템을 설계하는 역할을 해야 한다.

독일과 네덜란드를 방문했을 때의 관찰이다. 신호등이 교차로 건너편에 있는 것이 아니라 바로 앞 횡단보도 위나 옆에 있는 것이었다(〈그림 10.2 A〉). 횡단보도를 지나면 신호 바뀌는 것을 볼 수가 없는 구조였다. 정지선을 지키도록 하는 과학적이고 합리적인 방법이라는 생각이 들었다. 정지선을 위반해도 실제 단속이 이루어지지 않는 벌금·벌점 제도를 두는 것이 아니라 정지선을 지나면 신호를 못 보고 제때 출발하지 못해 뒤 차량에 불편을 주기 때문에 스스로 알아서

[그림 10.2]

A

B

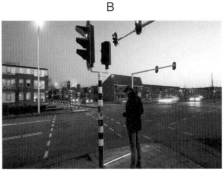

[그림 10.3]

A

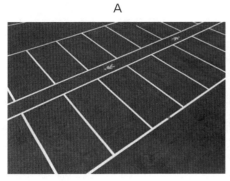

B

정지선을 지키도록 만든 것이다. 사진을 구하려고 인터넷에 들어가니 네덜란드에서는 최근에 핸드폰을 보면서 걷다가 횡단보도 신호를 놓치는 경우를 막기위하여 보행자용 정지등을 바닥에 설치한 것을 보았다(〈그림 10.2 B〉).

주차장에서 가끔 주차선 한쪽으로 바짝 붙여 차가 주차되어 있어 주차를 포기해야 하는 경우가 많다. 주차선 그리는 방식을 바꾸어 그런 문제를 줄일 수 있다. 〈그림 10.3〉이 그런 예이다.

앞에 든 사례는 과학적 사고와 증거기반의 정책이나 시스템 설계가 중요하다는 것을 강조하기 위한 것이다. 문재인 정부 들어 2021년 7월 25일 기준으로 26번째의 부동산 대책이 발표되는 것을 보면서 시스템적으로 대응하지 못하고 언 발에 오줌 누기식의 단선적 처방만 나오는 것이 답답해서 이야기가 길어졌다. 정부의 현재 부동산 대책은 정지선을 지키지 않는다고 벌점·벌금만 계속 높이는 격이다. 벌점·벌금 무서우면 운전하지 말라는 격이다.

원점에서 다시 생각할 부분이 많다. 기본으로 돌아가라. 부동산 정책이 그렇고 복지 누수 등 복지 분야도 그렇다. 모든 원인을 현 정부의 탓으로 돌리는 것이 아니다. 과거 정부에서부터 누적된 것이 분명히 있다. 과거 정부나 현 정부나 잘못된 정책에 대해 인정할 것 인정하고 미래를 계획해야 한다. 다음 정권에서는 지금의 누더기에 누더기 조각을 덧붙이는 것이 아니라 지금까지의 조각들을 다 떼어낸 다음 퀼트(quilt)처럼 전체가 조화를 이루도록 다시 짜맞추어야 한다. 〈그림 10.4〉의 간판 정비 전과 후가 비교되듯이 보건복지부 사업은 물론 모든 부처와 지방자치단체의 복지 프로그램을 한번은 정비할 때가 되었다.

공정과 권력구조에서 언급한 "양과 질의 관계"도 문제를 보고 해법을 찾는 새로운 시각을 제공할 것이다. 다양성과 관련하여 구성의 양적인 차원을 넘어

[그림 10.4]

간판 정비 전   간판 정비 후

인지 다양성과 포용의 질적 차원에 대한 인식도 중요하다. 공무원은 지금 자신의 인구통계학적 특성에서 오는 사고와 행동의 방식에 대한 성찰도 필요하다. 그것이 공직에 진출하지 못한 다른 집단이나 계층을 이해하고 그들의 이익을 균형 있게 정책에 반영하는 출발점이다.

정부는 시장을 이기기 어렵다는 점도 강조할 부분이다. 기업이 글로벌 경쟁력을 가지지 못했을 때는 정부가 큰 규모로 힘을 보태 기업을 성장시킬 필요가 있었다. 지금 한국의 다수 대기업은 이미 글로벌 경쟁력을 갖추었다. 더구나 이들은 공무원과는 다르게 목숨을 걸고 세계 시장에 뛰어들고 생존을 위해 싸우는 사람들이다. 마음 자세와 글로벌 역량면에서 공무원이 따라갈 수 없는 상황이 되었다. 그들의 글로벌 제국적 사고를 오히려 공무원이 배워야 한다. 대기업에 대해서는 불공정 거래 이외의 국내 기업 활동에 대해서는 규제보다는 글로벌 시장에서 불이익을 받지 않도록 통상에 집중하는 것이 도와주는 것이다. 국내 시장에서 대기업이 규모의 힘으로 중소·중견 기업과 불공정 계약을 맺거나 가격 결정의 질적인 힘을 사용할 때에는 공정성 차원에서 정부가 나서야 한다. 중소·중견 기업은 글로벌 시장에 진출할 전문성이 약하기 때문에 정부의 지원이 필요하다. 정부는 관여할 곳과 간섭하지 않을 곳을 전략적으로 구분하여 자원을 집중하는 것이 중요하다.

마지막으로 강조하고 싶은 것은 투명성이다. 공무원이 살고 대한민국이 발전하기 위한 가장 중요한 수단적 가치이다. 정치개혁이나 국정운영의 혁신도 투명성이 가장 중요하다. 공무원은 모든 주요 정책결정에 대해서 공개한다는 자세로 임해야 한다. 결정 현장을 공개하지 못하는 경우 반드시 회의록을 남겨야 한다. 형식적인 내용이 아니라 구체적인 내용을 담아야 한다. 나중에 검찰이나 경찰의 수사가 있을 때 자신을 방어하는 증거가 필요하다는 생각으로 내용을 분명히 기록해야 한다. 그래야 밀실에서의 행정이 사라지고 특별 지시나 혜택이 사라진다. 그래야 공무원 스스로 당당하고 떳떳해진다. 정권 교체에 눈치를 볼 필요도 없어진다. 자신의 전문적 판단을 분명하게 얘기하는 데까지가 직업공무원의 할 일이다. 정무직 공무원은 정치적 책임을 지고 정치적 판단과 지시를 할 수 있다. 그 모든 것이 투명하면 된다. 민주주의 국가에서 정권 교체만큼 가장 확실한 정치적 책임은 없다.

현대의 복잡한 기술환경에서 전문적 판단을 하기가 쉽지 않다. 공무원도 그렇고 일반 국민은 더더욱 그렇다. 일반 국민은 확증편향 오류로 자신의 정치적 성향에 따라 취사 선택하여 듣는다. 유튜브 등 SNS가 워낙 발달하다 보니 각자의 성향에 맞는 '사이다' 발언을 해주는 채널을 찾는 것이 어렵지 않다. 그래서 단순 여론조사로 옳고 그름을 판단하는 것은 위험하다. 사고의 다양성을 허용하지 않는 진영 논리에 빠진 SNS이기 때문에 민주주의의 질적 가치를 담보해줄 수 있는 공론의 장 역할을 하지 못한다. 공무원 몇 사람이 정책 전문가 자문을 받아 결정하는 것도 국민적 지지를 받기에는 한계가 있다. 부처 소속 연구기관의 분석 보고서도 정치적 해석의 한계를 극복하지 못하는 것이 현실이다.

투명성의 연장선에서 공무원이 활용할 수 있는 방법이 공론화위원회이다. 2017년에 활동한 신고리 5·6호기 공론화위원회에서 좋은 경험을 했다. 원전과 같이 워낙 전문성이 높은 분야의 정책은 일반 국민이 이해하기 어렵다. 이럴 때 국민의 판단을 대신에 해줄 전문가들이 나와서 쟁점에 대해 논쟁하고 시간을 충분히 낼 수 있는 다양한 배경의 배심원들이 정치적 편견 없이 판단해준다면 대환영할 일이다. 더구나 공론 과정을 모두 공개하면 더욱 신뢰를 얻을 수 있다. 전문적 판단을 해야 하는 이슈에 대해서는 국민 각자의 판단에 맡기고 알아서 찬성하거나 반대하도록 방임할 것이 아니라 객관적이고 공정하고 전문적으로 판단할 사람들이 모여 합리적 결정에 이르도록 장(場)을 만드는 것이 행정의 역할일 것이다. 그 결과에 대한 수용 여부는 또한 정치의 몫이다.

국가 지도자: 변혁적 리더십 – 솔선수범·진심·비전

　문화정합성을 고려한 개혁을 강조했다. 그렇다고 문화를 상수로 보고 거기에 맞추어 개혁하자는 이야기가 아니다. 문화 자체를 바꾸어 나가는 노력을 병행해야 한다. 다수 국민의 믿음 체계를 바꾸는 문제이기 때문에 이익을 주고받는 거래 차원의 리더십으로는 불가능하다. 일한 것, 성과를 낸 것에 비례해서 보상하는 리더십은 돈 가지고 열심히 일하도록 만드는 동기부여에 지나지 않는다. 관리자가 할 일이다.

　인도의 마하트마 간디, 미국의 인권운동가 마틴 루서 킹 목사, 그리고 존 에프 케네디 대통령 등 역사적으로 위대한 리더를 보면 이들은 추종자는 물론 전 국민의 가치체계와 생각의 틀을 바꾸고 영감을 불어넣어 한 국가의 정신적 지향점과 차원을 바꾸어 놓은 변혁적 리더들이다. 변혁(transform)은 생각이나 믿음의 틀(form)을 바꾸는(trans) 것이다. 위계적 사고를 수평적 사고로, 집단주의 사고를 개인주의 사고로, 타인의식을 자기 정체성 확립으로, 상황주의를 원칙주의로 바꿀 수 있는 힘은 변혁적 리더십이 있어야 가능하다.

　변혁적 리더십은 말만으로 불가능하다. 직접 행동으로 모범을 보여야 한다. 정치 공학적으로 선거 이기는 기술을 부리고 연설 비서관의 현란한 수사를 읽는 쇼로는 불가능하다. 표현은 투박해도 진심이 담겨야 하고, 과거와 현재의 일관성과 언행일치를 보여주어야 한다. 아인슈타인의 말처럼 "문제를 낸 사람과 같은 차원의 생각으로는 문제를 풀 수 없다." 집단·계층 간의 갈등이나 이해의 충돌은 그보다 높은 차원의 가치와 비전을 제시해야 문제를 풀어나갈 수 있다.

　반쪽 마음 가지고는 절대 풀리지 않는다. 하나의 마음, 한마음의 차원으로 갈등의 벽을 넘어서고 허물어야 가능하다. 그런 솔선수범, 진심, 비전의 리더라면 우리 국민은 제왕 이상의 권력을 행사해도 수용할 준비가 되어 있다. 최고 중심의 위계적 집단주의가 힘을 발휘할 수 있는 조건이다. 그런 변혁적 리더십으로 대한민국의 정치와 국정운영의 개혁을 시도해야 한다. 임기 내에 끝내지 못하더라도 차기, 차차기 정부에서 개혁을 계속할 수 있는 토대와 정교한 로드맵을 만들어 놓아야 한다.

중국 시진핑 주석은 2012년 취임 당시 중국 공산당 창당 100주년이 되는 2021년에 의식주 걱정 없는 샤오캉(소강, 小康) 사회를 그리고 건국 100주년이 되는 2049년에 중화민족의 위대한 부흥의 비전을 선포하였다. 중국 정치체제의 특수성이 있고 우리는 임기 5년의 제약이 있지만, 한국 지도자도 국가의 미래 비전을 이야기해야 한다. 꿈을 꿀 수 있도록 영감을 줘야 한다. 그래야 1637년 삼전도 굴욕, 그리고 1910년 경술년 국치를 반복하지 않을 것이다. 우리 다음 세대에게 굴욕의 역사가 아니라 글로벌 문명 강국으로서 국가 자존감을 가지고 떳떳하게 살아갈 수 있도록 터전을 닦아야 한다.

의존적이고 눈치 보고 사는 사람에게서 생명력은 사라진다. 당당하고 싶지 않은가? 한국 역사를 공부하면서 위축되었던 기억을 되뇌이고 싶지 않다. 광복 이후 지금까지 대한민국은 누구도 가보지 않은 눈 위에 세계가 인정하는 훌륭한 발자국을 남겼다. 우리의 길을 걷고 싶은 많은 개발국가들이 그 발자국을 밟고 희망을 보고 있다.

한국 사회는 이념적으로, 지역적으로, 그리고 세대와 성별이 갈라서고 서로 간의 정서적 거리가 갈수록 멀어지고 있다. 이제는 분리가 아니라 통합으로, 배제가 아니라 포용의 정치력을 보일 때이다. 그래서 더욱 포용과 통합의 리더를 갈망한다. 어느 정치 이념이나 지역의 편을 드는 것이 아니라, 대한민국의 편에 서는 리더를 더욱 갈망한다. 대한민국의 지도자는 국내의 우물 안에서 어느 편의 힘이 되어주는 것이 아니라, 대한민국의 편이 되어 글로벌 사회에 희망의 기수로 나아가야 한다. 국민을 위축되게 만들지 말고 개개인이 가진 잠재력을 펼칠 기회를 만드는 데 진력해야 한다.

IMF 외환위기를 극복할 때 보았듯이 우리 국민은 위기에 결집했다. COVID-19 위기에 왜 국민을 하나로 모으지 못하는가? 이 위기를 극복하는 데 동참하도록, 왜 국민이 두 주먹 불끈 쥐도록 만들지 못하는가? 대한민국을 위해 헌신하고자 하는 리더라면 과거와의 전쟁이 아니라 미래에 도전해야 한다. 미래의 비전을 세워 전 국민이 그 방향을 바라보고 행진할 수 있도록 영감을 불어넣어야 한다. "만약 나팔이 분명치 못한 소리를 내면 누가 전쟁을 예비하리요(고린도전서 14:8)." 국가 지도자라면 국민의 심금을 울리는 나팔을 불어라. 온 국민이 들을 수 있는 큰 소리가 나도록.

남북전쟁 당시 링컨 대통령의 정파를 초월한 믿음을 보여주는 유명한 일화가 있다. 군 총사령관이 링컨에게 남북전쟁에서 승리할지 패배할지를 물었다. 링컨의 대답이다:

> 나의 문제는 승리가 아닙니다. 내가 하나님의 편에 있다는 것을 확신하는 것입니다. 나는 하나님께 기도하고 있습니다. 우리가 이 전쟁에서 승리하게 될지 패배하게 될지 나는 모릅니다. 그러나 나의 끊임없는 기도는 하나님의 승리를 위한 것입니다. 저와 이 나라를 주님의 편이 되도록 받아주실 것을 기도합니다. 나는 하나님께서 우리 편이 되어 적들을 물리치기를 전혀 기도하지 않습니다. 절대로 아닙니다. 나는 나의 승리가 아니라 하나님의 승리를 원합니다. 이것이 나의 유일한 기도입니다.

가슴의 울림이 있다. 영적 믿음이 담긴 진심이 무엇인지를 깨닫게 한다. 최소한의 부끄러움도 모르고 도덕성조차 다수결로 면죄부 받겠다는 상식 이하의 정치꾼들이 국가 지도자를 탐하는 우리의 현실에서는 꿈일 것이다. 그래서 더욱 국민이 상식과 염치의 회초리를 들어야 한다. 한국 정치의 레벨업을 위해서 그리고 다음 세대를 위해서 온 국민이 깨어있는 정신으로 함께 꿈을 꾸어야 한다.

링컨 대통령의 말 중에서 불경스럽지만 하나님을 대한민국으로 바꾸어 보았다. 대한민국에서도 한 정당의 승리가 아니라 대한민국의 승리, 국민의 승리를 위해 헌신하는 국가 지도자를 보고 싶다.

나의 문제는 대선 승리가 아닙니다. 내가 대한민국의 편에 있다는 것을 확신하는 것입니다. 나는 기도하고 있습니다. 우리가 이번 대선에서 승리하게 될지 패배하게 될지 나는 모릅니다. 그러나 나의 끊임없는 기도는 대한민국의 승리를 위한 것입니다. 저와 국민 그리고 모든 후보가 대한민국의 편이 되도록 기도합니다. 나는 나의 믿음의 주인에게 우리 편이 되어 경쟁 후보를 물리치기를 전혀 기도하지 않습니다. 절대로 아닙니다. 나는 나의 승리가 아니라 대한민국의 승리를 원합니다. 이것이 나의 유일한 기도입니다.

부록

본 QR코드를 스캔하시면,
〈부록 1~10〉을 확인할 수 있습니다.

〈부록 11〉 연동형 비례제

　연동형 비례제는 후보가 아니라 지지하는 정당을 선택하여 그 득표율에 따라 의석을 배분하는 비례대표제에 지역구의 당선 의석을 연동시켜 최종 의석을 배분하는 방식이다. 정당 지지율이 의석 배분의 제1 기준이다. 즉, 정당 지지율에 따른 의석이 결정되면 지역구에서 얻은 의석만큼을 제하고 부족한 의석을 비례 의석으로 채워주는 것이다.

　다음 〈표 A.1〉에서 시나리오 '가'는 국회 300석(지역구 200석, 비례 100석으로 가정)에 대해서 가상의 5개 정당이 각각 정당별 득표율과 지역구 당선자를 가정할 때 각 당에 할당되는 비례 의석수를 계산해 본 것이다. 득표율에 따라 300석을 배분하는 경우와 차이가 없다.

[표 A.1] 연동형 비례제의 의석 배분

정당	득표율 (%)	정당별 배분 의석	시나리오 '가'			시나리오 '나'		
			지역구 당선자	비례 의석 할당	최종 의석	지역구 당선자	비례 의석 할당	최종 의석
A	40	120	110	10	120	125	0	125
B	35	105	80	25	105	65	40	105
C	15	45	5	40	45	5	40	45
D	6	18	3	15	18	3	15	18
E	4	12	2	10	12	2	10	12
합계	100	300	200	100	300	200	105	305

그런데 실제 선거 결과는 이렇게 단순하지 않다. 표의 시나리오 '나'의 상황이 더 자주 발생한다. 정당 B는 전체 득표율 35%는 동일하지만 지역선거에서 차점자로 낙선한 사람이 많아 65석밖에 얻지 못하고 대신 정당 A가 40%의 정당 득표율에 125석을 얻었다면 어떻게 될까? 정당 A는 득표율 40%에 해당하는 120석보다 많기 때문에 비례의석을 배정받지 못한다. 그런데 정당 B는 35%에 해당하는 105석을 배정받아야 하므로 차이나는 40석을 비례 의석에서 배분받는다. 정당 A의 경우 지역에서 125명이 당선되어 120석을 초과했지만 지역 당선자를 탈락시킬 수 없기 때문에 모두 당선시켜야 한다. 최종의석이 305석이 되어 300명 정원을 지킬 수 없다. 정원을 지키려면 지역구 당선자를 낙선시킬 수는 없기 때문에 비례 의석을 할당할 때 차이나는 의석을 100% 인정하지 않고 50% 등으로 연동비율을 낮추어야 한다. 따라서 정당 득표율과 의석 배분 비율 간의 100% 비례성은 포기할 수밖에 없다.

연동비율을 몇 퍼센트로 하든 연동시키는 비례 의석을 몇 석으로 하든 이 제도의 문제점은 지역구 당선자가 많이 나올수록 비례 의석 배분에서 손해를

[표 A.2] 연동형 비례제를 도입한 레소토 총선 결과(2007)

구분		지역구 의석수	비례 의석수	전체 의석수	
정 원		80	40	120	
정당	레소토 민주의회당	61	0	61	82(68.3%)
	+ 독립당(비례정당)	0	21	21	
	바소토당	17	0	17	27(22.5%)
	+ 노동당(비례정당)	0	10	10	
	기타	1	9		
공석		1			
확보 의석수		78(97.5%)	31(77.5%)	110(91.7%)	

자료: Wikipedia, 2007 Lesotho general election, 2021. 6. 23. 재구성.

본다는 점이다. 거대 양당이 여기에 해당한다. 페널티를 피하는 방법은 기존의 거대 정당이 비례정당(비하적으로 위성정당, 모조정당으로 부르기도 한다)을 만들어 분당시키고, 지지자들이 그 전략을 알고 지역 후보가 속한 정당과 비례 후보가 속한 정당을 다르게 선택하는 소위 분리투표를 하는 것이다. 21대 총선에서 더불어민주당─더불어시민당 조합이나 미래통합당─미래한국당 조합을 선택하는 것이다.

비례정당의 창당과 유권자의 분리투표는 2020년 우리나라에서 처음 있었던 일이 아니다. 이미, 이탈리아, 알바니아, 남미 베네수엘라, 아프리카 레소토 등의 국가에서 시도된 실패한 제도이다. 〈표 A.2〉는 2007년 레소토의 실제 총선 결과이다. 레소토 민주의회당과 바소토당이 비례후보를 내지 않았다. 그래도 한국보다 나은 것은 비례정당을 급조한 것이 아니라 기존에 있었던 정당과 연합한 것이었다. 또한 전체 의석의 1/3을 비례 의석으로 배분함으로써 연동형 비례제의 작동 원리를 이해하고 있었던 것으로 보인다.

연동형 비례제를 적용한 레소토의 총선 결과를 보면 의석 배분이 21대 한

2008년 뉴질랜드 총선 결과 및 정당별 중복입후보 현황

정당		국민당	노동당	녹색당	기타
득표율(%)		44.9	34.0	6.7	14.4
의석수(지역＋비례)		58(41＋17)	43(21＋22)	9(0＋9)	12(8＋4)
중복 입후보(명)	중복입후보자수	61	61	54	
	지역구 당선	41	19	0	
	비례 당선	12	17	8	
하나에만 입후보(명)	지역구 당선	0	2	0	
	비례 당선	5	5	1	

자료: 이현출, 중복입후보제(Dual Candidacy) 도입의 정치학, 「국가전략」, 2012, p. 40; Wikipedia, 2008 New Zealand general election 참고하여 재구성.

국 총선의 결과에 똑같다(제8장 본문 〈표 8.3〉의 빨간 글씨 부분). 더불어민주당과 미래 통합당, 두 거대 양당이 지역정당과 비례정당으로 당을 나누는 쪼개기 전략으로 연동형 비례제가 무용지물이 된 것이다. 그 결과 선거법을 개정하기 이전의 방식대로 47석의 비례의석을 병립형으로 뽑았을 때와 비교했을 때 각 당의 의석이 ±1석의 차이밖에 나지 않았다. 국회에서 몸싸움을 하고 필리버스터까지 거치면서 개정한 선거법치고는 너무 허망하지 않은가?

　제9장에서 연동형 비례제의 성공 조건으로 독일의 중복 입후보제를 설명하였다. 뉴질랜드의 경우에도 중복입후보제를 채택하고 있다. 뉴질랜드는 지역 의석 70석과 비례 의석 50석으로 구성되는데, 2008년 총선에서 국민당과 노동당의 경우 61명이 지역과 비례에 중복 입후보하였다(〈표 A.3〉). 이 중에서 국민당은 41명이 지역구에서 당선되었고 12명은 지역에서 낙선하였지만 비례로 당선되었다. 비례 명단에만 이름을 올려 당선된 후보는 5명에 불과하다. 노동당의 경우는 지역구 당선자 21명 중에 19명이 중복 입후보자 중에 나왔으니 지역구에만 출마하여 당선된 후보자는 2명에 불과하다. 특히 비례로 당선된 22명 중에

17명이 중복 입후보하였고 5명만이 순수 비례 후보자였다.

연동형 비례제에서는 정당 비례로 배분받은 의석보다 지역에서 더 많은 당선자를 내는 경우 경우가 발생한다. 이때 지역구 당선자는 지역 유권자가 후보를 직접 선출한 것이기 때문에 취소할 수 없어 초과의석(overhang seat)이 발생한다. 지역구 의석은 고정되어 있기 때문에 초과의석이 발생한다는 것은 결국에는 그 숫자만큼 비례의석이 늘어나는 결과를 초래한다. 2008년도 뉴질랜드 총선 결과 2석의 초과의석이 발생하여 비례 당선자가 52명이 되었다.

초과의석이 발생하면 그 정당의 의석 확보율이 정당 득표율보다 높아지고 결국 비례도를 지킬 수 없다. 독일은 연방헌법재판소의 판결에 따라 연방 의회 구성의 비례성을 헌법가치로 인정하기 때문에 초과의석에 따른 비례성 왜곡을 엄격히 관리하고 있다. 즉, 초과의석 발생으로 어느 정당의 대표성이 과다한 경우 다른 정당의 의석을 다시 추가시켜 줌으로써(균형의석 또는 조정의석이라 부른다) 최종 의석 분포율을 정당 득표율에 맞추는 조정 작업을 하는 것이다. 그 결과 2017년 독일 총선에서 최종 당선된 의원 수가 정원 598명보다 111명이 많은 709명이 되었다. 〈표 A.4〉의 정당명부 득표율에서 '/' 오른쪽 비율은 비례의석을 배분받을 수 있는 요건인 봉쇄조항을 충족시킨 정당들의 상대적 득표율이다. 그 비율과 최종 의석 비율(맨 오른쪽 칸)이 동일하다는 것을 확인할 수 있다. 독일은 정당을 기반으로 한 비례성을 헌법에 규정하고 있기 때문에 이러한 엄격한 연동형 비례제를 채택하고 있다고 할 수 있다.

독일처럼 100% 비례도를 충족시키려면 중복 입후보 허용 외에 초과의석의 발생을 상쇄시키기 위해 비례의석을 충분히 확보하여야 한다. 지역대표와 비례대표를 1:1(299:299)로 하였음에도 불구하고 정원보다 111명이 많은 비례의석이 추가로 필요했다. 의회의 법적 정수와 상관없이 선거가 끝나봐야 실제 몇

[표 A.4] 2017년 독일 총선 결과

구분		정당명부(비례)		지역구		최종	
		득표율(%)	할당 의석수	당선 의석수	득표율(%)	의석수	비율(%)
정원		299		299		598	
정당	기독민주당	26.8/28.2*	15	185	30.2	200	28.2
	사회민주당	20.5/21.6	94	59	24.6	153	21.6
	독일대안당	12.6/13.3	91	3	11.5	94	13.3
	자유민주당	10.7/11.3	80	0	7.0	80	11.3
	좌파당	9.2/9.7	64	5	8.6	69	9.7
	동맹90/녹색당	8.9/9.4	66	1	8.0	67	9.4
	기독사회당	6.2/6.5	0	46	7.0	46	6.5
	기 타	5.1	0	0	3.1	0	0
합계		100.0	410	299	100.0	709	100.0

자료: Wikipedia, 2017 German federal election, 2021. 6. 23, 재구성.
* '/' 앞의 숫자는 총 유효표 대비 정당 득표율이고 '/' 뒤의 숫자는 비례 의석 배분에 필요한 득표율(봉쇄조항)을
얻지 못한 정당의 득표(5.1%)를 제외하고 비례 의석을 배분받은 정당들의 상대적 득표율이다.

석이 되는지 알 수 있고 그 규모가 선거 때마다 유동적이다. 실제로 2021년 9월
실시된 총선 결과에서는 최종 의석이 598석보다 137석이 많은 735석이 되었다.
2017년 총선 때보다도 26석이 늘었다.

국민대표인 의회 구성에서 유권자가 직접 선출한 지역대표보다도 정당에
위임하여 명단이 작성된 비례대표가 더 많다는 점도 문제로 지적되고 있다. 특
히 지역구 당선자를 많이 내지 못하는 군소 정당의 경우 비례대표의 비중이 더
욱 커진다. 이런 문제점을 알면서도 독일에서 연동형 비례제가 유지되는 것은
연방헌법재판소에서 비례성을 헌법가치로 해석했기 때문에 가능한 것이다.

참고문헌

p. 25/12   국가통계포털(KOSIS), 2020 인구총조사, 가구주의 성, 연령 및 세대 구성별 가구.

p. 25/14   국가통계포털(KOSIS), 2020 인구총조사, 인구, 가구 및 주택.

p. 30/2   팀 마샬, 김미선(역), 「지리의 힘」, 서울: 사이, 2016.

p. 31/9   Richard E. Nisbett and Takahiko Masuda, Culture and Point of View, Proceedings of the National Academy of Sciences, 100(19), September 16, 2003, pp. 11163-11170; Ara Norenzayan, Edward E. Smith, Beom Jun Kim, & Richard E. Nisbett, Cultural Preferences for Formal versus Intuitive Reasoning, *Cognitive Science*, 26, 2002, pp. 653-684.

p. 33/1   니스벳, 최인철(옮김), 「생각의 지도」, 김영사, 2004, p. 125.

p. 33/20   Richard E. Nisbett, *The Geography of Thought: How Asians and Westerners Think Differently…and Why*, Free Press, 2004. 리처드 니스벳, 위의 책, pp. 137-138.

p. 41/6   Geert Hofstede, *Culture's Consequences: Comparing values, behaviors, institutions and organizations across nations*. 2nd ed., Thousand Oaks, CA, 2001.

p. 41/16   Ibid, pp. 43-44.

p. 42/2   https://www.hofstede-insights.com/country-comparison/south-korea/. 2021. 5. 31.

p. 42/5   Geert Hofstede, Motivation, Leadership, and Organization: Do American theories apply abroad? *Organizational Dynamics*, 9(1), Summer 1980, p. 46; Geert Hofstede & Gert Hofstede, *Cultures and Organizations: Software for the mind*, 2nd ed., New York: Mcgraw-Hill, 2004, pp. 57-67. 참고하여 재구성.

p. 43/4   R. J. House, P. J. Hanges, M. Javidan, P. W. Dorfman, & V. Gupta(eds.). *Culture, Leadership, and Organizations: The GLOBE study of 62 societies*, Thousand Oaks: Sage Publications, 2004.

p. 45/2   Ibid., Table 17.2, 2004, p. 536 재구성.

p. 45/7   Shalom H. Schwartz, The 7 Schwartz cultural value orientation scores for 80 countries, January 2008.

p. 46/4   Shalom H. Schwartz, National Culture as Value Orientations: Consequences of value differences and cultural distance, in V. Ginsburgh & D. Throsby(eds.), *Handbook of the Economics of Art and Culture*, vol. 2, Elsevier: North Holland,

2013, pp. 547 – 586.

p. 46/12   Liu Yang, East meets West, Schmidt Hermann Verlag, 2007.

p. 48/15   Geert Hofstede & Gert Hofstede, op. cit.

p. 50/6   https://www.hofstede – insights.com/country – comparison/south – korea/, 2021. 5. 31.

p. 50/8   Geert Hofstede, op. cit, p. 46; Geert Hofstede & Gert Hofstede, op. cit, pp. 57 – 67. 참고하여 재구성.

p. 50/15   House et al. 2004, op. cit.

p. 50/17   Geert Hofstede, Values Survey Module 94 Manual; GLOBE Research Survey Form Beta, 2006; Syntax for GLOBE National Culture, Organizational Culture, and Leadership Scales, 2006.

p. 51/6   Cornelius N. Grove, Worldwide Differences in Business Values and Practices: Overview of GLOBE research findings, GROVEWELL LLC.

p. 52/13   Fons Trompenaars, *Riding the Waves of Culture: Understanding cultural diversity in business*, London: The Economist Books, 1993; Trompenaars & Hampden – Turner, *Riding the Waves of Culture: Understanding cultural diversity in business*, 2nd ed., London & Santa Rosa: Nicholas Brealey Publishing Limited, 1997.

p. 60/11   조긍호, 「한국인 이해의 개념틀」. 서울: 나남출판, 2003.

p. 62/16   유민봉·심형인, 한국사회의 문화적 특성에 관한 연구: 문화합의이론을 통한 범주의 발견, 「한국심리학회지: 문화 및 사회문제」, 19(3), 2013, pp. 475 – 476.

p. 65/11   위의 논문.

p. 67/4   George H. Mead, *Mind, Self, and Society*, The definitive edition. Edited by Charles W. Morris, Chicago, IL: University of Chicago Press, 2015.

p. 67/7   김명진, 「EBS 다큐멘터리 동과 서 – 서로 다른 생각의 차원」. 서울: 지식채널, 2012.

p. 67/9   Allan Fenigstein, M. F. Scheier, & A. H. Buss, Public and Private Self – consciousness: assessment and theory, *Journal of Consulting and Clinical Psychology*, 43, 1975, pp. 522 – 527.

p. 67/17   유민봉·심형인, 앞의 논문.

p. 72/15   자세한 논의는 유민봉·심형인, 앞의 논문 참고.

p. 75/6   Joseph Campbell, The Fractal Nature of Culture, 2017. 3. 17, https://www. linkedin.com/pulse/fractal – nature – culture – joseph – campbell.

p. 83/8   최진석, 「최진석의 대한민국 읽기」, 북루덴스, 2021.

p. 86/13   IMF, World Economic Outlook Database, Apri 1. 2021.

p. 86/19   보건복지부, OECD 보건통계로 보는 우리나라의 보건의료, 보도자료, 2021. 7. 20.

p. 86/20   한국경제연구원, 한국, 고령화 속도 가장 빠른데 노인빈곤율은 이미 OECD 1위, 보도자료, 2021. 2. 18.

p. 87/1   한국경제연구원, 세계 10위 경제대국 한국, 국민 삶의 만족도는 OECD 최하위권, 「나라경제」, 366호, 2021년 5월, pp. 10 – 11.

p. 96/4   한국행정연구원, 「2020년 사회통합실태조사」, 2021. 1.

p. 117/1 한국경영자총협회, 2021년 임금조정과 기업 임금 정책에 대한 경영계 권고, 보도자료, 2021. 5. 9.

p. 119/11 월간중앙, 2019. 12호.

p. 123/3 한국교육개발원, 교육통계서비스, 2020년 학년별 학급 수 및 학생 수, https://kess.kedi.re.kr/

p. 123/18 한국군사문제연구원, 월간 KIMA, 제38호, 2021. 4, p. 114.

p. 123/19 뉴스1, 2021. 6. 25.

p. 124/14 문화일보, 인권법研 명단으로 거듭 확인된 司法 장악 실태와 폐해, 2021. 4. 27.

p. 124/16 위의 기사.

p. 129/23 전국경제인연합회, 2021년 규제개혁체감도 조사, 2021. 6. 15.

p. 131/25 내일뉴스, 인터뷰: 염홍철 새마을운동중앙회장, 2021. 6. 9.

p. 136/5 리콴유, 유민봉(역), 「리콴유의 눈으로 본 세계」, 박영사, 2017, p. 37.

p. 136/14 위의 책, 역자 서문. pp. vii−viii. ( )안은 이번에 편집 추가.

p. 140/23 Diverse: Issues in Higher Education, Johns Hopkins Ditched Legacy Admissions to Boost Diversity−And It Worked, 2020. 2. 5.

p. 142/7 중소기업뉴스, 코로나 여파, 구직자 "중소기업에서 경력 쌓겠다," 2020. 5. 19.

p. 142/9 매일노동뉴스, 사라진 공존, 청년 공정보고서 ①, 2021. 2. 22.

p. 142/14 중소기업뉴스, 코로나 여파, 구직자 "중소기업에서 경력 쌓겠다," 2020. 5. 19.

p. 143/8 중소기업뉴스, 코로나 여파, 구직자 "중소기업에서 경력 쌓겠다," 2020. 5. 19.

p. 147/19 Michael C. Jensen and William H. Meckling, Theory of the Firm: Managerial behavior, agency costs and ownership structure, *Journal of Financial Economics*, 3(4), October 1976, pp. 305−360.

p. 155/23 Samuel Krislov, *Representative Bureaucracy*, Englewood Cliffs, NJ: Prentice Hall, 1974. Reprinted in 2012 by Quid Pro Books.

p. 156/2 Kenneth Kernaghan, Representative Bureaucracy: the Canadian Perspective, *Canadian Public Administration*, 21(4), 1978, pp. 489−512.

p. 156/8 Gratz v. Bollinger, 539 U.S. 244, 2003.

p. 156/17 Michael Hurwitz, The Impact of Legacy Status on Undergraduate Admissions at Elite Colleges and Universities, *Economics of Education Review*, 30(3), June 2011, pp. 480−492.

p. 157/1 Diverse, *op. cit.*

p. 157/3 The Atlantic, Why We Ended Legacy Admissions at Johns Hopkins, 2020. 1. 18.

p. 158/5 뉴시스, [통계로 본 여성 삶] 여학생 대학진학률 74%…男 추월, 2013. 6. 27; 머니투데이, 대학진학률 女 81%, 男 76% 점점 커지는 격차…이유는?, 2021. 7. 22.

p. 158/12 인사혁신처, 국가공무원 9급 공채 필기시험 합격자 발표, 보도자료, 2021. 5. 27.

p. 158/15 인사혁신처, 국가공무원 7급 공채 최종 합격자 발표, 보도자료, 2020. 12. 15; 인사혁신처, 국가공무원 5급 공채 최종 합격자 발표, 보도자료, 2021. 12. 30.

p. 159/5 정수복, 「한국인의 문화적 문법: 당연의 세계 낯설게 보기」, 생각의 나무, 2012.

p. 159/14 European Institute for Gender Equality, *Gender Equality Index 2020: Digitalisation and the future of work*, Luxembourg: Publications Office of the European Union, 2020.

p. 159/15 UNDP, *Human Development Report 2020*, New York, 2020.

p. 159/17 공직선거법 제47조 (정당의 후보자 추천).

p. 169/15 R. Matthew Montoya, Robert S. Horton, & Jeffrey Kirchner, Is Actual Similarity Necessary for Attraction? A meta−analysis of actual and perceived similarity, *Journal of Social and Personal Relationships*, 25(6), 2008, pp. 889−922.

p. 169/17 Ibid.

p. 171/4 W. Ross Ashby, *An Introduction to Cybernetics*, London: Chapman and Hall, 1956.

p. 172/4 McKinsey & Company, Diversity Wins: How inclusion matters, May 2020.

p. 172/9 Boston Consulting Group, Diversity and Innovation Survey, 2017. Rocío Lorenzo, Nicole Voigt, Miki Tsusaka, Matt Krentz, and Katie Abouzahr, How Diverse Leadership Teams Boost Innovation, January 23, 2018 재인용.

p. 172/11 McKinsey & Company, Diversity Matters, 2015.

p. 172/14 Patrick F. McKay, Derek R. Avery, Hui Liao & Mark A. Morris, Does Diversity Climate Lead to Customer Satisfaction? It Depends on the Service Climate and Business Unit Demography, *Organization Science*, 22(3), 2011, pp. 788−803.

p. 172/18 David Rock and Heidi Grant, Why Diverse Teams Are Smarter, *Harvard Business Review*, November 04, 2016.

p. 172/23 Sheen S. Levine et al, Ethnic Diversity Deflates Price Bubbles, Proceedings of National Academy of Sciences, 111(52), December 30, 2014, pp. 18524−18529.

p. 173/7 Sylvia Ann Hewlett, Melinda Marshall, & Laura Sherbin, How Diversity Can Drive Innovation, *Harvard Business Review*, December 2013.

p. 174/8 중소기업뉴스, 코로나 여파, 구직자 "중소기업에서 경력 쌓겠다", 2020. 5. 19.

p. 176/2 Alison Reynolds and David Lewis, Teams Solve Problems Faster When They're More Cognitively Diverse, *Harvard Business Review*, March 30, 2017.

p. 176/6 Juliet Bourke, Which Two Heads Are Better Than One? How Diverse Teams Create Breakthrough Ideas and Make Smarter Decisions, Australian Institute of Company Directors, 2016.

p. 176/13 Ibid.

p. 178/19 Juliet Burke and Bernadette Dillon, The Diversity & Inclusion Revolution, *Deloitte Review*, issue 22, January 2018, p. 86.

p. 181/2 국가통계포털, 인구주택총조사, 가구주의 성, 연령 및 세대구성별 가구, https://kosis.kr/.

p. 185/9 한국행정연구원, 「2020년 사회통합실태조사」, 2021. 1.

p. 191/5 John Rawls, *Theory of Justice*, Cambridge, MA: Belknap Press of Harvard University Press, 1971.

p. 200/27 John Braithwaite, Institutionalizing Distrust, Enculturating Trust, in *Trust and Governance*, edited by Valerie Braithwaite and Margaret Levi, New York: Russell Sage, 1998, pp. 343 – 375.

p. 201/13 이창수 · 예승우, 예산법률주의 쟁점과 과제, 「예산현안분석」, 제42호, 국회입법조사처, 2012. 12.

p. 202/2 Congressional Research Service, Senate Consideration of Presidential Nominations: Committee and floor procedure, 2021. 5. 13, pp. 1 – 2.

p. 203/5 국회입법조사처, 미국의회조사처(CRS), 2009. 1, pp. 15 – 17.

p. 203/6 위의 보고서, p. 13.

p. 203/7 https://www.loc.gov/crsinfo/about/structure.html, 2021. 6. 7.

p. 203/15 Congressional Research Service, Congressional Salaries and Allowances: In Brief, 2019. 12. 30. pp. 4 – 6.

p. 203/17 위의 보고서, p. 7.

p. 205/17 세계일보, 2018. 7. 3; 법률신문, 2018. 9. 3; 조선일보, 2021. 4. 27.

p. 210/1 박동욱, '민주주의 4.0' 목표는 친문 대권 후보 추대…계파 생명 연장술, 「신동아」, 2020년 12월. https://shindonga.donga.com/Library/3/01/13/2252535/1, 2021. 6. 24.

p. 211/5 한국일보, 2917. 3. 13.

p. 213/17 동아일보, 2021. 1. 2; MBN뉴스, 2021. 1. 3.

p. 214/19 Britanica, Cabinet Government, https://www.britannica.com/topic/cabinet – government, 2021. 6. 16.

p. 214/20 National Archives, Cabinet Office 100, https://www.nationalarchives.gov.uk/cabinet – office – 100/, 2021. 6. 18.

p. 218/10 박지향, 「정당의 생명력: 영국 보수당」, 서울대학교 출판문화원, 2017.

p. 233/17 National Conference of State Legislatures, State Primary Election Types, 2021. 1. 5, https://www.ncsl.org/research/elections – and – campaigns/primary – types.aspx.

p. 234/19 Klaus Detterbeck, Candidate Selection in Germany: Local and regional party elites still in control? *American Behavioral Scientist*, February 2016, pp. 1 – 16.

p. 235/10 더불어민주당 당헌 제89조, 국민의힘 당헌 제82조.

p. 240/13 http://www.realmeter.net/

p. 251/20 Alexander Hamilton, James Madison, & John Jay, *The Federalist*, No. 51.

p. 253/7 Wikipedia, White House Office, 2021. 6. 26.

p. 253/9 Wikipedia, Office of Administration, 2021. 6. 26.

p. 253/10 Congressional Research Service, Federal Workforce Statistics Sources: OPM and OMB, 2021. 6. 24.

p. 253/11 인사혁신처, 2020년 행정부 국가공무원 인사통계, 2021. 5.

p. 254/21 Worldometer, 2021. 6. 6.

p. 254/22 Wikipedia, United States Electoral College, 2021. 6. 6.

p. 257/20 Tim Spier and Marques Klein, Party Membership in Germany: Rather formal, therefore uncool?, in *Party Members and Activists*, edited by Emilie van Haute and Anika Gauja, London: Routledge. 2015, pp. 84-99. Wikipedia, Electoral system of Germany 재인용.

p. 257/25 https://www.junge-union.de/, 2021. 6. 27.

p. 258/11 조성복, 건강한 중도우파 정당, 한국서도 가능할까? 독일의 정당 ③ 기민당(CDU), 2014. 6. 8; 조성복, 「독일 정치 우리의 대안」, 지식의 날개, 2018.

p. 259/4 동아일보, 2021. 1. 2.

p. 259/6 MBN뉴스, 2021. 1. 3.

p. 261/13 정종섭, 「헌법학 원론」, 제12판, 2018, p. 1356.

p. 268/8 Detterbeck, op. cit, p. 8.

p. 269/16 공직선거법 제57조의 2.

p. 286/6 James Q. Wilson and George L. Kelling, Broken Windows: The police and neighborhood safety, *The Atlantic*, March 1982.

p. 286/7 Phillip Zimbardo, The Human Choice: Individuation, reason, and order versus deindividuation, impulse, and chaos, in Nebraska Symposium on Motivation, 1969, pp. 237-307.

p. 286/11 Ari Maas, Fix Broken Windows, Violence Reduction Project, https://qualitypolicing.com/violencereduction/maas/, 2021. 8. 14.

p. 286/15 Herbert W. Heinrich, Dan Petersen, & Nestor Roos, *Industrial Accident Prevention: A safety management approach*, 5th ed., New York: McGraw-Hill, 1980.

p.286/18 Edward N. Lorenz, Deterministic Nonperiodic Flow, *Journal of the Atmospheric Sciences*, 20(2), 1963, pp. 130-141.

p. 286/18 Richard H. Thaler and Cass R. Sunstein, *Nudge: Improving Decisions about Health, Wealth, and Happiness*, New York: Penguin Books, 2009. 국내 번역본 「넛지」, 리더스북, 2018.

p. 286/18 Malcolm Gladwell, *The Tipping Point: How little things can make a big difference*, Boston: Little, Brown and Company, 2002. 국내 번역본, 「티핑 포인트」, 김영사, 2020.

p. 290/15 아주경제, [아주초대석] 최진석 "DJ 이후 리더십 실종…시대정신 말하는 지도자 없다," 2021. 5. 20.

p. 297/14 James M. Burns, *Leadership*, New York, Harper & Row, 1978.

p. 306/7 김종갑, 독일식 연동형 선거제도 도입의 쟁점과 과제: 초과의석 문제의 해법을 중심으로, 「선거연구」, 1(8), 2017, pp. 81-102.

그림/표 출처

p. 26 [그림 2.1]   한국의 집, 정식, https://www.chf.or.kr/

p. 29 [그림 2.6]   Sean Sheepskin, Russia meets East & West: Russian version of Yang Liu's Infographic, RussianAmbience.com, 2021. 7. 20.

p. 32 [그림 2.7]   Richard E. Nisbett and Takahiko Masuda, Culture and point of view, Proceedings of the National Academy of Sciences, 100 (19), September 16, 2003, pp. 11163−11170. 번역 및 재구성.

p. 47 [그림 3.1]   Pictogram by Yang Liu. Courtesy of Taschen.

p. 68 [그림 4.1]   Pictogram by Yang Liu. Courtesy of Taschen.

p. 69   서울특별시 은평구 국립공원 입구 공중화장실.

p. 97 [표 6.1]   US News and World Report, 대학별 정보를 모아 표로 재구성. https://www.usnews.com/best−colleges/rankings, 2021. 6. 26.

p. 99 [표 6.2]   US News and World Report, 대학별 정보를 모아 표로 재구성. https://www.usnews.com/best−colleges/rankings, 2021. 6. 26.

p. 102 [그림 6.1] U.S. Bureau of Labor Statistics, Education Pays, Current Population Survey. 번역 재구성. https://www.bls.gov/emp/chart−unemployment− earnings−education.htm, 2021. 7. 14.

p. 104 [표 6.3]   교육부, 「2019년 고등교육기관 졸업자 취업통계」 조사결과 발표, 보도자료, 2020. 12. 29.

p. 109 [표 6.4]   하나고등학교, 2021학년도 신입생 입학 전형 요강.

p. 118   연합뉴스, 금산군, 금산읍 생활 쓰레기 수거 오전 4시 → 6시부터로 변경, 2019. 11. 27.

p. 120 [표 6.5]   대학알리미, 공시정보>우리대학경쟁력, https://academyinfo.go.kr/, 2021. 7. 6.

p. 139 [표 6.7]   정찬민 의원실, 국회교육위원회, 2020. 10. 12.

p. 145 [표 6.8]   매일경제, 대학가 A 학점 퍼주는데, 2021. 5. 5.

p. 164 [그림 7.1] 여성가족부, 「청년의 생애과정에 대한 성인지적 분석과 미래 전망 연구」 결과 발표, 보도자료, 2021. 3. 10, p. 10.

p. 174 [그림 7.2]   교육부, 「2019년 고등교육기관 졸업자 취업통계」 조사결과 발표, 보도자료, 2020. 12. 29.

p. 185 [표 7.3]   한국행정연구원, 「2020년 사회통합실태조사」, 2021. 1. 재구성.

p. 186 [표 7.4]   한국행정연구원, 「2020년 사회통합실태조사」, 2021. 1. 재구성.

p. 192 [그림 7.4]   Juliet Bourke and Bernadette Dillon, The Diversity & Inclusion Revolution, *Deloitte Review*, issue 22, January 2018, p. 90. 부분 편집.

p. 214 [그림 8.1]   The Guardian, 2020. 6. 11.

p. 268 [표 9.1]   Bundeswahlleiter, Wahi zum 17. Deutschen, Bundestag am 27. September 2009, S. 16 ff, 이현출, 중복입후보제(Dual Candidacy) 도입의 정치학: 독일, 뉴질랜드, 일본의 사례를 중심으로, 「국가전략」, 18(1), pp. 27−54, 2012 재인용.

p. 293 [그림 10.2]   A: Lorry at traffic light intersection Rosenberg Bavaria Germany Europe, https:// www.alamy.com/, 2021. 7. 3.

B: The Times, Pavement signs to protect smartphone zombies, 2018. 9. 5.

p. 293 [그림 10.3]   Types of parking lot line striping, https://graceluccy.wordpress.com

p. 294 [그림 10.4]   뉴시스, 강남구, 불법 간판 정비 완료, 2014. 12. 25.

저자 약력

유민봉

대전에서 태어났고 성균관대학교 행정학과를 졸업한(1980년) 후 미국 텍사스대에서 정책학석사를 오하이오주립대에서 행정학박사 학위를 받았다(1990년). 행정고시(제23회)를 합격하였고 해병대 중위로 군복무를 마쳤다(1983년). 1991년에 성균관대학교 행정학과 교수를 시작하였으며 대학의 기획조정처장·국정전문대학원장 및 한국행정학회 한국행정학보 편집위원장을 역임하였다. 2013년 박근혜 정부의 국정기획수석과 청불회(청와대불자회)장을 맡아 일했다. 제20대 국회의원(비례대표, 현 국민의힘)으로 4년간 의정활동을 하였다. 주요 저서로는 한국행정학(2021, 7판), 리콴유의 눈으로 본 세계(2017, 역서), 공공정책과 기업가형 리더십(2008, 제2저자), 나를 찾아가는 자기경영(2003) 등이 있다.

학자의 눈으로 권력의 현장을 보고, 다음 세대를 위해 그린
대한민국, 시대정신, 그리고 개혁

초판발행   2021년 10월 22일
초판2쇄발행   2021년 11월 25일

지은이   유민봉
펴낸이   안종만 · 안상준

편 집   배근하
기획/마케팅   임재무
표지디자인   박현정
제 작   고철민 · 조영환

펴낸곳   (주) **박영사**
                서울특별시 금천구 가산디지털2로 53, 210호(가산동, 한라시그마밸리)
                등록 1959. 3. 11. 제300-1959-1호(倫)

전 화   02)733-6771
f a x   02)736-4818
e-mail   pys@pybook.co.kr
homepage   www.pybook.co.kr
ISBN   979-11-303-1427-3   93340

정 가   16,000원